魂のチャート

マイケルが教える
人類の進化と自己理解

THE MICHAEL HANDBOOK

ホセ・スティーブンス／サイモン・ワーウィック・スミス 著
伯井アリナ 訳

ナチュラルスピリット

THE MICHAEL HANDBOOK
by Jose Stevens, Simon Warwick Smith

概観

マイケルの教えは、地球全体がより成熟した魂の段階へ移行するのを助けるための教えです。地球に生きとし生けるものの究極の目標は「一体化」です。「一体化」とは、わかりやすく言えば、他者との競争をやめ、協力し合うことです。「一体化」するにはまず、ありのままの自分や他人を受け入れることが必要です。だからこそ、マイケルは「無条件の愛」を最終目標にしているのです。

本書ではおもに、「オーバーリーフ」と呼ばれる〈人格〉の特性について述べています。「オーバーリーフ」とは、人の〈本質〉、つまり魂に覆い被さるさまざまな特徴のことです。このシステムを理解した人は、自分の〈人格〉の肯定的な部分（陽極）に基づいて生きるか、否定的な部分（陰極）で生きるかを自由に選べるようになります。〈人格〉の肯定的な面（陽極）に基づいて生きているとき、あなたは〈真の人格〉として行動しています。そうすることによってはじめて、あなたの〈本質〉、つまり内なる存在が発現し成長します。

現代哲学や心理学の多くの学派で本書と共通することが述べられています。例えば、アブラハム・マズローやカール・グスタフ・ユング、エリク・H・エリクソン、ジークムント・フロイトなどの著作を読まれたことのある方は本書の中でそれらとよく似た考え方に出合うでしょう。

この教えの基本的な内容は、一九二〇年代のゲオルギイ・グルジエフやピョートル・ウスペンスキー、晩年のロドニー・コリンらによって教えられました。この教義の根本教義の根底に、東洋哲学、とりわけスーフィズム（イスラム教神秘主義）と共鳴する部分が数多くあることもおわかりになるでしょう。

これから述べる教えは、一九七〇年代のサンフランシスコ湾岸地域で、多くのミディアム（霊媒、チャネラー）たちがマイケルと呼ばれる存在とチャネリングすることによって明らかになったものです。マイケルから伝えられた知識は、彼の名をとって「マイケルの教え」と呼ばれています。

マイケルとは、かつて地上でいくつもの人生を生きたことのある、非物質的な存在です。彼はすでに地上での経験をやり遂げ、今は別の存在領域に移って、そこから私たちを教え導いてくれています。

この知識体系は人生を完全に理解し、楽しく生きるためのものです。
つまり、真理と生きる意味を知る方法なのです。

マイケル

はじめに

本書は、長い間見失われていた魂の地図です。そこには未知の国の険しい地形や、旅の道筋が描かれています。これを見れば、自分の〈人格〉を形づくるおもな要素、つまり、演じる役割、人生の目標、基本的な態度、人生の途上にある障害などがわかるでしょう。また、自己理解を深め、他人を無条件に受け入れられるようになるためのギアチェンジの方法も見つかるでしょう。

この本はスピリチュアルな教えです。「スピリチュアル」であるとは、自分や世界の存在について深い洞察があるということです。ここに書かれているのはマイケルによって伝えられた「教え」です。人類を進歩させる教えは数多くありますが、中でもマイケルの教えは卓越しています。

今から二千年前のうお座の時代に、偉大な教師イエス・キリストが現れ（彼はすでに別の時代に何回も生まれていましたが）、あるスピリチュアルな教えを広めました。彼の教えは、その後、何世紀にもわたって大河のごとく広まり、真理を伝えることになりました。今では、どのような人であれ、人間が懸命に生きているところには、必ず修道院や教会があります。過去二千年間、人間自身がさまざまな妨害をしたにもかかわらず、あらゆる人に霊的成長の機会が与えられ続けてきたのです。

しかし、二十世紀末に、キリスト教のシンボルである魚に象徴されるうお座の時代は終わり、新しい時代が到来しました。みずがめ座の時代です。新しい時代は新たな教師と新たな存在概念をもたらします。そこで現れたのがマイケルの教えです。この教えは、それに従って生きる少人数のグループから次第に広まりました。

マイケルは、宇宙や生命はでたらめな混沌ではなく、〈本質〉や〈偽の人格〉、転生、本源的一体性《ワンネス》といった説明可能な要素からなる、合理的な体系であると考えます。現在、世界中のあちこちで、民族や国家の再統合が急速に進んでいますが、この教えは何千年もの間分裂してきた諸民族、諸国が再統合するための思想的根拠ともなるでしょう。また、再統合が進めば、個人や世界全体の活動について、私たちはより深く理解できるようになるでしょう。

例えば、輪廻転生という概念は、私たちが世界中の酸素を使い果たし海洋を汚染すれば、必ず再び地上に生まれその報いを受けることになる、ということを示唆しています。森林を破壊したり動物の数を減少させた場合も同じです。

私たちは自分の決めた運命を生きているのです。

本書で書かれている諸概念は世界のどの国でもまだあまり知られていません。例えば、一般の人々は〈偽の人格〉や基本的な〈本質〉などの概念を理解していません。こうした概念を理解するには、現在の平均的な年代の魂がもつ認識よりも広い認識が必要なのです。いつか人々が〈偽の人格〉と〈本質〉の区別できるようになれば、世界的により良い意思決定ができ、国際関係を改善することができるでしょう。もちろん、核戦争の危険性も減ります。

この本はありふれた新思想を書いたものではありません。真に変容をもたらすための書なのです。

「ある時代の哲学は次の時代の常識である」　易経

「この教えを使ってあなたができる最善のことは、教えを人と分かち合うことです」　マイケル

目次

8章　モード　182

9章　態度　210

1章 大いなる計画

あるとき、タオ（神）はこう考えました。

「近頃、どうも退屈でいかん。たしかに『唯一絶対の存在』でいるのは素晴らしいことだが、そろそろ新しいゲームを始めてみる時機かもしれんな。ちょうど今日は創作意欲があるし、思いきり変わったことをしたいものだ。

よし、いいことを思いついたぞ！　自分自身とかくれんぼうをしたら面白いに違いない！　私の一部分を切り離して、それが自分だということを忘れたふりをする。そして、忘れられた部分のほうが、自分はもともと私の一部分だったことを思い出す、というゲームだ。

本物の冒険らしくするために、迷路や回り道もいくつかこしらえておくとしよう。そうだ、この部分をさらに何百万にも分けて、お互いに作用し合うようにしてみよう。思いもよらぬ混乱や、彼らには決して解けそうもないパラドックスも仕組んでやろう。そうすれば、彼らというか、その……私自身は問題全部を解決するのに長い間忙しくしていられるだろう。

彼らがあまり道から外れすぎてしまわないように、道沿いには手がかりやちょっとした標識を置こう。それから、見かけはひどく無秩序でも、当然、基本構造はしっかりしておかなくてはならんな。彼らが、じゃなかった、私が本当に困るように道の選択は自由にしておこう。そうすれば、勝利の味はいっそう甘美になろうというもの。さあ、ゲーム開始だ！」

まさしくその通りにタオはゲームを始め、私たちは今ここにいるのです。

では、どうすれば私たちは手がかりや標識を読み取り、謎を解いてタオ、つまり、自分自身に還ることができるのでしょうか？　それについて述べたのが本書なのです。

大いなる計画

どのようにしてタオは原初の宇宙的なかくれんぼうを始めたのでしょうか？

タオ ―― 唯一絶対の存在

タオ

タオは無限の創造性をもち、さまざまな変化に富んだ遊びを通して自己を知ることにより、さらに高い意識レベルへと進化します。この遊びでは、まずタオが自らの光を放出します。放出された光はいったん自分の起源を忘れ、千変万化の創造的な旅路をたどりながら徐々に思い出すのです。

タオからの放出――意識の火花

タオは自分自身を切り分けることで、全体性の中に「分離」という幻想を生み出しました。ですから、創造的に克服されるべき「分離」があると私たちが感じなければ、タオの狙いは失敗したことになります。人類がそれぞれの体とアイデンティティをもち、限られた資源やその他のものを奪い合っているのもそのためです。この分離があるからこそ、ゲームが可能になるのです。

自己認識という目的を果たすため、タオは自分自身を七つの界層に分けました。その構造には素晴らしい秩序があります。

七つの界層――全体性の中の分離

物質界は時間という性質があるために、最も特殊な界層になっています。物質界はエネルギーの振動が非常に遅いので、エネルギーはまるで固体のように見えます。そうした事物と出合うことによって、私たちは自分と対象の分離を思い起こすことになります。これに対し、より高い界層ではエネルギーは自由に混ざり合ったり分離したりしています。

タオのゲームは物質界で始まります。まず、タオが上手に隠れます。タオから投げ出された火花である私たちは、目隠しをして数を数え終えたら、タオ探しに出発します。とはいうものの、初めのうちは何を探しているのかさえわかりません。

物質界の最大の特徴は「分離」なので、「全体性」であるタオは、ここで最先端の新しい経験をすることになります。タオにとって物質界に住む私たちは、まるで冒険好きの開拓者のように見えるでしょう。私たち一人一人が開拓地でこの上ない危険に立ち向かい、それによって進歩しているのです。

タオは自分自身の中から意識存在をうみ出します。その多くは遊び、学ぶために物質界へと冒険の旅に出ます。さらに、できる限り多様で完全な経験をするために、一時的に〈断片（小部分、または〈人格〉。簡単に言うと一人の人間）〉と呼ばれる個別の〈本質〉に分裂します。

〈本質〉の〈断片〉は転生のたびに、その人生での一時的な〈人格〉をもちます。人生が終わると、物質的な〈人格〉は肉体とともに死にますが、〈人格〉を通して学んだ教訓やさまざまな経験は〈本質〉に記憶されてゆきます。

〈断片（小部分）〉――個別の〈本質〉

この過程は肉体が食べ物を消化するのによく似ています。私たちがものを食べると、肉や組織となる成分もありますが、不必要なものは排泄されます。同じように、〈本質〉は人生経験を「消化」し、価値のあるものだけを自分の中に取り込みます。他方、経験を得るための媒体にすぎない一時的な〈人格〉は物質的な体と一緒に捨ててしまうのです。

エンティティ（実体）――〈本質〉の集合体

このようにして、〈断片〉も〈本質〉全体も発展を続けます。この発展は、いくつもの生を終えてなすべき経験をやり尽くし、完全に自分の目的を果たすまで終わりません。そして、目的を果たしたとき、〈断片〉は物質界の一段上の界層である、アストラル界にいる仲間の〈断片〉と再結合するのです。

あまりスピリチュアルでない例えをしてみましょう。人生は、いわばピンボールゲームのようなものです。あなたの〈本質〉はピンボールマシーンの動かし方を学んでいます。バネの付いたレバーを引くと、一つ目のボールが飛び出し、ゲーム版のてっぺんを回ります。それから、ボールは転がったり、ぶつかったり、跳ね返ったりしながら落ちてきます。ボールが穴に落ちそうになると、〈本質〉は別のレバーを使ってボールを救うために頑張ります。ルールを知らないので経験から学ぶのです。しかし、そのうちにボールはゲーム板の端っこの穴から落ちてしまうでしょう。それが新しいボール、すなわち新たな人生を始めるときなのです。〈本質〉は前回の人生で学んだことを参考に、次はどのようにプレイするかを決定します。そして、できるだけ多くのことが学べるようにボールを発射（人生を始動）します。〈本質〉は何百回もショットを打ち、このゲームをマスターしたら、また別のゲームへと移っていくのです。

個々の〈本質〉が一つのサイクルを終えるには、物質界で約四十九から四百回の人生をおくらなければなりません。ある人生から次の人生へ移るとき、前世の知識は無意識層に引き継がれます。その知識が状況次第で意識にのぼることもあります。それは肉体的な〈人格〉は忘れてしまっているけれども、〈本質〉に蓄えられてある経験です。例えば、まったく面識がない人に訳もなく親しみを覚えるようなときは、明らかに前世でその人と深く感情的に結びついていた可能性があります。ある人と出会ったとき、初対面なのに激しい感情が湧きあがってくるようなときは、〈本質〉が過去生での関係（遠い昔に夫婦または親子であったこと）を感知しているからかもしれません。

カルマの法則は〈本質〉が人生の意義を学ぶのを促します。カルマの法則とは、簡単に言うと因果応報の法則です。あなたが他人に対してしたことは、遅かれ早かれ、あなたに同じ激しさで返ってくる、ということです。〈本質〉は課題を学びたいと願っているので、そのために必要な痛みや喜びを避けたり、過度に求めたりすることは決してありません。むしろ、〈本質〉は肉体と〈人格〉という媒体を通して、カルマを経験したいと願っているのです。

本書では多くのページを割いて肉体的な〈人格〉とは何かということ、またそれについてどうすれば認識しマスターできるかを説明しています。

大いなる計画

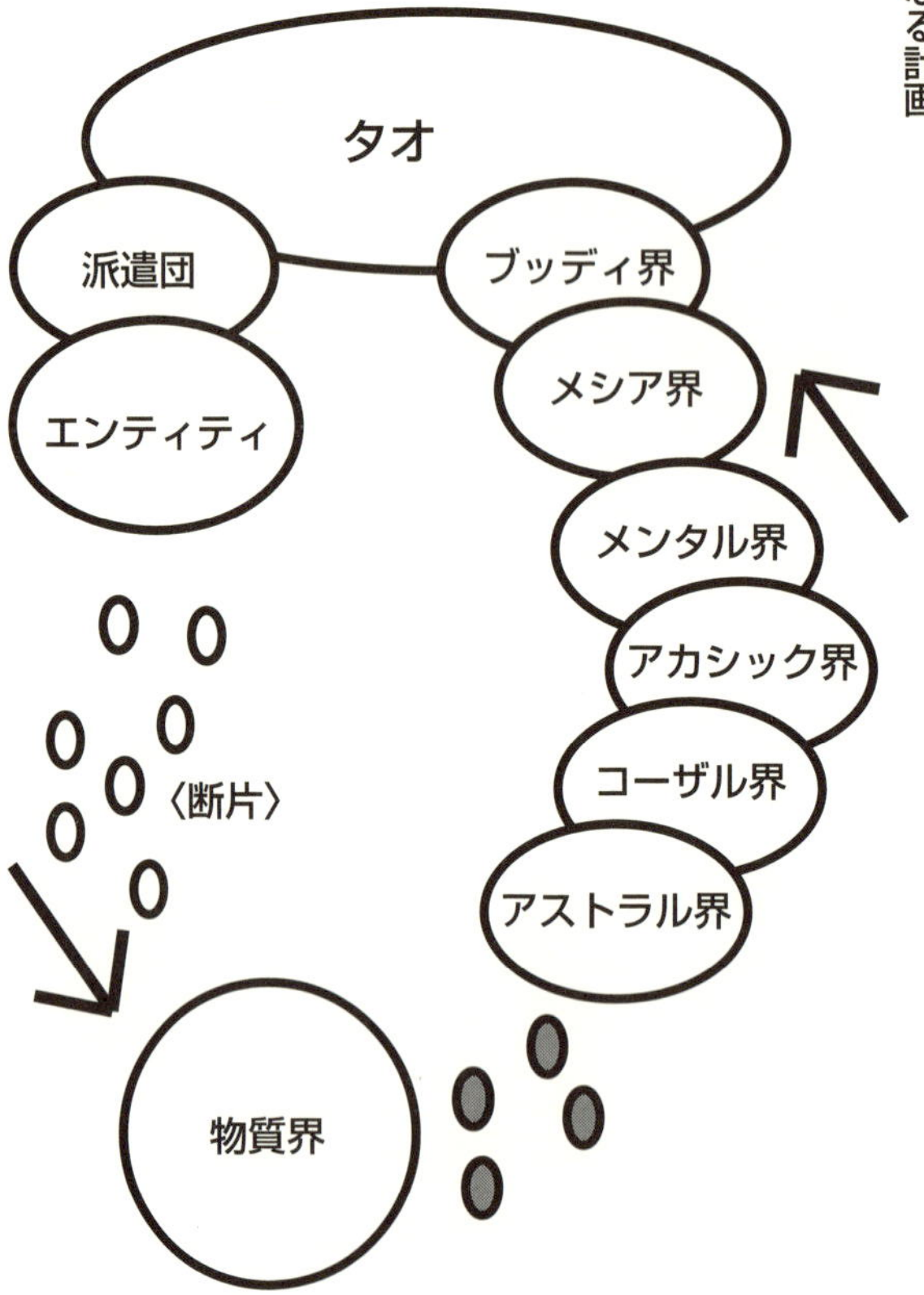

人生とは映画を観に行くようなものです。〈本質〉は派手なアクションや激しさを求め、危険な人生を好みます。〈本質〉はできるだけたくさんのドラマに巻き込まれるように奮闘し、あなたを励まします。〈本質〉には死も怪我もまるで他人事のように見えます。死んだら自分の世界は終わりだと信じ込んでいるのは〈人格〉だけです。

〈本質〉が多くの経験を積むと、それだけタオについての知識も増し、やがて自分の起源や関係性を思い出すようになります。つまり、何回も転生すると、本来の自己の想起が始まるのです。また、それにともない、〈本質〉と物質的な〈人格〉との間により大きな調和が生まれ始めます。〈偽の人格〉の働きはどんどん減り、〈本質〉だけが行動を決めるようになるのです。ここで、かくれんぼう遊びは佳境に入ります。

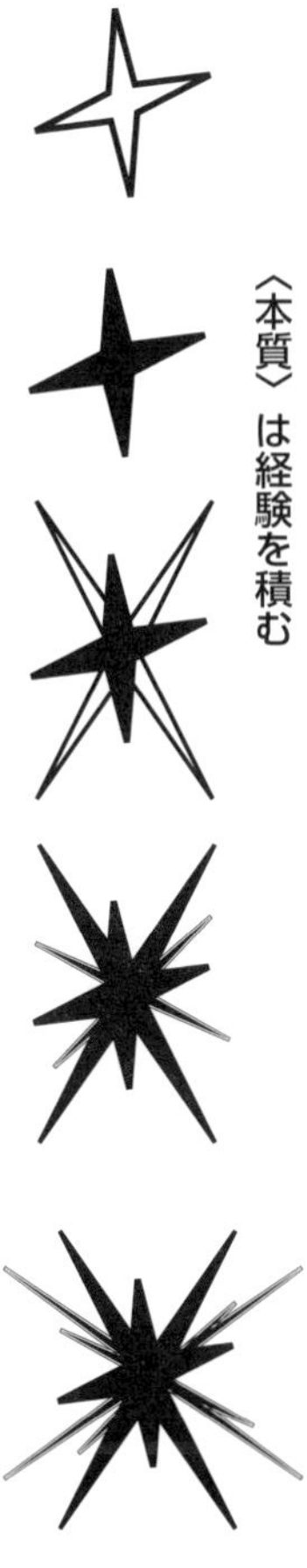

〈本質〉は経験を積む

たくさんの人生を経験するにつれて、想起を阻む壁、あるいはフィルターは徐々に薄くなっていくように感じられるでしょう。より多くのことに気づき、自分のことも他人のことも客観的に、広い文脈の中で深く理解することができるようにもなります。この能力はちょうど練習で鍛えられた筋肉のようなものです。

物質界での経験の進み方は無秩序なものではなく計画的です。個々の〈本質〉は物質界で五つの主要段階――乳児期、幼児期、若年期、青年期、老年期――を経験します。どの段階もそれを完成するには何回も生まれ変わる必要があります。また、それぞれの段階に明白な特徴があります。それらの特徴はマイケルの教えの重要な部分です。

転生するたびに〈本質〉は、ひと組の人格特性の組み合わせと、マスターすべき人生の目標を選びます。これらの人格特性は「オーバーリーフ（仮面）」と呼ばれます。なぜなら、それらは〈本質〉に覆い被さり、〈本質〉本来の純粋なエネルギーを歪めることにより、より活気に満ちた豊かな経験を生み出すものだからです。

転生ごとに〈人格〉が変化することをスポーツ競技に例えることができます。例えば、ゴールキーパーなどの特定のポジションの選手に、他のポジションの技術もひと通り覚えさせようとする場合です。選手たちは、試合ごとに異なるポジションを勤めることを許されれば、最終的にすべてのポジションをマスターできるでしょう。

それぞれのオーバーリーフ、すなわち人格特性には陽極と陰極があります。陰極に基づいて行動すると、不調和を生じ神経症に陥ってしまいます。逆に陽極によって行動すると、満足感が得られ、健康になれます（巻末のオーバーリーフの表を参照）。

魂が経験を重ねるにつれて、何が肉体的な〈人格〉からくる衝動なのかがよくわかるようになり、衝動ではなく〈本質〉にしたがって行動する能力が発達します。

魂が年をとればとるほど、理解と自覚に基づいて陽極へ向かう能力も強まります。そして、その能力により、人生においては〈人格〉の変容、より大きな観点では国際関係や地球規模の変容が可能になります。

最終的な目標は、それぞれの〈断片〉が人生から得るべきすべてを経験し、全体性と統合、調和へと進歩することです。その模範が自己受容と他者受容です。こうして、タオのかくれんぼうは大いなる発見へとつながります。「私」は「私たち」を見つけ、「私たち」は「私」を見出すのです。ゲーム終了。タオは見つかまりました。

2章〈本質〉と〈人格〉

この章では〈本質（ハイアーセルフ）〉と〈真の人格〉、〈偽の人格〉の違いについて説明します。〈人格〉という言葉は、〈真の人格〉も〈偽の人格〉も含んだ総称です。

〈本質〉

〈本質〉、もしくは魂は人生から人生へと受け継がれる意識の流れであり、不滅の存在です。何回か生まれ変わり、さまざまな意識の界層を経験するうちに、それぞれの〈本質〉には特有の雰囲気が育っていきます。〈本質〉は時空に縛られない存在だという表現もできます。過去・現在・未来における人生すべてに共通する意識であり、生と生の間（中有、中間生）にも存在し続ける魂（肉体を持たない完全なエネルギー存在）なのです。

一つ一つ人生が続いていく中で、〈本質〉の〈断片（小部分）〉は個々の〈人格〉が経験したことを記憶

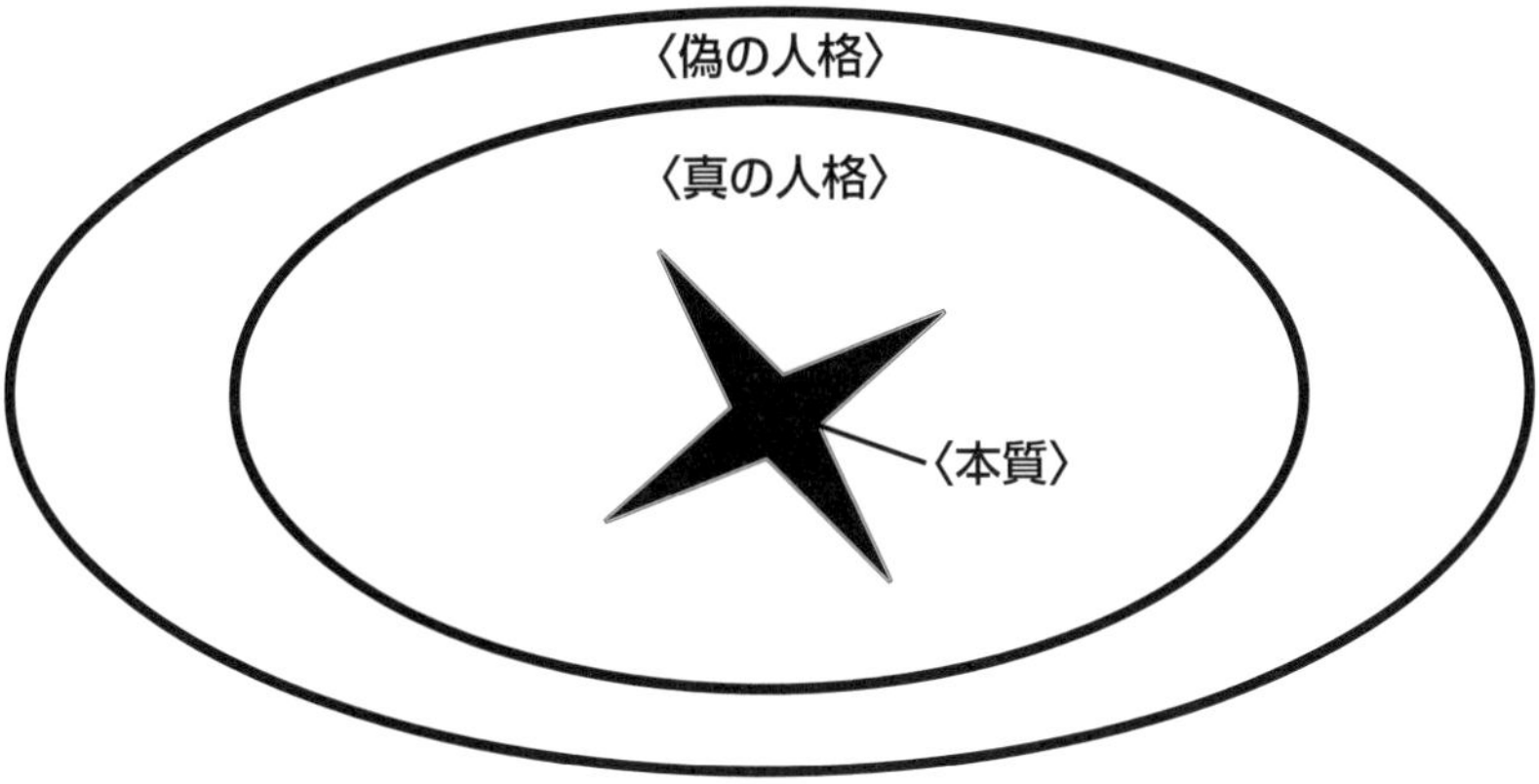

図2―1:〈本質〉と〈人格〉

し、独自の性質を発達させ始めます。あたかも木の年輪のように、新しい層を加えていくのです。中心には純粋な〈本質〉があり、そのまわりに多様な人生の多様な経験の記憶の層がありま す。〈本質〉は徐々にさまざまな人生の層に幾重にも包まれていきます。そうして蓄積された〈本質〉の知恵は、個々の人生の個別的な〈人格〉のどれともまったく違ったものになるのです。

サイクルを始めたばかりの頃の人生では、記憶されている人生の数もほんのわずかなので、個別の〈人格〉が優勢です。幼い魂では〈人格〉が支配的です。しかし、魂が経験を積んでいくと〈人格〉に支配されにくくなっていきます。

訓練すると、人の目を見て、その人の〈本質〉がこれまでにおくってきた人生の数が推測できるようになります。若い魂の人の目は生き生きとして澄み、エネルギーが満ち溢れています。年老いた魂の人の目は深く、やや疲れたような老練な雰囲気です。サイクルの完成間近の魂の人の目には、受容性と愛が輝いていることでしょう。

他のものに例えてみましょう。〈本質〉は五十枚のスクリーンに囲まれて、同時に五十本の映画を観ているようなものです。映画はそれぞれ、一つの人生を描いており、それ独自のテーマと筋書きをもっています。〈本質〉はそのすべての映画を観て絶えず学び、成長を続けているのです。

〈人格〉

■〈真の人格〉

〈本質〉はそれぞれ、生涯のどの時期にどんな経験をするのかを決めます。そして、生を受ける前に、いわば舞台設定のための一連の要素（オーバーリーフ＝人格特性）を選びます。これらの要素は〈真の人格〉を覆い隠すものです。

誕生の瞬間、体のいくつかの腺に対する地磁気や引力の影響を決定します。つまり、人が呼吸し始めたそのときから、惑星の配置が作用し始めるのです。誕生時の星の配置図は一生涯影響し続ける傾向や課題を示した見取り図です。

まず、〈本質〉は両親の遺伝子プールから注意深く、自分の特性に合うようなボディタイプ（12章「ボディタイプ」を参照）を選び取ります。さらに、オーバーリーフと呼ばれる不変的な人格特性も選びます。〈真の人格〉は一連のオーバーリーフから主特性（あとから加わったオーバーリーフ）を除いたものからなります。そして、オーバーリーフの陽極に基づいて行動すると、〈真の人格〉はさらにはっきりと現れます。

この〈真の人格〉は、肉体をまとって生きている間も生涯を終えて死ぬときにも不可欠なものです。いわゆる「否定的な」カルマは、陽極的な行動をしているときには生じず、陰極の行動をしたときだけに生まれます。

一般的に〈本質〉は、選ばれたオーバーリーフの組み合わせの発達を促すように、子供時代の出来事や環境を設定します。したがって、あなたが知的で学問的才能に優れたオーバーリーフを選んだとしたら、知的刺激を受けやすい環境を自分のために設定するはずです。偶然はありません。ですから、自分自身の生い立ちを振り返り、そこにどんな要素があったかを考えると、それが大人の自分にどのような影響を与えうるのかも理解できるのです。

〈人格〉という言葉は、仏教でいう自我に相当します。自我は〈人格〉の限界を表しています。自我は他の自我との分離と独自性として体験されます。この体験が物質界での分離性の経験をしやすくするのです。もし、自我、つまり分離性がなければ、物質的存在のもう一つの特徴である関係性も経験できなくなってしまいます。

〈本質〉と〈真の人格〉との関係は、騎手と馬との関係に例えることができます。騎手は〈本質〉で、馬は〈真の人格〉です。騎手は大むね自分が望む方角へ馬を進めることができます。しかし、もちろん馬にも自分の肢の置き場を決める余地があります。狭い範囲でのことなら馬のほうがよくわかっているので、ときには馬が道を決めることもあるでしょう。

騎手と馬の例えと同様に、〈人格〉の視野には限界があります。〈人格〉は馬のように、乗り手の有限な知識を頼りに生きているのです。

〈本質〉、つまり騎手は肉体と一連のオーバーリーフを使って、物質界で自己を表現します。〈真の人格〉はそれにある規制を設け、何か一つのことを重点的に表現するようにさせます。馬と騎手が調和した乗馬ができるようになったとき、〈真の人格〉を通して、〈本質〉が明らかに現れるのです。

あなたは八百年前の東アフリカのジャングルに住んでいると想像してみてください。そこで生き延びるため、あなたは原始的な環境に合わせた生活をするでしょう。同じように、〈本質〉も肉体をまとい、地上で生きるために地球に順応するのです。

■〈偽の人格〉

〈偽の人格〉は〈真の人格〉から派生したものです。それは親や文化からの刷り込みによって生まれた、架空の媒体であり、主特性やその他のオーバーリーフの陰極です。明らかに〈偽の人格〉は錯覚にすぎません。刷り込み（または条件付け）とは他人から教えられたもの、言い換えると他人の対処法です。ですから、あなたは徐々に〈偽の人格〉を捨て、自分自身のやり方を身に着けていく必要があります。

〈偽の人格〉には、自分が〈偽の人格〉だという自覚がなく、一生涯にわたって大部分のことを取り仕切ります。非常に粘り強く、なかなか変えられないものですが、魂が老いていくにつれて希薄になります。〈偽の人格〉は純粋に物質的なものであり、すでに述べたように条件付けと刷り込みからできています。それは刺激に対する反応という形で機械的に働き、受動的にしか動きません。〈偽の人格〉は絶えず因果関係に基づいて行動し、おもにオーバーリーフの影響を受けます。特に幻想や空想に振り回される傾向がありますが、それらは生きるためにはまったく不必要なものです。

例えば、〈偽の人格〉は自分だけが重要で、何がなんでも生き延びなければならないという幻想を抱きます。また、〈偽の人格〉は自分自身が真実であり、真の自己とつながっていて、究極の意思決定ができるのだと信じます。

しかし、実際に主要な選択をするのは〈本質〉であり、〈人格〉は〈本質〉が様々な教訓を学ぶために利用されているにすぎません。

〈偽の人格〉はおもに恐れに支配されています。馬と騎手の例えを使うと、ときおり恐れ（偽の人格）が馬（真の人格）より優勢になることがあります。馬は怖がり始めると、騎手（本質）を犠牲にしてでも自分の身を守ろうとし、騎手を振り落とそうとするかもしれません。そして、馬が自分勝手に走っている間、一時的に騎手は放り出されたままになるでしょう。けれども、やがて〈本質〉は体勢を立て直し、最終的には、馬との調和した関係を築くのです。

否定的な主特性からは〈人格〉の根底にある恐怖心が生まれます。人が陰極に基づいて行動してしまうのは、恐怖心と先入観をもつ傾向のせいです。逆に、真実を明らかにしようという探究心と思いやりのある行い（愛）からは陽極の行動が生まれます。

多くの霊的な訓練や修行では、〈真の人格〉を通して〈本質〉が現れるようにするために、〈偽の人格〉を取り除こうとします。それは骨の折れる作業ですが、今の人生が終わるまでに、〈偽の人格〉を消滅させることは不可能ではありません。ただし、通常この作業ができるのは老年期の魂の人だけです。

〈偽の人格〉の大部分が一〇代後半から二〇代前半に脱ぎ捨てられ、三〇代には〈本質〉が顕在化してくることもあります。しかし、多くの人生ではこういうことは起こらないのです。

忘れてはならないことは、〈真の人格〉は決してなくならない、ということです。〈真の人格〉なしには、人は肉体を持つことすらできないのです。

「エゴ」とは（「エゴが強い」というような使い方をされますが）〈偽の人格〉全体をさしているのではありません。それは、他人からどう思われるか、あるいはどう思われていると思うか、だけに関わる言葉です。例えば、偉くなった気分を味わいたいという欲求は、自分はあまり魅力的だと思われていないのではないか、という無意識の恐れから湧いてきます。自分がもっと偉かったなら、もっと愛される感じがするだろうと信じているのです。

世界的に見ると、一般に個人も政府も、〈真の人格〉・〈偽の人格〉・〈本質〉の区別ができていません。どの国も国民にはただ一つの〈人格〉だけしかないように扱い、その考えで政治をおこなっています。本書では〈真の人格〉・〈偽の人格〉・〈本質〉を見分けるための方法や情報をいくつか紹介しています。それらを使って、〈本質〉の現れを認識できるようになれば、新たな自由と高次の意識を得られます。まず、自己を認識し世界を認識できるようになるのです。そのことは本書を読み進めるうちに、明らかになってくるでしょう。

カルマ

カルマとは因果、あるいは調和の法則です。ある人生で誰かがあなたの脚を骨折させてしまったら、別の人生で、あなたはその人に同じ傷を負わせることになるでしょう。カルマの法則は、感情の乱れを調整し、両者が平等な体験をすることを要求するのです。

また、他人の自由な選択を邪魔するときにも、悪いカルマが生まれます。反対に他人の選択能力を高めてあげたときには当然良いカルマが生まれます。

カルマは不均衡を正そうとします。不均衡は〈人格〉の働きの一つです。もし、地球上の人間がみな調和し、意気投合していたなら、私たちは地球にいてもほとんど何も学べないでしょう。〈人格〉と魂の認識力とが結びつき、発達してくると、いろいろな人と出会ったときにその差異や多様性がはっきりとわかるようになります。一般的に、カルマは初期のいくつかの人生でつくり出され、あとの人生ではカルマが返されていきます。そうして、長期的なバランスが保たれるのです。

宇宙そのものも不均衡です。存在と成長という二つの要素を含んでいるからです。宇宙は絶えず、より高い意識レベルへと成長を続けていますが、その成長を可能にするのは、他でもない不均衡です。同様に、〈人格〉には不均衡を生む仕組みがあり、人類がより高次の意識へと進化する手段になります。

エネルギーとは激しさであり、激しさとはカルマです。人はカルマの欠落を埋め合わせるためにそれぞれの人生へと出発します。人間はまるでカルマを生むたびに穴が空いていくペッグボード（点数計算のために使う釘刺し盤）をもっているようなものです。カルマを一つ果たすごとに、一つの穴が釘で埋まります。転生のたびに人は特定の数の穴を埋めようとして生まれてきます。そして、決めてあった穴がすべて埋まると（つまり、カルマをすべて果たすと）死んでゆきます。ときには、ごく小さな穴を埋めるために必要以上に大きな釘を打ってしまうこともあります。それは、その人生で果たす予定にしていたよりも多くのカルマを果たした、ということです。

カルマを減らすには別の方法もあります。自分と他人との違いを体験し理解することによって、絶えず分離感を減らす努力をすることです。他人との違いを捜し求めるのをやめたとき、人はタオに還っています。そうして穴のないペッグボードを手に、タオから離れていくのです。そのためには、何回も転生し、さまざまな役割をいくつものサイクルで果たさなければなりません。

マーヤー

マーヤーとは「幻」という意味の、東洋の諸宗教で共通して用いられる言葉です。物質界そのものはタオがつくり出したものですから、マーヤーであると言えます。〈偽の人格〉も複雑な幻の一つです。そして、本書が書かれた目的は、〈偽の人格〉がつくり物にすぎず、明らかに有限なものであるということをお教えすることなのです。

どの年代の魂にも等しく特有のマーヤーがあります。霊的な道程にはマーヤーが満ち満ちているのです。例えば、多くの信奉者を惹きつけてきた霊的指導者が、当初の高い霊的な志からすっかり離れてしまい、空しい現世的な富をかき集め、その副産物（税金や保険金の処理、不動産売買など）に忙殺されるようになることがあります。

同じように、霊的に非常に成熟した人でも、厳しい修行や儀式によって自分が他人よりいくらか偉くなった気になると、マーヤーにとらわれてしまうことがあります。この種のマーヤーは老年期の魂に特有で、偽りの地位をもたらすものを信頼することによって陥るものです。

マイケルの教えを学び始めたばかりの方は「私は〈聖職者〉（『5章　役割』参照）なのだから、〈聖職者〉らしく行動しよう」と考えてしまいがちです。しかし、これは教えの正しい用い方ではありません。あなたの役割とオーバーリーフは、心の中の衝動を表しているにすぎません。実際にこの世界でどのように生きるかを決めるのはあなただけです。体系であれなんであれ、あなたの生き方を前もって決めるようなものは存在しません。

たしかに、この教えの中では、ある経験をするための基礎として、〈本質〉はカルマを設定するとしばしば述べています。しかし、カルマとは制限であり、本書はその制限について説明しています。あなたは自分がそうであると信じるものです。あなたがそれらの制限を超えられると思うなら、本当に超えることができるのです。

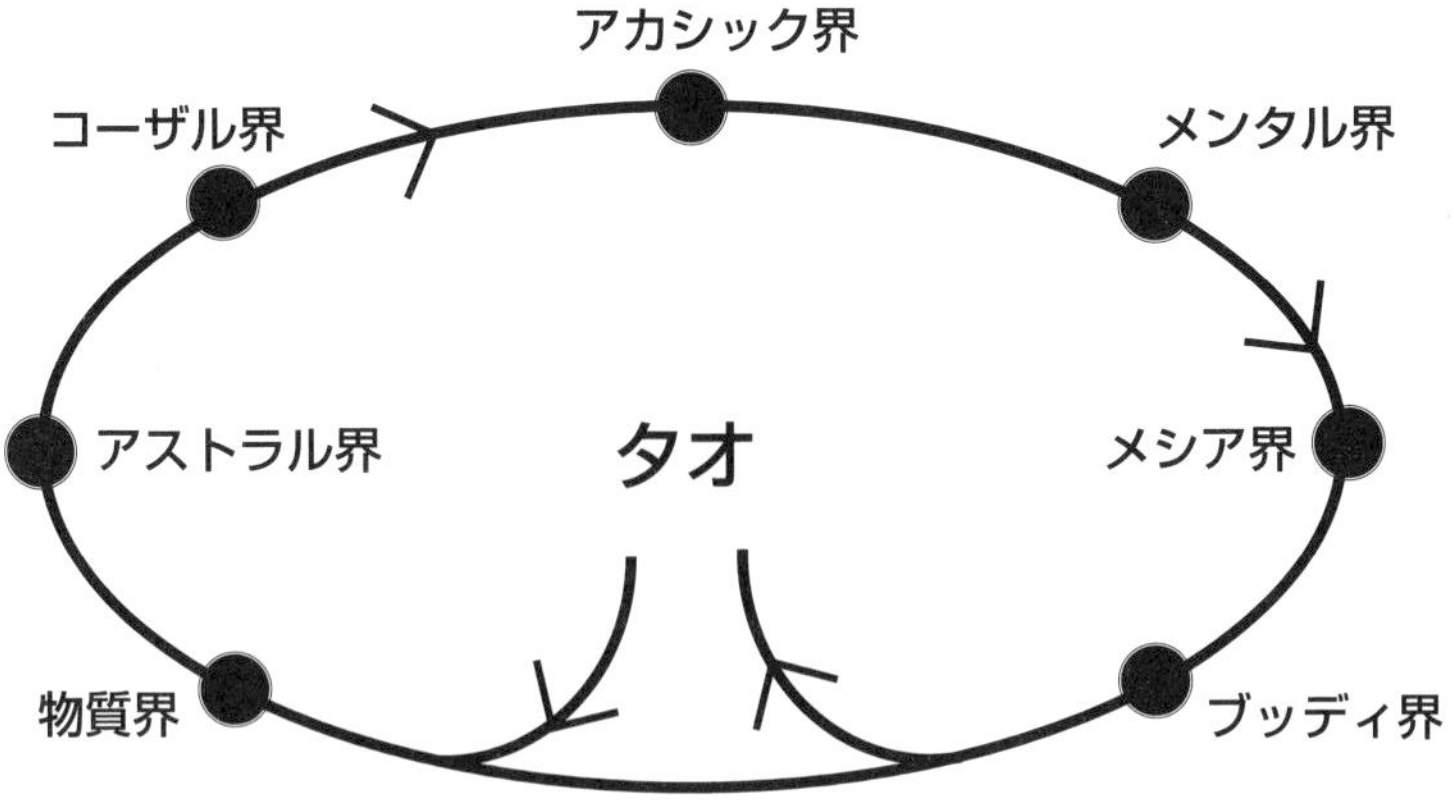

図２－２：存在の７つの界層

ここではマーヤーの大きさとその不安定な性質を指摘しておくだけで十分でしょう。

存在の界層

〈本質〉はアストラル界から〈人格〉の行動を指示しています。アストラル界とは宇宙を構成する七つの界層の一つです。

界層はすべてタオそのものの中に含まれています。私たちの発達過程は最も物質的な界層から最も非物質的な界層へと進んでいくのです。

どの〈断片〉の〈本質〉もすべての界層に同時に存在しています。そのため、一つの〈断片（人格）〉がどこかの界層で経験したことは、他の〈断片〉も、夢の中で知ることができます。ただし、〈人格〉には全体的な制限があるため、経験そのものを知ることは難しいのです。

よその界層は見ることも聞くことも触ったりにおいを嗅いだりすることもできませんから、その界層がどのように存在するかを理解するのは非常に困難です。

科学実験をしていると想像してみてください。一つの箱の中で、ノミのサーカスが行われています。あなたの側からは箱の中が見えますが、壁がマジックミラーになっているので、ノミからは外が見えません。

彼らは、自分たちが跳ね回って暮らしている箱の中が世界のすべてだと信じています。しかし、箱は小さく、外にいるあなたからはノミが丸見えです。あなたは科学的な研究計画を取り仕切っているのかもしれませんし、単にノミを見ているだけの人かもしれません。いずれにせよノミのことが好きで愛情を抱いています。なぜなら、大きさの違いこそあれ、私たちはみなこの大いなるゲームに参加している者同士だと感じるからです。

あなたはノミがさまざまな出し物を演じているのを見ています。ノミは、あなたの存在に気づきません。あなたを見ることも、聞くことも、触ることもできないので、あなたがそこにいることすらわからないのです。それでも、ノミはそこにいて、いつでもあなたは彼らを見ることができるのです。

彼らのことをノミではなく、ちょうど私たちと同じような意識をもった小さな人間に例えたほうがわかりやすいかもしれませんね。

多くの人たちは異次元の存在を信じがたいと考えています。なぜなら、異次元は肉体的な感覚ではわからないからです。しかしよく考えてみると、私たちは現に誰も見ることのできないものの存在を信じています。感情を見たり、触ったりできますか？　風はどのように見えるのですか？　時間そのものを見たり、触ったり、そのにおいを嗅いだりできる人なんているでしょうか？

3章　魂の年代

「再生することを願いたまえ、なぜならそれが諸君の宿命なのだから」ニーチェ

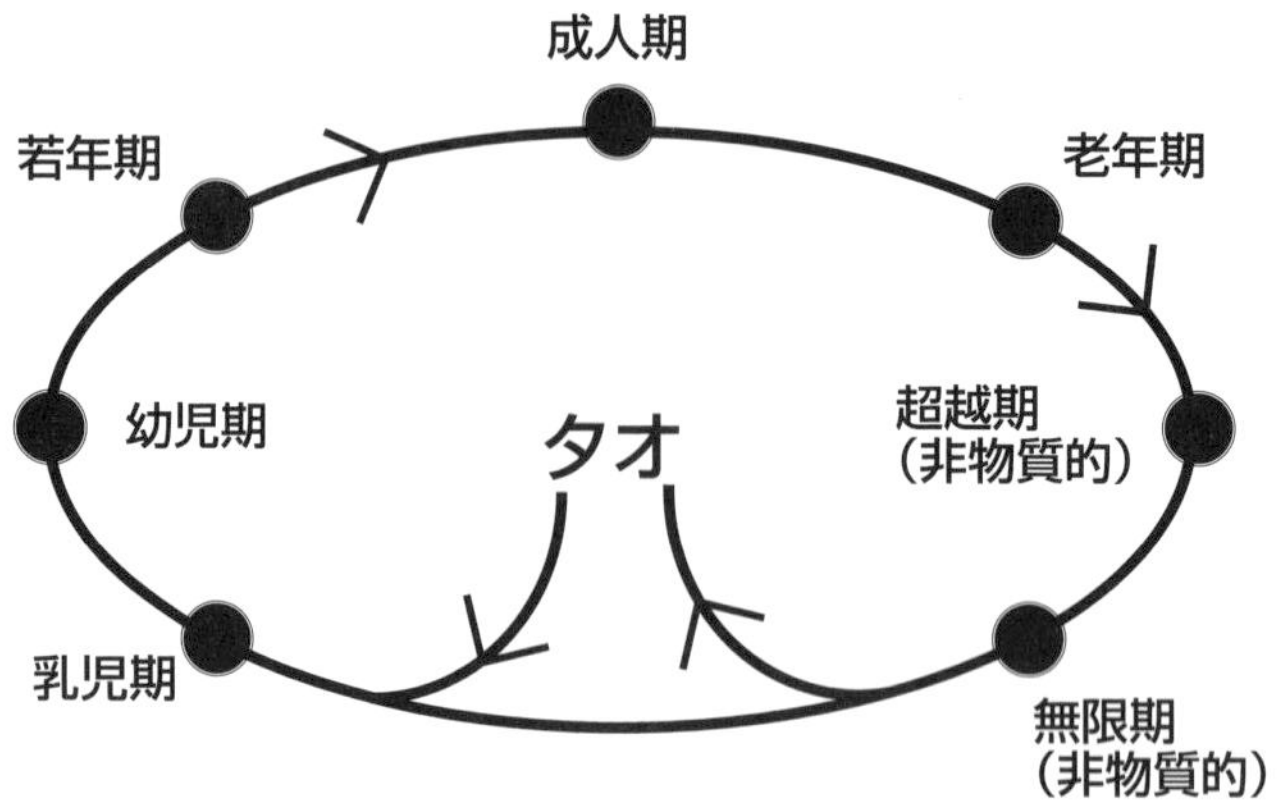

図３－１

魂は火花になってタオを出発しました。誕生の分離とともに故郷へ帰る旅が始まるのです。魂の乳児期の開始です。それはちょうど人生の乳児期のようなものです。

これから〈本質〉はこの世で経験し得るありとあらゆる役割（波乱万丈の人生や平穏無事な人生、国王や貧農など）を何千年にもわたって演じながら、発達し成長してゆくのです。

人生の学校

本章では人間が何回も転生して生きることによって、どのようにその認識力が発達し、変わり、広がっていくのかについて見てみましょう、例えば、一〇代の人たちと四〇代の人たちと

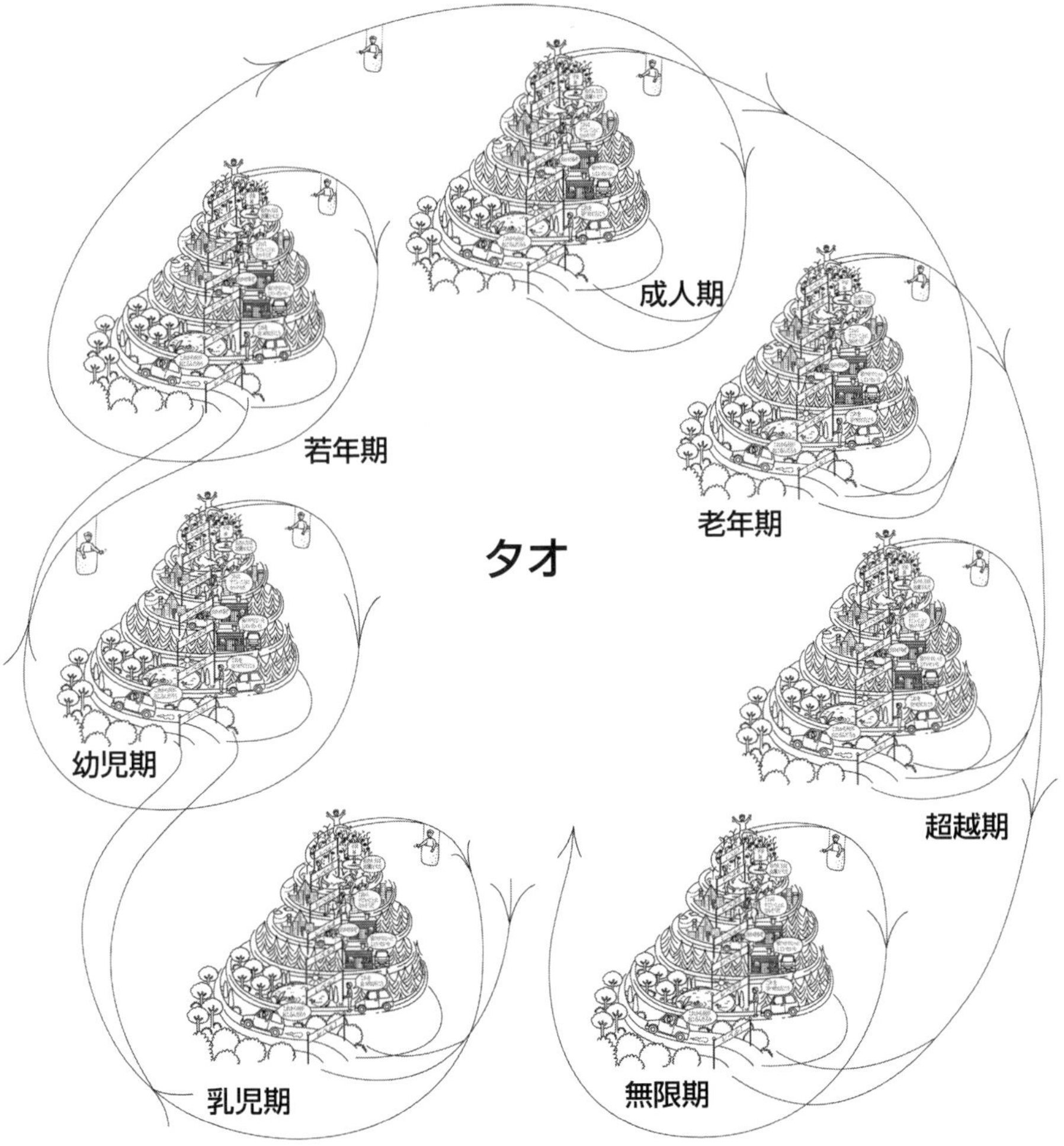

図３－２：７つの魂の年代

では世界の見方が違います。これは認識力の発達の現れです。

私たちは魂の発達過程を「魂の学校」と呼んでいます。人々はそれぞれの魂の段階ごとに著しく異なる世界観をもっています。その段階はちょうど幼稚園に始まり、大学卒業まで続く学年のようなものです。私たちはそれぞれの段階を探索し、各段階の水準に達するように努めます。そうやって、私たちの旅の秩序や完全性、根本目的などを理解するようになるのです。

話は変わりますが、人生をゲームと呼ぶということは、ここにいることを決めたのは私たち自身であり、プレイの仕方やルールの選択の責任も私たちにある、ということを意味しています。私たちがゲームのプレイヤーなのであれば、当然勝たなければなりません。ただし、そう決めたのも私たちです。

偉大な目的

私たちが乗り出した、この発達過程の目的は何なのでしょう？　いったい何から何へ向かって発達していくのでしょうか？

〈本質（魂）〉が〈人格（仮面）〉のために用意したさまざまな経験を「学び」といいます。しかし、実際は何か新しいことを学ぶのではありません、すでに知っていることを想起するのです。

まだ研磨していないダイアモンドのように幼い〈本質〉はゴツゴツした〈人格〉の殻に包まれています。転生し人生経験を重ねることは、ダイアモンドをカットし輝かせるように、人を磨き輝かせる過程です。一つ一つの人生の中で、厚く重なった〈人格〉の層が徐々に取り去られ、〈本質〉が少しずつ現れます。〈本質〉はいつも変わらずに存在します。しかし、それにカット面の輝きを与えるのは数多くの人生なのです。

瞑想の達人は自己内部へと旅立ち、深遠な〈本質〉と出合うことができます。それぞれの〈本質〉の中心にあるのはタオです。

「経験から学ぶ」ということは、それは原初の何かを想起し、完全なる一体性《ワンネス》へと一歩近づいたということです。私たちが転生を繰り返すことの目的はタオの完全性へと帰還すること、つまり、完全性から最も隔たった孤独や恐怖の状態から一体性《ワンネス》、結びつきの感情、愛の状態へと私たち自身が変わっていくことなのです。

そもそもどうして私たちはもとの場所からこんなに離れてしまったのでしょうか？

放出

あるとき、タオは何とかしてより高度に意識形態を発達させ、もっと深く自分自身を理解したいという衝動に駆られました。タオの一部分である私たちも、タオの創造のダンスを一緒に踊るパートナーです。このダンスはあらゆる惑星、あらゆる生命体を含む物質界全体で繰り広げられる、複雑で、永遠に続く、挑戦的な踊りです。

意識（魂）をもった生命体は物質界全体にさまざまな姿で存在しています。地球上の意識生命体は、直立二足歩行の動物や鯨、イルカなどの姿をしています。宇宙空間では、分子などの気体を含め、もっと異なる形態で存在していることもあります。こうした変わった生命体の多くはSF小説で詳しく描写されていることがあります。それは作者が遠い昔の経験を覚えているからなのでしょう。そして、これらの小説に惹かれる人ももちろん、かつて同じ経験をしたことがあるのでしょう。

■エンティティ（実在）――〈断片〉の集まり

すでにお話したように、タオは自分自身の一部を明るく輝く純粋なエネルギーの形で放出しました。それはあたかも燃え盛る火が空気中に火花を散らすようでした。

タオからの放出――意識の火花

それぞれの〈断片〉は次第に離れ、タオとも他の〈断片〉とも異なる多様で独特なものになっていきます。そして、その中で物質界へ行くことを希望する〈断片〉たちは「待機場所」（キリスト教では天国と地獄の中間地点であるリンボ）に一時的にとどまります。そこで、同じく物質界での経験を望む他の八百から千二百の〈断片〉たちと集まって、エンティティ、あるいはオーバーソウルを形成します。次に〈断片〉はそれぞれ、一つずつ役割と、もしあればエッセンス・ツインを選びます。そして、自分がサイクルの間にすることを計画します。さらに、エンティティ全体でサイクルを始動するのに最もふさわしい惑星を選びます。これができれば、エンティティ、つまりオーバーソウルは試合準備完了です。

エンティティ――〈本質〉の集まり

　図3―3をじっくりと熟視して理解してください。いくつもの生涯を通して、社会が発達し変化していくのを目の当たりにするのはなんと魅力的なことでしょう！　例えば、あなたは古代ギリシア文明圏に生まれ、ついでローマ帝国に再生し、その後、ギリシアに転生してその土地で起こった変化を目撃するかもしれません。百年たって故郷に帰ると、科学技術が急速に発達していて戸惑うでしょう。それも〈本質〉である、あなた自身が決めた役割なのです。過去生の記録を意識化するには退行催眠も役に立ちます。

　タオや待機場所を離れて物質界に生まれるとき、〈断片〉の集まり（つまり〈本質〉）は、集団のままだとエネルギーが強すぎて、一つの体の中に生まれることはできません。それで、再び八百から二千の〈断片〉に分かれます。

　そして、〈断片〉たちはそれぞれ独特な人間として地上に生まれます。ただし、連絡場所であり、宇宙的な家族である、エンティティは共有し続けます。

図3－3：マイケルのエンティティの図
1050の〈本質〉（おもに〈戦士〉と〈王〉からなる）

サイクルの開始

一般的に、一つのエンティティに属する、すべての〈断片〉が同時に地上でのサイクルを始めるということはありません。ちょうど渡り鳥のように、新しいサイクルを始めるのに良い時機が来ると、すぐにいくつかの〈断片〉が飛び出してゆき、大多数の仲間がそれを追いますが、中には遅れをとる〈断片〉もあります。物質界に着いた〈断片〉はそれぞれ、五つの魂の段階を進んで行きます。乳児期から始まり、幼児期、若年期、成人期、老年期までたどり着くと、サイクルを離れ、アストラル界にいる他のエンティティの仲間たちと再結合するのです。

魂の年代があがるにつれて、より高度で進化した認識力がそなわり、自分にも外界にも以前とは異なる新たな方法で取り組むことができるようになります。

国家にはその国民の主要な魂の年代を反映する傾向があります。例えば、ある国の問題解決法をみると、その国民の認識力のレベルがわかります。

本書の執筆中に、ロシアはアフガニスタンの人々を支配しようと企てていました。ロシア政府は支配と優越を切望していたのです。それはまさしく若年期の魂が求める価値です。他方、アフガニスタン政府はなんとか生き延びようと戦いました。それは乳児期の魂が学ぶことです。ある意味で、両国はお互いの学びを助け合っています。本書では戦争の是非の判断はしませんが、戦争が起こる状況を洞察する方法といくつかの選択肢をお教えします。

タオを出発し、再びタオに帰還するまでの全サイクルには七つ（地球では五つ）の魂の年代があり、それぞれの年代は、さらに七つの段階に分かれています。魂の年代の概観は終わりましたから、次は、個々の魂

魂の年代 （多数の人生）	**対応する肉体的な年齢** （一つの人生）
乳児期の魂	新生児（18ヶ月まで）
幼児期の魂	幼児（18ヶ月から5歳まで）
若年期の魂	児童（6歳から12歳まで）
成人期の魂	思春期（12歳以上）
老年期の魂	成人

表3－1：魂の年代と個人の年齢との比較

の年代を詳しく検討しましょう。

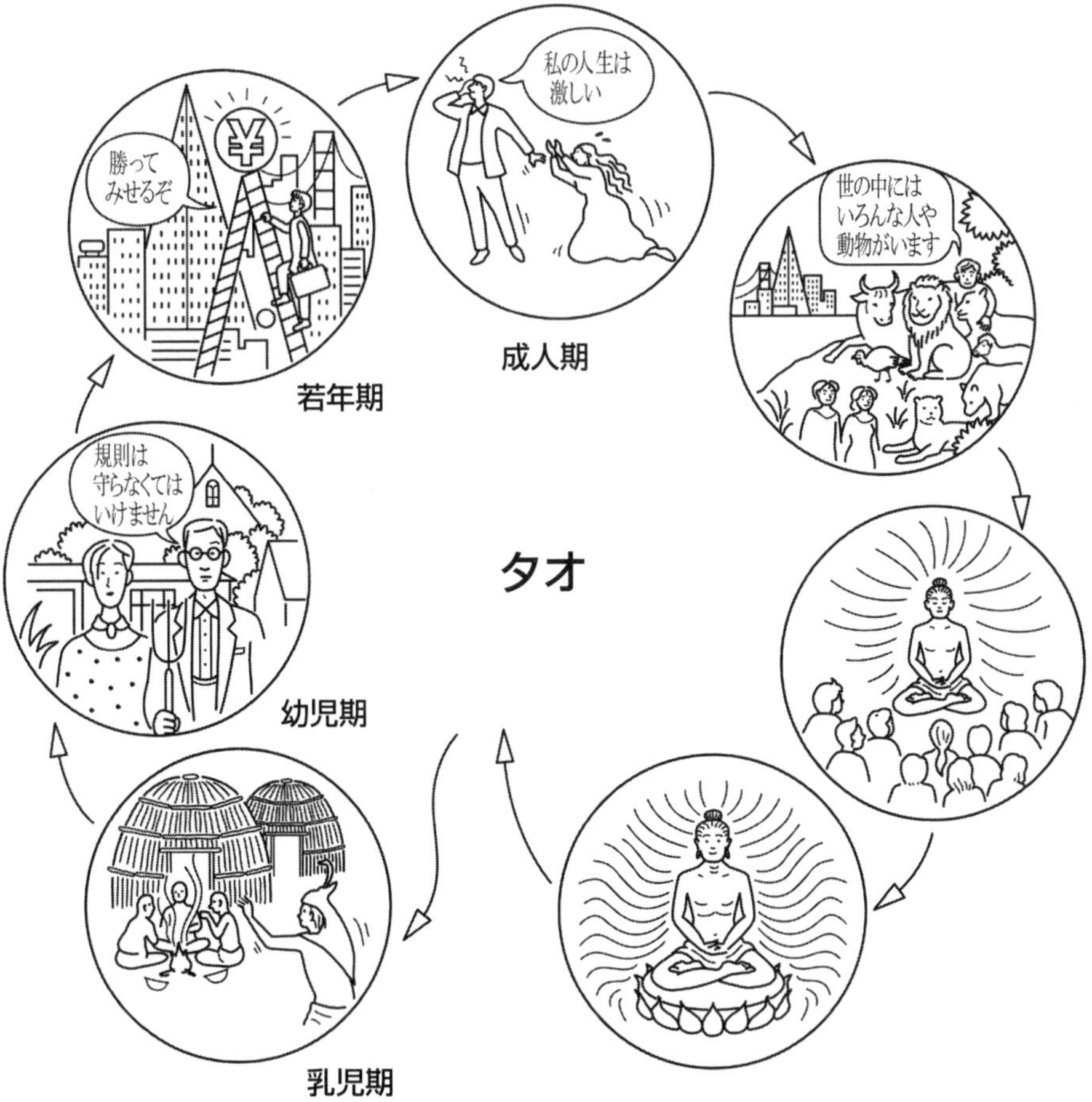
勝って
みせるぞ
若年期
私の人生は
激しい
成人期
世の中には
いろんな人や
動物がいます
規則は
守らなくては
いけません
幼児期
タオ
乳児期

図３－４：魂の年代

❏ 乳児期の魂

■■ フォーカス（焦点）■■

「ここはどこ？　あなたは誰？」

「原始的な経験をしながら試行錯誤して規則をつくっているところです」

「さあ、ゲームを始めるぞ！　どこへ行けば私が取り組める経験があるのだろう？」

「私はまだまだ未熟だから、社会の要求には応えられません。それは複雑すぎます」

タオから放出されたばかりの〈断片〉は未熟で未経験、物質的な意味で生き延びることに必死です。この年代のキーワードは原始的・臆病・無力です。

ネアンデルタール人の特徴はこの未熟な魂の特徴にぴったり当てはまります。彼らは、たとえ今日の社会にいたとしても、環境が変わるだけで、やはり原始的なままでしょう。

秘境に住む部族民のようにネアンデルタール人は神秘的な雰囲気がします。彼らはタオや自然界と強く共鳴しあうことができますし、いわゆる人生経験によって汚れていないからです。心霊力のような特別な力で自然や動物の動きを操ることもできます。

オーストラリアの原住民であるアボリジニは、一七〇〇年代にヨーロッパ人によって発見されたとき、世界中の未開人の中でも最も原始的な民族でした。彼らには書き言葉すらなかったのです。当時の彼らは、年長の魂をもつ数人の人たちに導かれている乳児期の魂の集団でした。代々伝承されているアボリジニの芸術や神話は非常に精巧で、土地との強い感情的な結びつきが表れています。しかし、いわゆる文明国からやってきた新参者たちは、この激しい感情をあまり理解も尊重もしませんでした。

魂の年代	特徴
乳児期	「今、ここ」を生きる。模倣する。
幼児期	文明構造をつくる。
若年期	権力問題、名声、金銭に関心がある。
成人期	感情的な学び、人間関係。自己−カルマとの取り組み。
老年期	日常的な感情問題を超越。知的な表現。人に教える才能がある。
超越期	高次のレベルとの結びつき。
無限期	すべてに気づく。

表3－2：認識の７段階

乳児期の魂の人たちは、多くの場合、僻地に住んでいます。彼らは、複雑な科学技術社会を離れて、生存の問題とじっくり取り組める、世間から孤立した土地や辺境で暮らしたがるのです。高度に複雑化した社会の中では、生まれたての乳児期の魂の人たちは圧倒され精神を病んで死んでしまうかもしれません。

ときには伝染病やアルコール、銃器等が伝わることによって彼らの単純な共生関係や生活様式を破壊されることがあります。例えば、初期の探検家や宣教師、貿易商らが太平洋諸島の島民たちに悪影響を与えた事例は、多くの記録に残されています。これらの地域の先住民たちがみな、必ずしも乳児期の魂に属するというわけではありません。しかし、彼らの生活様式にはたしかに乳児期の特徴がみられます。

生まれて間もない赤ん坊と同様に、乳児期の魂はおもに身体（体をどのように使い、いかに手入れするか）に関心をもちます。彼らは初歩的理解力を働かせて、与えられた環境の中で生きる術を学びます。そして、この世界を「自己―非自己」という図式化の中で捉えます。つまり、彼らは自分の身体以外のものはすべて「他者」だと感じるのです（このことは心理学の対象関係論における乳児についての分析と一致しています）。

明らかに乳児期の魂は十八ヶ月未満の子供と同じ優先順位をもっています。彼らは飢饉や戦争、迫害、洪水といった、激しく、生々しい経験をしなければなりません。〈本質〉には地球上のあらゆる特徴が含まれており、それらをすべて経験し理解してはじめて、さらに向上することができるからです。

一般的に乳児期の魂は十分な性的関係を築けません。子供を産むことはあっても、性的関係自体は動物的レベルにとどまります。もっと魂が成長しないと、「どうしたら愛されるだろうか？」と悩んだり、兄弟姉妹や両親に愛情を抱いたりすることができないのです。彼らはまだ、人間関係を築くということを学び、試しているところです。

また、乳児期の魂は物事の善し悪しを人から教わらなくてはなりません。彼らは不慣れな状況に出くわすと当惑し反感さえ覚えます。彼らが仕事に就くときは、たいていきわめて単純な（実際は知的な仕事であったとしても単調そうな）仕事に就こうとします。乳児期の魂は未経験で世間知らずなので、創造性を要求されることは苦手なのです。例えば、彼らは料理することも食べることも、生き延びるためだとしか考えません。

通常、乳児期の魂の人たちからなる部族は迷信的です。彼らが神話や伝承、儀式などをつくり出します。乳児期特有の恐れを緩和し安心感を得るためです。

第二次世界大戦中、米国空軍は太平洋諸島に臨時滑走路を建設しましたが、そのうちいくつかの島には、乳児期の魂の人々からなる原始的な部族が住んでいました。彼らは米軍の飛行機やそのパイロットたちを神々であると信じました。飛行機の像をたててそれを崇め、飛行機に関する神話までつくりました。そうして生まれた神話は、飛行機が島に来なくなってから何年もたったあとも語り継がれたのです。

乳児期の魂が大部分を占める国家は存在しません。乳児期の魂は年長の魂たちの助けなしには生きることも、ましてや社会を維持することなどできないからです。また、乳児期の魂は赤道周辺に集まる傾向があります。気候の変化が少ないほうが生き延びやすいからです。

乳児期の魂の人が個人的に名声を得たり、有名になったりすることはありません。彼らは未経験で無教養だからです。

しかし、乳児期の魂の有名な「事件」ならあります。狼に育てられたインド人少年の話です。その少年は発見されるとすぐに育った環境から引き離され、文明の地へと連れて行かれました。人々は彼を教育し、文明人らしくしようとしましたが、うまくいきませんでした。また、世界中の科学者が、少年に科学的興味をもち、彼を研究しようと集まりました。けれども、少年は世間の注目に圧倒され、ほどなく死んでしまったのです。

地球全体の大局的な発達傾向としては、西暦二〇〇〇年ごろに成人期の魂が地球上で最も優勢になると、タオから乳児期の魂が放出されることはなくなるでしょう。そして、未熟な乳児期の魂の人たちが大飢饉などを経験して学ぶ機会は減るかもしれません。年長の魂たちは学び方を身に着けて、ますます早く成長し、未熟な魂たちとのレベルの差が急激に開いてゆきます。それはちょうど優秀な生徒ばかりが集まるクラスに勉強が苦手な生徒が入ってしまったようなもので、乳児期の魂はどんどん取り残されていくのです。ともかく、地球にやって来る「初心者」は目に見えて減少しています。

●肯定的な側面

単純、素朴、純真、無邪気、直感的、刹那的に生きる、疑わない、エデンの園、神秘的、象徴を使う。

●否定的な側面
動物的、無力、臆病、無知（特に初期には極度に）〈偽の人格〉の陰極にとらわれてしまうことがある、攻撃的。

ロ幼児期の魂

■■フォーカス（焦点）■■

「規則だからその通りにします」
「どこに居て何をすべきかを教えてもらわないとわかりません」
「周囲に合わせないと、とても恐ろしいことが起こりますよ（全体主義社会）」

幼児期の魂は、乳児期の魂よりは地上での経験を積んでいます。ほんの少し世の中にも慣れて、幾分、恐怖心も和らいでいます。

幼児期の魂たちがつくる典型的な社会では、生活が時計仕掛けのように正確に進みます。すべての物事に一定のペースがあるのです。日曜日には教会へ行く、男性はソフトボールをする、女性はキルトを作るなどです。実際、中央アメリカの小さなコミュニティーの多くでは、このような生活が営まれています。ペンシルヴァニアのアーミッシュ村が良い例です。

幼児期の魂の特徴は、「私―その他の私たち」という認識の仕方です。この段階の魂たちの行動の指針は二歳から四歳までの子供たちとほぼ同じです。動き回り世界を探索するのです。とはいうものの、外界はまだ彼らにとって恐ろしいものに思われ、もっと成熟した魂たちに導いてもらいたいと感じています。幼児期の魂は確固とした規則を定めてくれるような権威者を探し求めます。そして、ちょうど幼い子供のように組織を好み、両親や周囲の人々に何をしてもらえるかがわかると安心します。伝統や儀式、法律、規則などが彼らに安心感をもたらすのです。

幼児期の魂が生み出した儀式は、今も私たちの社会に原型として残っています。例えば、結婚はもともと男性が一方的に女性をとらえて妻にする、というかたちで始まりました。現代でも、新婚の夫婦がはじめて新居に入るときに、夫が新妻を誇らしげに抱えて玄関を入ることは、こうした略奪による結婚を象徴しています。

幼児期の魂は断固とした信念をもつ傾向があり、それと相容れない考え方に出くわすと、混乱したり、敵意を抱いたりします。逆に、社会的に許されることだと教育されれば、信念のための戦闘や殺人もいといません。歴史上、幼児期の魂は十字軍の遠征や宗教裁判、伝道などの宗教活動を行ってきました。

幼児期の魂をもつ人々は、おおむね善良な市民であり、地域社会の長になりたがります。伝統ある教会の高位聖職者や牧師、保安官や市長などになり、正義の人、模範的人物だと思われたいのです。彼らは熱心に社会の規則を守り、他の人たちにもそうすることを強要します。彼らは社会と文明の守護者です。今存在している組織構造を脅かすものは何であれ許しません。変化すること自体に反対なのです。乳児期を卒業したばかりの彼らは、自分がよって立つ基準をはっきりとさせておきたいからです。いくつかの主要な宗教が、こうした規範を与える番犬の機能を果たし、権威を求める幼児期の魂の面倒をみています。

キリスト教はその好例です。イエス・キリストは教えを何一つ書き残しませんでした。しかし、その後の数世紀の間に、幼児期の魂が大多数を占める社会は、イエス自身のあずかり知らない組織をつくり、儀式や典礼を取り決めました。例えば原始キリスト教では、「転生（再受肉）」は不可欠な原理でした。しかし、教会の指導者たちは、「地獄」や死後の破滅といった教えのほうが行いの悪い信者を脅すのに効果的だと考え、教えを変えてしまいました。それでも、聖書や祈祷書には今なお「永遠の生命」についての記述が残っています。

幼児期の魂が望むのは優等生のように善良であること。彼らは構造と指針とを与えてくれる、小さくて伝統的な社会を好みます。彼らは自分自身の考えをもたず、権威者に最終決定を委ねるのです。

また、彼らは二分法的な考え方を確信しています。例えば、善と悪との対立を信じ、さらには神は男性原理であって邪悪な悪魔である女性原理と戦っているのだと考えることもあります。さらに、彼らは（それこそ、本来は神に罰せられるべき悪しき業なのですが）自分と同じ信仰をもたない人を罰しようとします。

言うまでもなく、幼児期の魂は政府のような官僚組織の中では華々しい活躍をします。彼らの最大の関心事は法律や規則や権威によって社会を組織化し、発展させることにあるからです。「やるならやる、やらないならまったくやらない」「規則は遵守する」というのが幼児期の人たちの考え方です。多様な選択肢は思いつきません。

性に関しては、恥ずかしがったり、罪悪感をおぼえたりして、当惑することが多いでしょう。幼児期の人たちはセックスを完全に拒否するか、あるいは子供をつくるためのセックスだけを受け入れる傾向があります。ちょうど、幼い子供は精神的にも未熟で、性的関係のもつ広い意味合いを十分には理解できないのと似ています。

同様に、幼児期の魂にとって食べ物も純粋に機能的なものにすぎません。健康のために肝油を食べるのは、幼児期の魂の典型的な行動です。肝油はひどい味がするのにもかかわらず、体に良いから食べるのです。彼らの食事の最大の特徴は習慣的に同じものを食べ続けようとすることです。

幼児期の魂は自分の人生についてあまり深く洞察することができません。そのため、自分自身のものの考え方や感じ方、態度などが心理学的な諸問題を引き起こしていても気がつきません。そして、感情的な問題を抱えてしまったときには身体的な障害（怒りの感情が湧く場所に結石ができるなど）を起こします。病気を治療するにあたっては、原因を追究したり代替療法や効果の穏やかな薬を使ったりするよりは、強い薬物を用いたり外科手術を受けたりして、手っ取り早く治そうとします。

彼らは強迫的なまでに細菌を恐れ、潔癖で、自分以外のものはすべて危険だからコントロールしなくてはならない、と考えがちです。

アメリカのラジオやテレビの放送では、洗浄剤や消毒剤、消臭剤の広告が氾濫しています。幼児期の魂の考え方を視聴者に送りこみ刷り込んでいるのです。

しばしば、幼児期の魂の人々は非常に残忍な心的傾向を示します。身体的虐待や暴力を行うこともあります。警察国家をはじめ、幼児期の人たちが一定の権力を握る、あらゆる場所、国（例えば軍隊や警察など）では特にこの傾向が顕著です。そのため幼児期の人がカッとして犯した残虐行為を、また別の幼児期の人が取り調べるということもよく起こります。K.K.K.（アメリカの白人至上主義的秘密結社）は幼児期の魂の組織の一例です。マフィアも同様で、強行戦術で人々を脅かし、富と権力を手に入れることを目指しています。

こうした邪悪な行為は生き方を学ぶ方法としてはきわめて野蛮なものであり、当然悪いカルマを生み出します。

概して、幼児期の魂の人々は有名になったり目立つ存在になったりしません。しかし、幼児期の後期になると、そういうことも起こり得ます。有名になった幼児期の魂の一例としては、イディ・アミンがいます。彼は一九七九年に退位させられるまで、ウガンダの独裁者として恐怖政治を行いました。リビアのカダフィー大佐（一九四二〜　リビアの事実上の最高責任者）や南アフリカ共和国のボータ大統領（当時）らは幼児期の第七段階に属しています。

中央アメリカには幼児期の魂の人たちが多く住んでいます。インドにも幼児期の後期の人たちが多数います。さらに、アルゼンチンをはじめとする南米諸国やアイルランドの人々もほとんどが幼児期に属しています。

一国の魂の年代は、そこに転生しようとする人たちの魂の年代によって刻々と変化します。例えば、インドの魂の年代は、この数世紀間で、老年期から乳児期もしくは幼児期の初歩的な段階へと劇的に変わりました。インドが科学技術の発達を推し進めようとすればするほど、そこに生まれてくる魂はますます幼くなり、年長の魂は減っていくでしょう。

かつて北米にもイロコイ族に代表される老年期の魂の部族がいました。合衆国憲法は、イロコイ族の政治原理に基づいて制定されたのです。アメリカ建国の父たちの中には、イロコイ族の原理のもつ価値がわかるだけの認識力をそなえた老年期の魂の持ち主が何人か含まれていたからです。

●肯定的な側面

善良な市民、まじめ、社会・政治への関心が強い、忠実、家族思い、「正しい行い」をすると信じられる、規則化する、物事を単純に考える、安心感を重視する、混沌とした乳児期の魂たちを秩序付ける。

●否定的な側面

頑固、ドグマ的、官僚主義的、「正さ」を守るためには攻撃することがある、融通が利かない、理性よりも感情に基づいて行動する、ときに野蛮で暴力的、権威を妄信する。

□若年期の魂

■■フォーカス（焦点）■■

「あなたと私は違います。そして、勝つのは私です」
「世界を私の思うがままにしてみせます」
「すべてを手に入れることができるのです」

〈本質〉は幼児期の生存問題を学び終えました。次は、自分がどこまで強くなれるのかを知りたがっています。五歳から十三歳くらいの子供たちの行動がおもにどんな動機に基づいているかを考えてみてください。彼らは両親から離れて、同世代の仲間をつくり、外の世界で自分の能力を試します。ときおり両親（年長の魂）のもとへ帰り、指導を受けたり励ましてもらったりして、さらに冒険を続けたいと望みます。

彼らのおもな関心事は独立性、つまり自分が人生で獲得したいと思うものを自分で手に入れる能力です。若年期の魂たちは強い衝動に駆られて、高い地位（映画スターや政治家、宗教指導者など）や富を得る努力をします。

若いからといって、いつもやりたいようにやっているわけではありません。彼らは成功につながりそうなことだけを行います。彼らは成功者たちがどこに住んでいるのかを知りたがり、丘の上に住んでいると聞けば、自分も丘の上の家を買います。憧れの成功者になりきるためです。若年期の人たちが反体制的な態度をとることもありますが、その場合も、反体制感情をもっているからではなく、成功のためにそうする必要があるからにすぎません。

若年期の魂たちは有名大学に集まります。華々しい学歴を手に入れるためです。例えば、経済界の成功者を輩出する、アイビーリーグ（アメリカ東部にある八つの名門大学）のようなエリート大学に魅力を感じるのです。金持ちや有名人ばかりが出てくるテレビの人気番組は、若年期の人たちの考え方を端的に表現しています。

彼らはいつも「あなたと私は違う。そして、勝つのは私だ」と考え続けています。他人の考えを承認することはするのですが、本質的に競争的です。また、彼らは名声や富や権力を追い求めるためには何をしてもいい、と考える傾向があります。この傾向は闘争や競争志向を生みます。そこから、若年期の魂にありがちな「労働政策」が生まれ、対抗意識と競争心のみなぎった会社ができあがるのです。

若年期の魂にとっては肉体がすべてです。彼らは自己自身と自分の肉体的な特徴を完全に同一視してしまい、肉体の中に意識が宿るとは夢にも思いません。そのため、若さを保とうとして、美容食品を食べあさることから美容整形まで、ありとあらゆる過激なことをするようになります。彼らは死を思わせるような事柄は見ないようにし、それだけが死の恐怖に抵抗する手段だと考えます。

いくつかの企業は、将来、医学が発達したときに生き返らせるために遺体を冷凍保存しています。たとえ冷凍保存されたとしても、人間は永遠に生きることを望むのです。

莫大な医療費や医療関係者数を見れば、アメリカ国民がどれほど身体的健康を失うことを恐れているかがよくわかります。行きすぎた医療・健康産業の拡大は、若年期の魂の死を恐れる気持ちの現れです。彼らは人間は死んだら終わり（人生は一発勝負）だと信じているので、なんとかして生きている間に有名で裕福になりたいという強い衝動に駆られます。

若年期の人たちは、自分の行動の動機についてあまり考えません。彼らは自分自身や他人の行為について深く洞察するのが苦手なのです。結婚生活の危機や薬物中毒などの個人的な問題が起こると、危機が過ぎさるまで、ごく一時的に他人の助けを求めます。この態度を老年期の魂の態度と比べてみましょう。老年期の人々は、同じような問題にぶつかったとき、例えば、毎週セラピーに通うことが精神的に重要だと考えます。さらに、自分の置かれている苦境を吟味し分析して、できる限り多くのことをそこから学ぼうとします。両者の対処法はまるで違っていますが、どちらもそれぞれの年代に適したものです。

若年期の魂たちはあらゆることにおいて外見を重視します。例えば、掃除についてもそうです。彼らの部屋は一見とてもきれいに整理整頓されているように見えます。しかし、クローゼットを開けてみたら、中はぐちゃぐちゃになっているかもしれません。

若年期の人たちは、口先だけですが、哲学や芸術に理解を示します。そして、この年代も最終段階になると、宗教的なものに関心をもち始めます。現在、地球人の大多数が若年期の後半に属しているので、全世界の一般的な考え方もやはり若年期の後半のものになっています。

【若年期の魂をもつ有名人】

アレキサンダー大王、ジョン・F・ケネディ、毛沢東、アウグストゥス帝、マリー・アントワネット、マーガレット・サッチャー（一九二五〜 イギリス元首相）、フェルディナンド・マルコス（一九一七〜一九八九 フィリピン大統領）とその妻イメルダ夫人、ジャクリーン・オナシス（一九二九〜一九九四 元ケネディ大統領夫人、アリストテレス・オナシスの妻）、アリストテレス・オナシス（一九〇六〜一九七五 ギリシア出身の世界的海運業者）、ジェームズ・キャグニー（一八九九〜一九八六 米国の映画俳優）、ジャック・ベニー（一八九四〜一九七四 米国の喜劇役者）、ビング・クロスビー（一九〇三〜一九七七 米国の歌手・俳優）など世界的な強国は大部分が若年期に属しています。それらの国の特徴は物質的な豊かさと強い軍事力、他国への大きな影響力です。若年期の魂の人々が主体となる国をいくつか挙げると、アメリカ、ドイツ、イスラエル、シンガポール、朝鮮などがあります。いずれも世界経済を引き上げ、国際貿易を主導する国々です。若年期の国家は、しばしば幼児期の諸国をめぐる国際紛争に巻き込まれます。例えばエルサルバドルのような幼児期の魂の国は、進歩し成長し国際紛争を引き起こすことによって、アメリカのような若年期の魂の国々の注目を集め、援助を得ようとします。幼年期の国々が願うのは進歩です。それに対し、若年期の国は世界のひのき舞台で権力を握り優位に立つことを願います。ベトナム戦争はこの状況を端的に表しています。

●肯定的な側面

生産的、勤勉、信頼できる、組織をより効果的に変える、富を生む、「進歩」を促す、人々を導く（世界中の多くの人々を導くことに無上の喜びを感じる）。

●否定的な側面

競争的、あつかましい、独善的、流行に飛びつく、物質主義的過ぎる、自分の行動動機について考えられない「私は勝者、あなたは敗者」で勝者が独り占めしてもよいと考える、利己的な目的で策略をめぐらすのが好き、常に優位に立ちたがる、将来の展望のない目先の開発をする、「自分は正しく他人は間違っている」と思い込む。

成人期の魂

■■フォーカス（焦点）■■

「私の人生は激しく生き生きとして劇的です」

「私の人生には何かが欠けている気がします」

「私は存在の意味の探求を始めたところです」

「他人のことをまるで自分自身のことのように感じます」

成人期の魂は人生で言うと、十三歳から十九歳あるいは思春期に相当します。さらに類比的にみると、魂のサイクルの中で、子供の認識から大人の認識の仕方へと移行する時期だともいえます。

若年期の魂は心の中よりも外へ向かう傾向があり、多くのカルマを生み出します。この年代の〈本質〉は生存競争に勝ち、名声や富や権力を手に入れるのです。しかし、やがてなにかしら不安で、物足りない感じがしてきます。

「どんなに儲けて偉くなったって死んだらそれまで」という若年期の典型的な意見が疑わしくなり、それへの挑戦が始まるのです。成人期の人々は「私は何者か？　何のためにここにいるのか？」と問います。つまり、真理の探究を始めるのです。

〈人格〉そのものはこうした疑問を抱きません。この問題意識は〈本質〉に由来します。この年代になると、人間の存在の中心は「力」（第三のチャクラ）から「人間関係」（心臓にある第四のチャクラ）へと移ります。

魂の成人期は霊的なものへ開眼し始める段階ですが、けっして楽なものではありません。それどころか、〈人格〉が最大のストレスを受ける段階なのです。例えば、この時期には新たな心霊力が備わりますが、それを使いこなせるだけの精神力も備わっているとは限りません。〈人格〉は精神的疲労のあまり倒れてしまい、統合失調症、その他の精神病になることもあるでしょう。この年代の自殺率が他の年代よりも高いのはそのせいです。

統合失調症の患者は、しばしば、驚くべき洞察力や認識力、叡智を発揮します。しかし、彼らが霊的な〈本質〉に関する強烈なヴィジョンをもち続けることは滅多にありません。彼ら自身より認識力の劣る、乳児期や幼児期の人々が編み出した医療モデルに基づく治療を受けているからです。

成人期の魂の人たちは、人間関係の問題に深く関わることになります。彼らは他人の経験をまるで自分のことのように感じるからです。この年代になると、人と人を分かつ境界が薄れていきます。他人がどのように感じているかも、自分に対してどのような感情を抱いているかもわかるようになるのです。

この認識力のせいで混乱することもあるでしょう。ときおり、いつ・誰が・何を感じているのかが、まったく区別できなくなるからです。成人期の魂にとって自分の経験や感情と他人の経験や感情との境界を見定めること、人が誰であるかを特定すること、人々と共存すること、自分の役割を認識することなどは非常に困難です。こうした人と人との境界の問題は情緒不安定になっているときに特に強く現れます。

成人期の魂は、「私のことは放っておいてほしい」「私の人生は激しく、生き生きとして劇的だ」と考えます。この考え方は、成人期特有の優先順位と方向感覚を示しています。彼らは必ずしも他人の賛成を期待していませんし、好きなだけ自分の興味を追求できるように、できるだけ放っておいてほしいと思っているのです。

この傾向はゴッホやアーネスト・ヘミングウェイのような精神を病んだ芸術家の人生に顕著です。彼らは、自分だけのヴィジョンを独自の方法で表現しようとした成人期の人々です。

幼児期の魂の人たちがありふれた家に住みたがり、若年期の人たちが高級住宅街の豪邸に住みたがるのに対して、成人期の人々は自分の手で建てた家に住みたがります。彼らは精神が高められるような、美しく閑静な土地を慎重に探して家を建てます。重要なのは、自分で心に決めた基準を守ることなのです。

魂の成人期は創造性が開花し、芸術的な輝きにまで高められる時期でもあります。例えば、アインシュタインやガリレオ・ガリレイらは科学的研究において多大な貢献をし、名声を得ました。彼らの発見によって宇宙や宇宙の中の人間の立場についての理解は大いに深まりました。これは、成人期の魂に特徴的な働きです。

魂のサイクルが成人期に入ると、脳の中のそれまでは使われていなかった部分が使われ始めます。脳の潜在能力の中には成人期に現れ始めるものもあります。意識が進化すればするほど高度な能力が発揮できるようになるのです。さらに高度な能力は意識がもっと進化してから現れるのです。

成人期の魂は若年期の魂のように名声を渇望することはありませんが、それにもかかわらず、若年期に勝るとも劣らない名声を手に入れます。例えばマリリン・モンローのように世間の注目の的になり、有名人にしか学べないことを学ぶのです。

よく成人期の人々は高い評価や地位を投げ捨てて、周囲の若年期の人たちを驚かせることがあります。有名弁護士が突然、はるかに低収入の野生動物のカメラマンに転職する、という話はその典型的な例です。

また、成人期の人々には一生続くような友情や人間関係を求める傾向があります。個人的な人間関係の深まりが、この段階の特徴だからです。結婚すると、生涯添い遂げることが多いでしょう。若年期の魂が権力にこだわり、人付き合いの中でさえ、権力を行使しようとするのとは対照的です。

成人期の魂にとっての安住の地は、すべてが整った完全な都市です。例えば、オランダのアムステルダム、カリフォルニア州のバークレー、マサチューセッツ州のケンブリッジ、エジプト、ギリシア、イタリア、ポーランドなどの国々にも大勢住んでいます。

住む場所に関して彼らが重視するのは、物質的なものではなく、人間関係や社会的な付き合いを発展させ、哲学や芸術に没頭できるかどうか、ということです。

先にあげた国々を旅してみれば、きっとこれらの諸国が成人期の人々にふさわしい条件を備えているとわかるでしょう。例えば、電信電話事業や公共交通機関などにしても、効率よりも感情的な満足度に重きが置かれているからです。

成人期の魂の人には、多くの卓越した人がいます。名優たちの多くは成人期の人であり、自分の最も得意とするもの、すなわち激しい感情を巧みに表現しました。

【成人期の魂をもつ有名人】

マリリン・モンロー、マーロン・ブランド、ウィリアム・シェークスピア、アーネスト・ヘミングウェイ、アリストテレス、インディラ・ガンジー、ヴィンセント・ヴァン・ゴッホ、モーツァルト、モーシェ・ダヤン（一九一五〜一九八一イスラエルの軍人）、ジミ・ヘンドリクス（一九四二〜一九七〇　米国のロックギタリスト・歌手）、ガリレオなど。カルロス・カスタネダ（米国の人類学者・作家）やアルベルト・アインシュタインらは成人期の最終段階から老年期の第一段階へ移りました。クリント・イーストウッドやクリストファー・リーブ、リチャード・バートン（一九二五〜一九八四米国の映画・舞台俳優）など

●肯定的な側面

開放的な感情、人間関係の重視、他人を気づかう、「私は……に属している。だからみんなも仲間になるべきだ」（すべての人を包括的に考える）、知覚が鋭い、霊的な成長に心を開く、精神的な意義に気づく、若年期と老年期の両方の考え方に理解があるので最もバランスの良い年代。

●否定的な側面

他人と自分を同一視してしまう、感情的、テレビドラマのような芝居がかった行動をする、激しやすい、神経過敏、次々と困難を引き起こして自ら犠牲になってしまうことがある、「あなたは私とまったく同じ」、内的葛藤、「人からどう思われているか、わかります。でも、その期待に応えるべきかどうか、自分のやりたいことをすべきかがわかりません」（これは否定的というよりは中性的な側面）。

老年期の魂

■■フォーカス（焦点）■■

「他人は他人、私は私」
「私はこのゲーム（かくれんぼう）に飽きてきました」
「世界の全体像がつかめたので、それを人生に役立てたいです」
「私にとって、物質的なゲームは昔とはまったく違う意味をもっています」

複雑な人間関係を通して成人期の課題を終えた、老年期に入った魂たちは次の段階――存在の意義の探求――へと乗り出します。それは精神性と呼ぶこともできます。

老年期は他人に何かを教える年代であり、その認識力は個人の人生でいうと、成人に対応しています。「この宇宙の中での、私の存在理由はなんだろう?」と老年期の人々は問います。

彼らは自分も他人も、何かより大きく全体的なものの一部なのだと考えます。すべての人々の間にある、密接なつながり、結びつきに気づいているのです。人と接するときにも、相手の中に自分と共通するものを見つけます。

日々の他人との関わりは、実際は自分自身との関わりなのです。店の店長や友人や同僚などと話しているときも、本当は自分自身に語りかけているにすぎません。この世のすべての人、すべてのものが、神の「部分」だからです。人と人が話しあうことは体の一部が、別の部分と喋っているようなもの、つまり神の独り言なのです。

典型的な老年期の魂は、個人主義的でのんきであり、やりたくないことは滅多にしません。美味しい食事やワイン、友達づきあいが大好きで、一般的に出世しようという気がありません。とりたてて強い興味があるわけでもないのに、社会の動向や人々の心の内を鋭く洞察することができるのも彼らの特徴です。

彼らは九時から五時まで勤務するサラリーマンの仕事を嫌い、社会的には変わった人になりがちです。企業の世界でスーツを着、ネクタイを締めて働くくらいなら、貧乏をして請求書に追われているほうがマシだと考えます。それにもかかわらず、現実には、彼らは他のどの年代の魂の人よりも成功し、莫大な財産を築くのです。

老年期の人々はきつい肉体労働をいといません。そうした労働を霊的な意味で理解し、楽しむのです。彼らが大工になれば、仕事をすることそのものに喜びを感じます。また、日々の仕事の中で起こる表面的には無関係な出来事の深遠な意味に気づき、内面を観察し、成長するための糧《かて》にします。職場を選ぶときの重要な基準は、霊的な雰囲気があるかどうかではなく、自分が精神的に満足できるかどうかです。

彼らは、個人的な欲求に合わせてスケジュールを決められる、自営業もしくは中小企業での仕事をしたがります。自由な雰囲気が好きだからです。これとは対照的に成人期の魂の人たちが会社を経営すると、競争や活発な人間関係を楽しもうとします。若年期では、会社経営を金持ちになるための手段としか考えられません。

老年期の魂は、独自の風変わりな霊的修行を好みます。例えば、個人的に重要なことがあると、それを記念して仲間と丘の上に集まり、歌い踊り瞑想する、というように、自分だけの儀式をつくり出すことが好きなのです。新しい家に引っ越すときにも、前の住人のエネルギーを洗い流し、その場を浄化するような儀式を考案するでしょう。

このような、老年期の人独特の儀式は、若い魂の人にはバカげて見えるかもしれません。そこで、老年期の人々は儀式を世間に見つからないように、慎重にすませる方法も心得ています。普段の彼らは、ビジネススーツを着て、高級車を乗り回しているかもしれません。それでも、ひと皮むけば、たいてい風変わりな人なのです。

老年期の魂は、園芸やワイン作り、教育、カウンセリングなどの職業に魅力を感じます。また、哲学や芸術を愛し、自然に囲まれているとくつろぎます。

【老年期の魂の特徴】

＊だらしなく、怠け者に見えることがある。
＊高等教育を避け、独自の研究、実体験、現場の仕事から学ぼうとする。
＊技能を修得すること自体を目的としているので、修得してしまうと放り出してしまう。この行動はときに人を戸惑わせる。
＊旅行を真理の探究に役立てられる（旅先には、何か新しい発見があるかもしれないから）。
＊代替医療やホリスティック医療を選ぶ傾向がある。
＊男女の区別がつきにくい（どちらの人生も過去に何度も経験してきたから）。
＊善悪の観念に縛られている若い魂の人たちと比べると、好色で快楽主義的な傾向がある。
＊心で捉えた真理や、五感や直線的時間では理解できない要求に従おうとするため、変わり者に見える。
＊霊的な真理の探究をまっすぐに目指す。
＊真理を察知する感覚がどの年代よりも鋭い。
＊魂のサイクルを離れる前に、自分の知識を一人以上の人間に伝えなければならない（例：ヤキ・インディアンの呪術師、カルロス・カスタネダはドン・ファン・マトゥスに知識を伝えた）。

自己評価

成人期や老年期の人たちはどの年代の人よりも、自己評価が非常に低いせいで悩む傾向があります。なぜでしょうか？

一般的に魂が若いうちは自己評価が低くても気にしません。彼らの関心は、外の世界で経験を積むことにあるからです。若い魂たちは他人との間にカルマを生みだしながら、経験を重ねていこうとしています。それに対し、年長の魂たちはそれまでにつくったカルマを完了することに関心をもちます。彼らはもう、地上に戻らないからです。

老年期の課題には、カルマの成就と人間としての自分の価値の理解とがあります。そして、最後に彼らが学ぶべきことは、無条件の自己受容と、無条件の他者受容です。そのためには自己評価の低さを解決することが不可欠です。自分を受け入れるための鍵は、寛大になること。そして自分を愛することです。

〈偽の人格〉

老年期の魂は、〈人格〉にはさまざまな問題を生み出す働きがあることを知っています。そして、これらの問題を深い洞察と真理の認識とによって解決できることもわかっています。

彼らにとって、特定の〈人格〉をもつことはあまり重要ではありません。どの〈人格〉も彼らが数限りない転生を繰り返して演じてきた多くの〈人格〉の一つにすぎないからです。一方、若い魂の場合は、現在の転生で使っている〈偽の人格〉が非常に目立ちます。今の〈人格〉以外に影響を及ぼすような転生をほとんどしていないからです。

転生を繰り返し、〈本質〉が格段に豊かで強力になると、いくつかの重要なことが起こります。例えば、老年期の魂は本来の自己自身についても〈人格〉についてもはっきりと自覚しているので、自分の見せ方を選べます。それぞれの状況下で、どのオーバーリーフを発揮するか、自分の〈本質〉と〈偽の人格〉のいずれに基づいて行動するかを選べるのです。そのおかげで、老年期の魂たちは、実に柔軟で多彩な態度をとることができます。乳児期や幼児期、若年期の魂が、〈偽の人格〉に振り回されて生きているのとは対照的です。

このようなわけで年長の魂(すなわち成人期と老年期)の魂たちは、会議の席でも、どのオーバーリーフを使って行動するかを自分で選ぶことができます(例えば、「ここは『注意』のモードじゃ駄目だから、権力者として『力』のモードを振るってみよう。そうして真実をたしかめて、教えてやろう」と選択するのです)。彼らはどのオーバーリーフを使うかを決めさえすれば、そのオーバーリーフを使えます。訓練によって、オーバーリーフを選ぶ能力を高め、意のままに使えるようになるのです。

〈断片(小部分、一人の人間)〉は何回も転生すると、〈本質〉と〈人格〉の間の壁が薄くなり、過去生の出来事がより鮮明に思い出されるようになります。そのため、年長の魂は、特定の人物との間の未清算のカルマや前世で習得した技能などを思い出すことも多くなります。成人期・老年期の人々は、現在の人生の経験をはるかに上回る知識や叡智を示すことがよくあるのは、そのせいです。

老年期の魂は難しいオーバーリーフを自己カルマ上の課題だと捉えて、あえてそれに挑戦することがあります。こうした、やっかいなオーバーリーフをもっているせいで、彼らは他のどの段階の人よりも、付き合いにくい、嫌味な人物になってしまうかもしれません。老いた魂であれば、自動的に円熟して人当たりが良い人になるとは限らないのです。

【老年期の魂をもつ有名人】

ジョン・ミューア（一八三八～一九一四　スコットランド生まれの米国の博物学者、探検家）、カール・グスタフ・ユング、トマス・メルトン（一九一五～一九六八　フランス生まれの米国の修道士、作家）、ウィリアム・ブレイク、ジェイムス・ジョイス、ウォルト・ホイットマン、ドン・ファン・マトゥス、マーク・トウェイン、ゲオルギイ・イヴァノヴィチ・グルジエフ（一八七七～一九四九　ロシアの神秘思想家）をはじめとする、多くの霊的指導者たち、ロバート・レッドフォード、ジョージ・バーンズ（一八九六～一九九六　米国の喜劇役者）

老年期の魂たちは、チェコスロヴァキア、アイスランド、オランダ、スイスの田園地帯、ロシアなどに多く住んでいます。ただし、ロシアを統治しているのは、おもに若年期の魂たちです。

国際紛争が起こったとき、老年期の人々は中立の立場をとりたがります。そして、それが不可能なときは、暴力や殺戮を認めるよりは降伏することを望みます。そうすることによって、征服する側の人たちに調和や慈悲の心を教えるのです。アレキサンダー大王がペルシアを征服したときや、現代のインドで起こっていることは、それに当てはまります。

●肯定的な側面

のんき、思いやりがある、気長、気楽、無害な変わり者、親切、霊的な気づき、鋭敏な知覚力、寛大、寛容、哲学的、博愛、世才がある。

乳児期の魂	「ここはどこ？　あなたはだれ？」
幼児期の魂	「規則は守らなくてはいけません」
若年期の魂	「なんでも手に入れてみせます」
成人期の魂	「私の人生も人間関係も生き生きとして激しく、劇的です」
老年期の魂	「人は人、私は私」

表３－３：それぞれの魂の要点

●否定的な側面

引っ込み思案、気難しい性格（自己愛に関する強い自己カルマがある）、貧乏、超自然的、人と意見が合わないときは自分が間違っていると考える、じたばたする、怠け者、やる気がない。

以上、魂の五つの年代【乳児期、幼児期、若年期、成人期、老年期】を詳しく見てきました。あとに続く、最後の二つの年代【超越期と無限期】を論じる前に、これまでの年代を簡単に比較しておきましょう。

＊若年期の魂は哲学や思想などの難解な本を書きます。それに対して、老年期の魂は簡潔でわかりやすい文章を書きます。後者は「自分自身を愛しなさい」というような単純な言葉で自分の考えを表現するのです。

＊若い魂は老いた魂のことを理解できません。それに引き換え老いた魂は若い魂たちのことがとてもよくわかります。

＊それぞれの年代の魂は、それぞれの年代にふさわしい行動をします。二歳の子供に四〇歳の大人のような行動を期待してはいけません。年相応が最もよいのです。

□ 超越期の魂

「超越」という名称は、〈本質〉や認識力に覆い被さる、さまざまなオーバーリーフの壁を乗り超えて理解する能力を表しています。超越期の魂は〈人格〉や物質界を形づくる、幻想を超越することができるのです。超越期は老年期に続く年代ですが、この年代の魂が肉体をもって地上に現れることは非常に稀です。しかし、近年地球全体が若年期から成人期へと移行しつつあるのにともなって、地上に生まれてくる超越期の魂が増えているのも事実です。

さて、老年期を終え、物質界でのサイクルを終えた魂は、その後どのような形で存在しているのでしょうか?

老年期の第七（最終）段階で、〈断片〉たちはサイクルを離脱し、アストラル界へと移行します。そして、そこでエンティティ（本質）と一体化し、他の〈断片〉たちが来るのを待ちます。地上での転生の過程をすべて終えた〈断片〉はさらに高い界層で学ぶためにエンティティと再結合するのです。

まれに、この再結合したエンティティが超越的な魂として地上に再生することがあります。彼らは自分のエンティティのグループの中でまだ地上に残っている最後の〈断片〉のもとを訪ねます。つまり、老年期の最終段階にある魂が人生の途中ですべてのカルマを果たしてしまった場合、それ以降その人生が終わるまで、その人とエンティティが共存することになるのです。〈断片〉とエンティティが共存するようになると、エンティティがもつ知識や過去生の体験がすべて理解できるようになります。その最高の例が一九四〇年代のインドの指導者、マハトマ・ガンジーです。

歴史的に見ても、超越的な魂は、重要な存在です。彼らは特定の目的をもって地上に現れ、人々を教え導くからです。仏教ではそのような人のことを菩薩、すなわち他の人々の悟りを助けるためにこの世に生まれる偉大な魂であると考えています。

超越期の課題はそれに続く無限期の準備です。

超越期の魂は他人の経験を自分の経験のように感じます。また、独自の優れた叡智をもっています。一般的に、彼らは特定の宗教には所属せず、正式な教育を受けようともしません。それでも、すぐに優れた教師、あるいは霊的指導者として認められるようになります。

■無限期の魂

無限期の魂はタオそのものの化身です。彼らは約二千年ごとに地上に現れます。しかし、長い歴史の中では、ブッダの到来から六百年しかたたないうちにイエス・キリストが現れたというような例外もあります。彼らがそれぞれ遠く離れた地域の宗教や文化に影響を与えようとしていたからです。

このようなタオの化身は文字通り、何千年もの間、人々に影響を及ぼし続けます。このような崇高な存在が生まれるときは、しばしば不可思議なことが起こります。生まれるずっと前から、誕生が予言されていることも少なくありません。

超越期の魂と同様に、無限期の魂も、老年期の第七段階の肉体を通して地上に現れます。老年期の第七段階の魂は地上でのサイクルの課題をすべてやり遂げると、無限期の魂に自分の肉体を提供します。かつて、イエスという老年期の第七段階の〈王〉がいましたが、彼はキリスト型の無限期の魂に自分の肉体を明け渡しました。同じく第七段階の僧であった、ゴータマ・シッダールタという人物はブッダ型の無限期の魂に自分の肉体を与えました。

界	代表的な教師	教え
物質界	—	—
アストラル界	—	—
コーザル界	—	—
アカシック界	—	—
メンタル界	老子	真理
メシア界	キリスト	愛
ブッディ界	ブッダ	一体性

表３−４：教えの型は、地上を越えた崇高な存在界の３つの型のうちどれか１つになります。

無限期の魂は、人々に何かを教えるために、崇高な意識の三つの界層のうちのどれか一つを選んで地上にやってきます。三つの界層の教えはいずれもタオそのものに由来しています。無限期の魂には、クリシュナ、ブッダ、イエス・キリスト、老子、ラー（古代エジプトの太陽神）などがいます。

要約すると、肉体に宿り地上に生まれる魂には五つの年代があります。すでに述べたように、これらの年代は人間の年齢と類比的に説明することができます。これまでに学んだ知識をもとに、身の回りの人たちの魂の年代を当てる訓練をすれば、彼らの真の姿をよりよく理解できるようになるでしょう。

年代には、それぞれ七つの段階があります。各段階には特徴的な世界の見方があります。

次章では、認識の拡大と縮小とを繰り返しながら、いかにして私たちが無限の認識力に到達するのかを説明します。

年代	人を認識するときの見方	次元
乳児期	自分と自分以外	
	「私」	1
幼児期	自分とその他の自分たち	
若年期	自分対他人	
	「あなたと私」	2
成人期	自分とあなた	
老年期	自分と他人は仲間	
	「あなたと私と、私たちの状況」	3

表３－５：魂の年代の次元

乳児期の魂は「苦難」を通して学ぶ
幼児期の魂は「痛み」を通して学ぶ
若年期の魂は「喪失」を通して学ぶ
成人期の魂は「苦悩」を通して学ぶ
老年期の魂は「恐怖」を通して学ぶ

表３－６：魂の年代ごとの課題

4章　魂の段階

この章では魂の七つの段階を経験する旅へと踏み出します。さあ、虫眼鏡を手に、魂の小道をじっくりと調べに行きましょう。

認識には七つの界層があり、一つ一つの界層にそれぞれ七つの段階があります。一つの段階を終えるには普通三回の人生、年数にすると二百年の地上生活が必要です。ただし、その長さは各〈断片〉が経験から学び進歩する速さによって多少の違いがあります。

早く次の段階へ進みたくて、たった一回の人生で一つの段階を修了する〈断片〉もいます。しかし、たいていの〈断片〉は、もっとゆっくりと進歩することを望みます。全過程、つまり一つのサイクルを終えるのに三百回以上転生する〈断片〉もいるほどです。

「成人期の第五段階」とか「幼児期の第二段階」という分け方は、どちらかと言うと表面的なものにすぎません。大部分の人はサイクルを何回も修了し、あらゆるタイプの人生を生きて、何度もタオへの帰還を果たしてきています。「段階」はレベルの上下ではなく、今回の人生で自らに課した課題、もしくは経験の種類を表すものなのです。

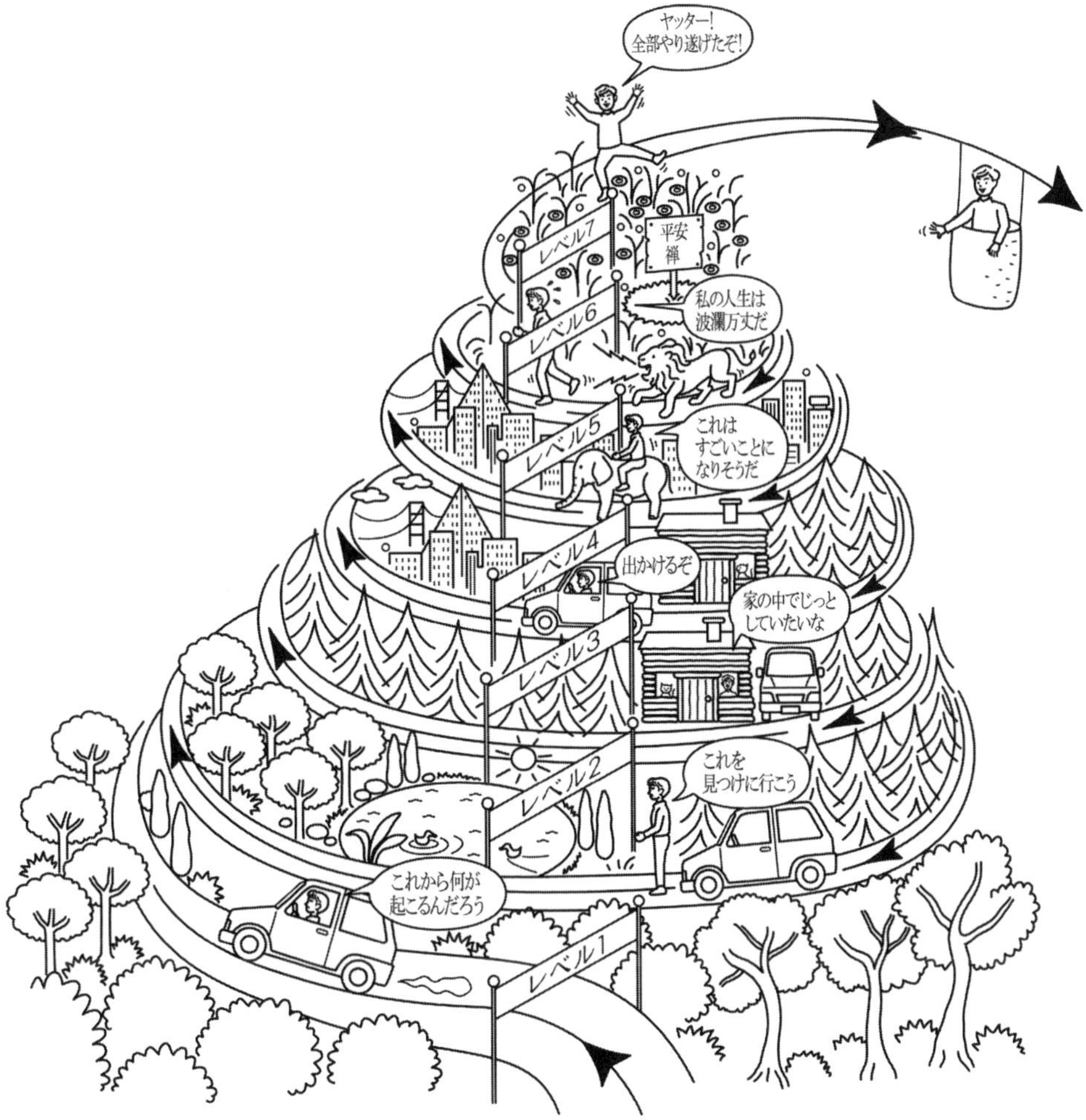

図４－１：魂の各時代の７つの段階

段階	テーマ	特徴
1	新しい魂の年代の調査	前の年代に逆戻りしてしまうことが多い。
2	過渡期／創造	自己のカルマ。
3	内省	精神的変化への適応。しっかりした価値観を持つ。
4	感情	外界との対応。常時カルマと取り組むその年代を代表する段階。
5	新たな知識	エキセントリックな段階。限界への挑戦。はじめて次の年代を意識し始める。
6	カルマの成熟	多忙。急速な進展（〈本質〉によって予定されているもの）。
7	教育	他の人々と経験を分かち合う。自己のカルマ。

表４－１：それぞれの魂の年代にある７つの魂の段階

一つ一つの段階には明確な特徴や傾向があります。しかし、人にはそれぞれ、独自の役割とオーバーリーフとの組み合わせがあるので、同じ段階の人でも生き方は実に多様です。

魂の段階の陽極と陰極

魂の段階にはそれぞれ陽極（肯定的な極）と陰極（否定的な極）とがあり、両者にははっきりとした違いがあります。しかし、本章ではその違いを論じないほうがよいでしょう。陰極は望ましくないものだという印象を与えるからです。魂の段階に関するかぎり、それは間違いです。各段階にあることは、陽極も陰極もすべて経験する必要があるからです。

陽極・陰極という区別をすると、適切なもの・不適切なものを区別するという間違いを起こさせてしまうかもしれないので、ここでは各段階について、極性を区別せずに、全体的に説明していくことにします。

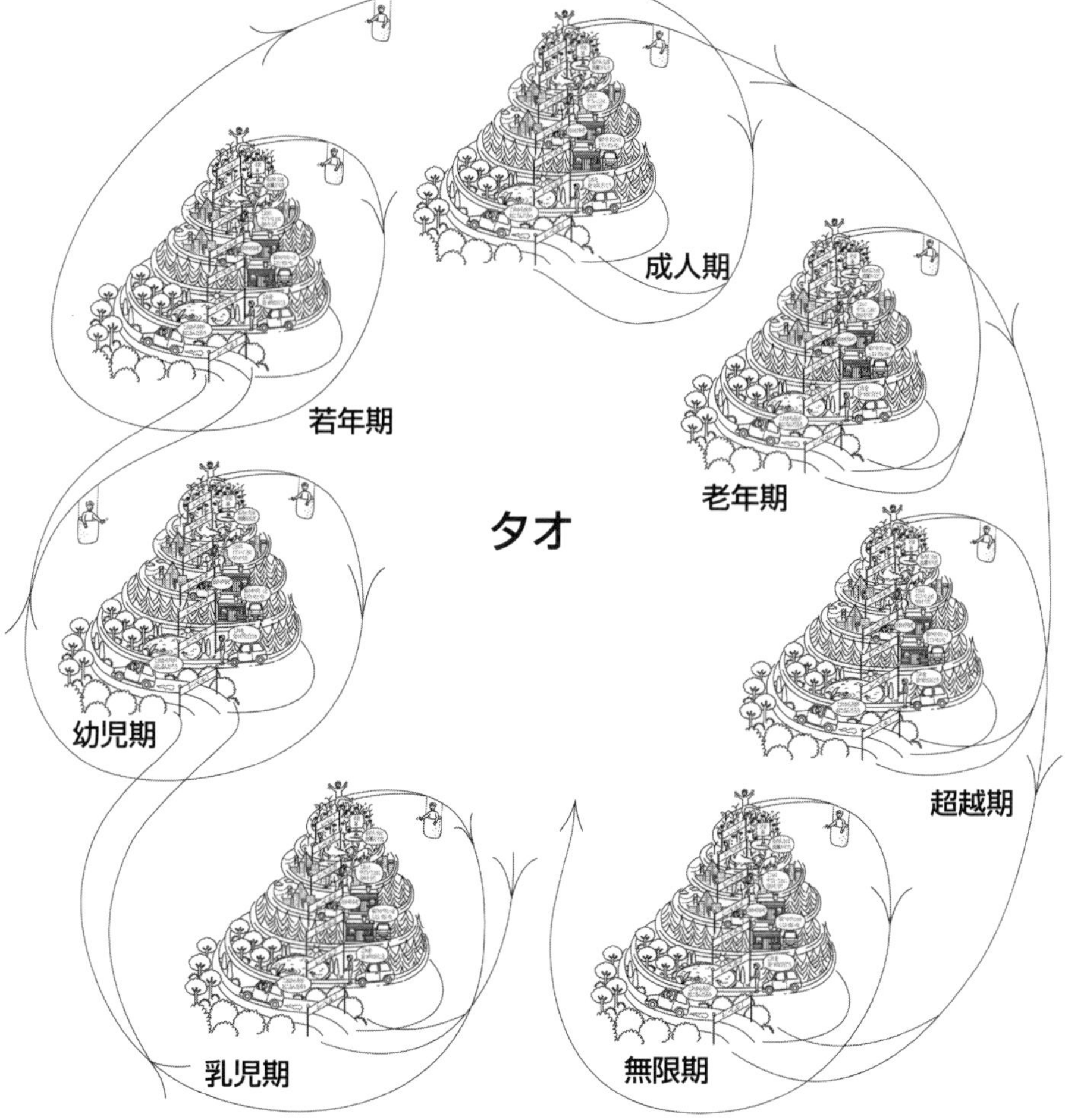

図４－２：７つの魂の年代

内的な発展――段階とは何か

■第一段階

乳児期、幼年期、若年期、成人期、老年期のどの年代でも、その第一段階はその年代への導入期間です。第一段階の人たちは、普通新しい年代の特徴を三分の一、前の年代の特徴を三分の二ほどもっています。例えば、成人期の第一段階の人は、三分の一の時間は成人期らしく振舞っているにもかかわらず、三分の二の時間はまだ若年期のような行動をとるでしょう。そのため、第一段階の人たちは、なんとなく未熟な感じがします。

例――英国のチャールズ皇太子

■第二段階

第二段階になると、新しい魂の年代の性質が比較的強く出てきます。感情センターを使うと感情的なレベルでその年代が理解できるようにもなります。第二段階の人は「高位」の目標を「順序」のモードで目指そうとしたり、逆に「順序」の目標を「高位」のモードで目指そうとしたりして、葛藤を起こすことがよくあります。このジレンマは各年代の性質をよく表しています。外へ向かいたい想いと、内面を深めたい想いに引き裂かれて悩み、つらい人生を送ることもあります。

〈本質〉は進化のために努力し続けており、成長を願っています。その願いは各年代の新しい認識力を用いることで叶います。例えば、老年期の第二段階の人は、その年代の見方を身につけようとする一方で、心の奥では成人期に戻りたいと思っていることがあります。しかし、いつまでも過去の認識方法にこだわっていると欲求不満がつのる一方です。

例――ダイアナ元妃、ビバリー・シルズ（一九二九～二〇〇七　米国のソプラノ歌手）、ブリジット・バルドー（一九三四～　フランスの女優）、エリザベス・テイラー（一九三二～　米国の女優）

■第三段階

一般にこの段階の人たちは内省的で非常に内気であり、まるで隠者のように見えます。また、この段階の人たちは各年代の特徴を見事に表しています。例えば、幼児期の第三段階の人は典型的な幼児期の魂の行動をとります。知性センターはこのような内省に大いに役立ちます。特に、〈学者〉は内省に没頭したがります。しかし、「高位」の役割の人たちは社会で活躍することを好むので、この段階を苦痛に感じて早くすませようとします。その気持ちが強まると多くの人は「再評価」という目標を選ぶことになります。また、「精神主義者」の態度*をとると内省の過程が楽になります。

例――ハワード・ヒューズ（一九〇五～一九七六　米国の実業家・映画製作者）、ローレンス・オリビエ（一九〇七～一九八九　英国の俳優・演出家）、グレタ・ガルボ（一九〇五～一九九〇　スウェーデン出身の米国の映画女優）、クラーク・ゲーブル（一九〇一～一九六〇　米国の映画俳優）

■第四段階

第四段階は次の段階へ向けて出発するための基礎固めの時期です。ここではそれまでに学んだことを整理し、応用します。この段階の人は自分の年代――幼児期や若年期――を心地よく感じるでしょう。第四段階

＊（訳注）：「センター」については11章。「高位」「順序」などの用語については5章。「目標」「モード」については、それぞれ7章、8章を参照。

＊（訳注）：「態度」「役割」についてはそれぞれ9章、5章を参照。

は外向的な段階であり、魂はカルマを生み出そうとします。

成人期の第四段階の人たちは、この段階の特徴をよく表しており、つねに戸惑い悩んでいるように見えます。そして、「私は問題を抱えている」とは言わず、「私自身が問題なのだ」と言います。彼らがこのような表現をするのは、自分の向き合っている問題と自分自身を区別できずに同一視しているせいです。このような傾向があるため、成人期の第四段階では精神病や精神障害といった、〈人格〉の崩壊がよく起こります。だからといって、精神障害の人がすべて成人期の第四段階に属しているというわけではありません。

例――ロバート・レッドフォード（一九三七～　米国の俳優・映画監督）

■第五段階

第五段階では総括が始まります。その年代のすべての段階で学んだことが結びつき始めるのです。また、この段階は創造の時期でもあります。カルマが多く生まれるので、精神状態は不安定になるでしょう。第五段階の人たちは限界に挑戦し、さまざまことを試して、この段階で経験できることをやり尽くそうとします。

通例、この段階の人は「識別」の目標と「攻撃」の目標を選びます。第四段階の人たちが各年代の典型であるのに対して、第五段階の人たちはその年代の中の変わり者のように見えます。〈戦士〉や〈王〉などの堅い役割の人たちは第五段階を不快に感じますが、〈職人〉のように創造的な役割の人は喜びを感じるでしょう。また、第五段階の人に中には並外れた知性を使って、突拍子もない行動をとる人もいます。そのような人たちは「知性」のセンターを使って、エキセントリックな行いをしているのです。

例――サルバドール・ダリ

■第六段階

第六段階でも第五段階で始めた作業が続きます。つまり、それまでの段階で経験したさまざまなことを集約し、理解するのです。一般に、この段階で〈本質〉は「成長」を目標にします。第六段階ではそれまでの段階でやったことの責任をとり、多くのカルマと取り組まなくてはなりません。特に、成人期の第六段階は非常にやっかいな時期です。そもそも成人期全体が難しい年代なのに、さらに第六段階の困難が加わるからです。老年期の第六段階も大いに奮闘しなくてはなりません。この段階の人たちは地上のサイクルを離れる準備のために、それまでの年代すべてのカルマを落とすために、何回も転生することもよくあります。

例――チャールズ・マンソン（一九三四～。一九六九年に集団殺人事件を起こしたカルトグループのリーダー）、ジョン・ヒンクリー（一九五五～。一九八一年にレーガン米国大統領を銃撃した犯人）この二人には強いカルマがありました。ローマ教皇ヨハネ・パウロ二世、マザー・テレサ

■第七段階

第七段階は一つの年代の最終段階であり、次の年代の準備段階です。この段階は普通とても快適で、のんびりくつろいで楽しめるものです。第七段階は、人生でも大した苦労もせずにすみます。また、この段階の魂は、同じ年代の人々にとって最良の師になれます。例えば、幼児期の第七段階の人たちは幼児期の他の段階の人の教師になると、大いに役立つでしょう。中でも、老年期の第七段階の魂は、自分より若い、すべての年代の魂を教え導くことができます。本人も、これまでのいくつもの転生で学んできたことを誰かに伝えなければ、と感じるのです。老年期の魂はしばしば弟子や後継者を見つけ、自分の知っていることをすべて教えようとします。それはサイクルを離れてエンティティと一体化するための準備です。ドン・ファン・マトゥスはその一例です。彼はサイクルを離れる前に、カルロス・カスタネダに彼独自の現実理解を伝えたのです。

例――マーチン・ルーサー・キング牧師（米国の黒人運動の指導者）、シャーリー・マクレーン（一九三四～米国の映画・舞台女優）、アンワル・サダト（一九一八～一九八一　エジプトの軍人・大統領）、ゴダイバ夫人（九九〇頃～一〇五七　メルシー伯レオフリックの妻）とその変わり者の夫

各段階の一覧

第一段階…………おやおや、これはいったいどうなっているんだ？　ちょっと味見をしてみようかな。いやはや、これはひどい！　前にいた年代のほうがずっと良かったな。

第二段階…………よし、この年代で遊んでみよう！　そして何かを見つけよう！

第三段階…………隅のほうにおとなしく座って分析していよう。そうすれば、いろんなことがわかるにちがいない。

第四段階…………よし！　すべきことがわかったぞ！　しかも実際にそれをやっている！

第五段階…………この年代の限界はどこにあるのか試して見つけよう。ワクワクするな。

第六段階…………もう限界はわかった。今は一所懸命に生きてカルマを返すときだ。

第七段階…………ちょっと休憩したら若い魂たちを教えよう（でも、その後はどうしよう？）。

格段階の標準的転生回数

年代、段階ごとにおおよその標準的な転生の回数が決まっています。ただし、この数字は決して厳密なものではなく、一つの〈本質〉が経験するサイクルの長さを読者の皆さんに感じていただくための目安にすぎません。全サイクルを終えるまでの平均的な転生回数は百八十回ですが、少なければ三十五回、多ければ四百回まで変更可能です。

魂の年代	魂の段階	各段階の転生回数（一段階につき）
乳児期	第1～7段階	5～10回
幼児期	第1～5段階 第6段階 第7段階	5～6回 8～10回 2～3回
若年期	第1～5段階 第6段階 第7段階	2～3回 4～5回 1～2回
成人期	第1～5段階 第6段階 第7段階	3回 8～9回 1～2回
老年期	この年代全体で4、5回から30、40回まで個々の〈本質〉の選択に任されている。大いに融通が利くのがこの年代の特徴である	

表4－2

魂の段階の特徴が現れる時期

老年期の魂の持ち主だからといって、三歳の頃から老年期のふるまいをするわけではありません。三歳のときには三歳児らしくふるまいます。その行動は乳児期や幼児期の魂の認識の仕方や行動に似ています。規則について知りたがり、多くの三歳児と同じように、しょっちゅう癇癪を起こすでしょう。しかし、成長するにつれて、徐々に年長の年代・段階の魂らしい行動がとれるようになります。やがて、三十五歳から四十二歳になれば、老年期本来の認識力を発揮できるようになるかもしれません。ただし、実際にその年代本来の認識力を使った行動ができるのは、平均すると三回の転生に一回だけです。人はついつい霊的成長以外のことに気を取られてしまいがちだからです。

例えば、若年期の魂の娘の父親になることを選んだとします。もし、その娘が有名人になることを目指すならば、彼は父親の務めを果たすために、その生涯に限っては若年期の魂のようにふるまうことになるかもしれません。

また、家族や社会によって刷り込まれた行動やものの考え方は、麻薬や催眠術のように、その人本来のあり方の発現を遅らせてしまいます。特に、アメリカや日本のように若い魂が中心の社会で育てられた成人期・老年期の魂にはこういう遅れが起こりがちです。

このように本来の段階よりも幼稚な行動をすることを、幼い段階を「発現」している、と呼びます。例えば、若年期の第五段階の人が幼児期の第二段階のようにふるまっていたら、それは幼児期の魂を「発現」しているのです。時がたてば進歩して、自分の魂の年代に合った行動ができるようになるかもしれませんが、自分より上の年代の行動を発現することは決してありません。

認識方法の発現と人生の諸問題

たった一回の人生の中でも、さまざまな問題に取り組むために、人はいろいろな年代の認識方法を使います。例えば、老年期の魂であっても、金銭問題に関しては支配的で生きのびるために役立つ方法（幼児期）を使い、職業的成功のためには達成に重点を置いた考え方（若年期）をして、結婚生活では大きな文脈の中で物事を判断し日常的な浮き沈みは長年の知恵で受け入れてしまう（老年期）という具合です。私たちは人生で出合うさまざまな問題に、それぞれふさわしい年代・段階の認識方法で対処します。自分がどういった問題にどの年代の認識方法で対処しているかをはっきりさせると、より大きな発見ができるかもしれません。

発現の結果

「発現」という概念は本来、生物学的なものです。母胎のなかで人間の卵子が受精すると、その後九ヶ月の間、胎児は進化のすべての過程をなぞって成長します。

十九世紀のドイツの生物学者、エルンスト・ヘッケルはなぜ胎児が原始的な動物のような姿をしているのかについての法則を発見しました。「個体発生は系統発生を繰り返す」というのが彼の出した結論です。つまり、人間として成熟した状態になるために、胎児は人類の過去をたどり、原始生物から人間になるまでの進化のすべての形態（スライムからナメクジ、魚、カエル、ネズミ、そしてサルまで）をとらなくてはならない、ということです。

この法則は「発現」が単に肉体的な形態に関することだけにはとどまらないということを暗示しています。

つまり、意識においても（特に、私たち人間の場合は魂の認識方法についても）「発現」が起こるということです。

その顕著な例があります。かつて、地上での進化の過程は肉体的なものにとどまっていましたが、現在では意識の進化という新しい道をたどっています。ダーウィンが進化論で述べた肉体的な進化に比べると、意識の進化ははるかに速く進みます。意識の成長は意識生命体、つまり、魂のある生物の出現をきっかけに飛躍的に進みました。

生物進化と同様に、文明（あるいは文明の流れ）も過去の文明を繰り返します。そして、すぐ前の文明の水準に達したら、ようやく独自の成長を始めるのです。現時点（現在から前後二百年）の地球では、過去何千年もの間に地球上のさまざまな成長過程で現れた諸文明の統合が起こっています。地球全体の統合が進み、地球村（情報の共有によって地球が村のように一体化すること）が生まれました。このことからも、「現代」が地球にとって非常に重要な時代であることがわかります。

サイクル全体の意義

これまで私たちは、いくつもの人生を通して、地上での経験を積まなければならないことや、人生には決まった発展過程があるということを見てきました。

しかしこのサイクルの構造全体には、創造性を発揮する余地がまだまだ残っており、私たちは自分なりの方法で離脱までの道のりを歩むことができます。個々の人生では、例外なく誰もがいずれかの発達過程を通して進歩しなければなりません。しかし、人間は一人一人異なり、経験することも人それぞれ違うのです。このサイクル全体としての構造は共通しています。

次章では、私たちの〈本質〉がこの発展過程全体をマスターするために、選ぶ役割について説明します。役割を選んだあと〈本質〉は、オーバーリーフと呼ばれる人格特性を使って人生を設計し、特定の課題・経験・カルマを得ることを目指します。

オーバーリーフとは分離を経験するための手段です。オーバーリーフがあるおかげで、私たちは何度も何度も挑戦することができるのです。世界を認識する方法が異なれば人生で起こるさまざまな問題の解決法も違ってきます。解決法は人それぞれです。そして、どのような解決法を選ぶかによって、認識の発達過程のどの段階まで進めるかが決まるのです。

【若年期】	【成人期】	【老年期】
怒りを表す。 用心深いが横柄な態度をとることがある。	不安。 心のつながりの大切さはわかっているが、あえて何もしない。	自信に満ちている。 まだ成人期に近い。 焦って進歩しようとはしない。
教条主義的。 臆病さをドグマでごまかす。権威者になりたがる。	成功と人間関係との葛藤に悩む。苦悩する。	劇的な感情と客観性との間を行きつ戻りつする。 内面的葛藤。
物静か。 何もかも捨てて隠者になることがある。 分別臭すぎない。 人間があまり好きではない。	物静かだが、内面は激しい。 物質的にはあまり成功しない。苦悶する。	外向的。 教えることに関心をもつ。 「力のモード」のように権威的。
友好的で社会的に成功する。 平均的な都会派エリート。 権威・富・権力を手に入れることが多い。	友好的、情熱的。 何よりも人間関係を尊重する。 テレビドラマめいた生活。	穏やか。 きわめて聡明。 平穏な日常生活。 教えることが好き。
変わった方法で富と権力を得る。 まだ、外向的で社交的。	感情的な生活。 風変わりな服装。 堅実な役割を不快に感じる。 変化に富んだ役割を好む。	特異で霊的な考え方。 ほとんど浮世離れしている。
カルマが多い。 秀でた能力によって権力をもつ。 なにかが欠けている気がするが、それが何なのかはわからない。 融通が利かない。	苦悩する。 最も困難な段階。 非常に感情的。 「表現」の役割の人は錯乱したり神経衰弱になったりするかもしれない。	非常に多忙。勤勉。 精神性を重視する。 休むことなく多くを教える。 信頼の問題と取り組む。
絶対的な権威をもつ。 裕福な家庭に生まれる、または職業に恵まれる。 権威的な態度。 成人期を意識する。 自己啓発トレーニングに参加するなど、流行っていることをやりたがる。	自己満足。 他人との感情的な結びつきができる。 教える。 サイクルからの離脱にはあまり関心がない。 「停滞」と似てのんびりしている。	自己カルマはほとんど残っていない。 怠惰。 １人か２人にだけ教える。 受容の問題と取り組む。

段階	【乳児期】	【幼児期】
1	霊能力をもつことが多い。 人ではなく、惑星に共鳴する。 知性センターではなく、本能センターに密接につながっている。 保護されている。野生的。	他人にどう思われているかを気にし始める。 愛されているかどうかが問題。 愛される方法がわからない。
2	怖いもの知らず。考え始める。 社会で生活できる。 社会の規則の限界を試す。	第一段階での問題が激化する。 (愛してもらえないなら自殺するかもしれない)
3	やや落ち着いている。 最初の3段階の人はセックスをしない。 他人に煩わされたくないので、深入りしない。 町外れの辺鄙なところに住むことがある。	第1・第2段階のやり方をあきらめる。 内面に目が向く。 (外の) 権威を頼って生き方を決める。
4	動物的なセックスをし始める。 分別がない。 調子がいいときは友好的。	社会の堅実な一員。 主教やクラブに属し、模範を見つけたがる。 他人との結びつきを感じる。
5	極悪な行動をする。 他人とは違う存在になりたい。 あらゆることを試す。	穏やかだが、強情かもしれない。 奇妙なものを崇拝したり、奇異な行動をとったりすることがある(例えば、植物に蜂蜜をかける、など)。
6	大量のカルマを返す。 転生回数がとくに多くなるかもしれない。	カルマの影響が大きい。 人は権威に従うべきだと確信している。
7	ずる賢く、生まれつき利口。 社会生活はできるが、個人的な付き合いはしない。 心を開き始め、他人——例えば友人や両親——のことを気遣うようになる場合もある。	自己満足。 愛し愛されていることに気づく。 権威者になることを目指す。

表4－3

5章　役割

これまでの章では「人生の学校」——転生を繰り返して経験を積むこと——についてお話してきました。そして、子供が成長して大人になっていくように、魂の認識も成長し、それぞれの年代で得た経験は認識を高め、さらなる成長を促す、ということでした。このように転生を繰り返す中でも変わらないものがあります。それが〈本質〉の役割です。

役割とは何か

人にはそれぞれ異なる個性がありますが、それらは潜在的に七つの本質的な役割に分けることができます。それは、〈奉仕者〉、〈職人〉、〈戦士〉、〈聖職者〉、〈賢者〉、〈王〉、〈学者〉です。これらの用語はある世界認識の方法を表わしているのであって、実際の職業のことをさしているのではありません。

ですから、〈学者〉といっても書斎にこもって研究しているとは限りません。作家、科学者、俳優など、どんな職業であれ、自分の興味の対象を研究するあらゆる職業が含まれます。〈戦士〉も必ずしも軍役に就いている必要はありません。実業家やセラピスト、学校の先生など、何らかの目的のために人々を組織化できる仕事なら、何でもいいのです。他の役割についても同じことが言えます。

ではまず、七つの役割の人々の行動を見てみましょう。仮に今、七つの役割の人たちからなる開拓移民のグループがあるとしましょう。彼らは、辺境地帯の開拓計画を立てているところです。

戦士：まずは、今夜、夜露がしのげる場所が必要だな。それに食料と水も。洞穴を探すか小屋を建てよう。それに、焚き火も炊かなくては。私は原住民の様子を偵察して、安全かどうかたしかめてくるよ。

学者：岩石の種類を調べてみたのですが、向こうの小さな尾根は石灰岩でできているので、きっとあのあたりに洞穴があるはずです。それから、この植物はサツマイモの一種なので火であぶれば食べられますよ。

聖職者：今晩、どこかに落ち着いたら、集まって、安全と幸運を感謝する祈りを神様に捧げましょう。

王：どれも賢明な提案だな。では、あなたたち二人は尾根を調べてから、戻って報告しなさい。残りの人たちは食べられる根をもっと探して焼きなさい。夕食後、みんなが集まったときに、私が経過を説明し開拓場所と最良の開拓方法を指示します。

職人：私は泉から水をくみ上げる装置を設計しましたよ。新しい発明品なのですが、ちゃんと作動しますから、もうわざわざ川まで水を汲みに行かなくても良くなります。

奉仕者：こちらに焚き火をつけましたから、寒い人は来てください。数分したら、暖かい飲み物もできますよ。出発する前になにか召し上がりたい方はおられますか？

賢者：これは面白いことになりそうだ！　国へ帰ったら、この土地や、ここでの生活を話してやろう。いい土産話ができるぞ！

図５―１のスケッチは、七つの役割のもつ基本的な社会機能や、それらのもつ補完的な性質を示しています。

役割を知る目的

俳優は自分の役を理解すると格段に良い演技ができるようになります。それと同じように、私たちも自分や他人の役割を知るとさらに有益な人生を過ごすことができるようになります。また、役割を知ることによって、個人的な見解だけで反省しているときよりも、深く自分を受け入れられるようになります。

役割にはそれぞれ固有の特徴があります。この特徴は、どんな環境や文化の中で育とうと、必ず現れます。つまり必ず、〈学者〉は調べる、〈職人〉は創造する、〈聖職者〉は霊感を与える、〈戦士〉は行動する、〈奉仕者〉

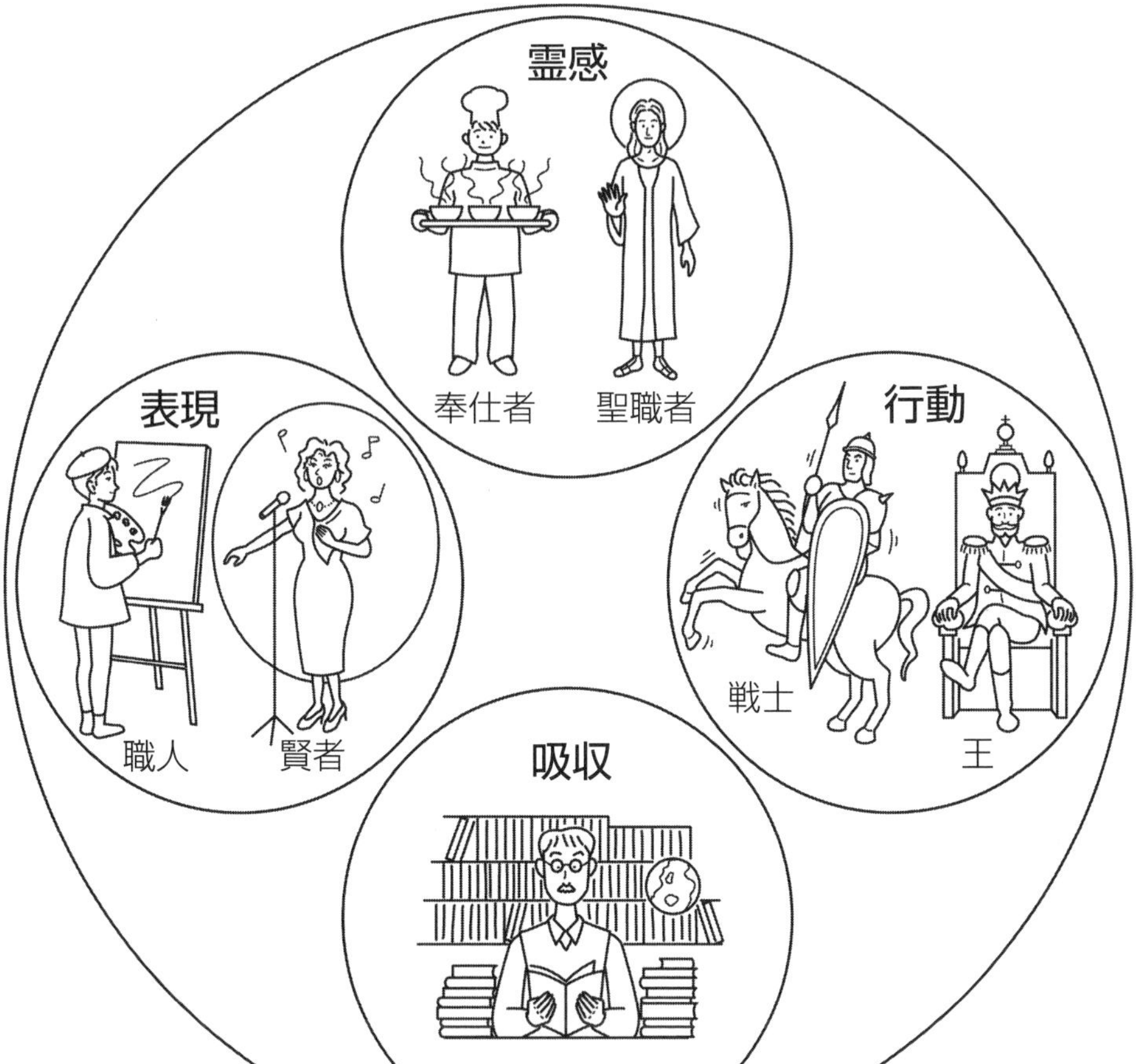

図5－1：〈本質〉の７つの役割

は与える、〈賢者〉は教える、〈王〉は支配する、ということになるのです。これらの役割は生まれつきのものなので、（行動を抑えるにしても、心を抑えるにしても）それに逆らって生きようとすれば行きづまります。ひどいときは病気になってしまうかもしれません。

まさに、「汝自身を知れ」という古い格言にある通りです。自分自身の役割について、それが何であり、その陽極と陰極はどのようなものか、他の役割との関係はどうか、自分の役割をできるだけ有効に賢く使うにはどうすれば良いか等を知れば知るほど、自分の置かれている立場を理解し、名優のように自分自身をうまく演じられるようになるのです。

役割の起源は？

純粋な〈本質〉、すなわち意識の火花（魂）はタオから放出されるとき、独自の経験をするために一つの役割を選びます。

タオから出発する瞬間の〈本質〉はまだ、純粋な白色光のようなものです。しかし、白色光はプリズムを通ると屈折し、七色のスペクトル（波長）に分かれます。それと同じように、白色光のように見えていた〈本質〉もタオを離れると七つの波長、つまり七つの役割に分かれます。

上級学習者のための覚え書き

本書の知識体系を修得し、それぞれの役割を深く理解すれば、それらの役割が、文字通り波長、あるいは周波数として認識できるようになるでしょう。なぜなら、役割とはエネルギーだからです。

役割ははじめから存在するものではありません。タオがエネルギーを「高位の霊感」や「順序の行動」に分けます。そして、〈本質〉はそれら一つ一つに形を与えます。それが、私たちが役割と呼んでいるものなのです。

役割とは多様な経験を導き、意識体に具体的な手段や形式をもたせるためにタオが生み出したものです。

役割のサイクル

一連の転生すべてを通して一つの役割が採用されます。このひと続きの転生が一つのサイクルを形成します。人は一つのサイクルが完結するまで、何度も転生して同じ役割を演じ続けます。〈本質〉が一つのサイクルで一つの役割しか演じないのは、役者が一回の舞台で一つの役しか演じないのと同じです。しかし、見事に役を演じきったら（役割を完全にマスターしたら）、その役割は捨て去られます。それは、ある役を演じきった役者が、もっと新しくてやりがいのある役を演じたいと考えるようなものです。果てしない時間をかけ、物質界で多様な形をとりながら、〈本質〉はすべての役割を経験するのです。

自分の役割の見つけ方

自分自身の役割を突き止めようという強い意欲をもって読めば、この章の内容がよりよく理解できるでしょう。自分に似合う一着を探して何枚もの服を試着するように、あなたの心にぴったりの説明を見つけてください。

「あ、私はこれだ！」と思う役割がすぐに見つかる人もいるでしょう。そういう人は、ある役割の特徴が自己認識と十分に合っていて、これまでの人生で起こった出来事の原因や根拠にも納得がいくようになります。逆に、これだと思う役割がなかなか見つからない人もいるでしょう。お金を稼いだり、子育てをしたり、将来に備えたりといった目先のことに忙しくて、微細で不変的な内なる光を見失っているからです。それに、牧師を職業にする人ならば、〈聖職者〉の役割と実際の職業を区別するのが困難かもしれません。

自分の役割を見つけるときの最大の障害は、強い刷り込みです。本来のものとは異なる役割であるかのように考え、感じ、行動するように刷り込みを受けている人がよくいます。家庭にも優れた文化の中にでも、特定の役割を強制したり、逆に阻害したりするような誘因があります。

例えば、アメリカの女性は、その人が本来、〈奉仕者〉であるかどうかには関わらず、〈奉仕者〉のように行動するように教えられます。そのため、この章を読んで、「私には〈奉仕者〉の性質がある」と思う女性の中にも、そうなるように周囲から刷り込まれているだけで、本当は〈学者〉の人がいるかもしれません。

また、西洋社会では男性は戦士のようであれと教えられます。だから、欧米の男性がこの章を読むと、必ず自分が〈戦士〉の役割に合致すると思う瞬間があるはずです。しかし、やはりそういう人の中にも、世間の文化的基準にあわせて、「男の中の男」に見られようと自分の〈本質〉と戦っている〈職人〉がいるでしょう。周囲からある種の行動をするように教えられていても、まったく異なることをしてしまうことがあります。それは自分本来の生き方です。自分本来の生き方は時とともに明らかになります。〈本質〉本来の役割にしたがって行動していると、格別に深い満足感と心の豊かさを感じるからです。

自分の役割が何かわかると、その役割にあった行動をし、より快適で楽しい人生をおくれるようになりま

軸	順序（狭い視野）	中立	高位（広い視野）
【霊感】	〈奉仕者〉		〈聖職者〉
【表現】	〈職人〉		〈賢者〉
【行動】	〈戦士〉		〈王〉
【吸収】		〈学者〉	

表5－1：〈本質〉の７つの役割

す。自分本来の傾向に従って「波に乗って」生きるのは楽ですが、〈本質〉の役割に逆らって生きるのは骨が折れます。

□三つの焦点：順序（狭い視野）、中立、高位（広い視野）

すべてのオーバーリーフはエネルギーの三つの型――〈順序〉、〈中立〉、〈高位〉――に分かれます。

この分類は自分や他の人々の役割を見つけるのに役立つでしょう。

役割やオーバーリーフについての説明をわかりやすくするため、巻末のオーバーリーフの表（400ページ）と用語解説（402ページ）を参照してください。このオーバーリーフの表は〈人格〉の基本構造を示すものであり、本書の核心です。

①「順序」

オーバーリーフの表を見ると、「順序」の軸にある役割は〈奉仕者〉、〈職人〉、〈戦士〉であることがわかります。これらの役割の人々は視野が狭いので、どちらかと言うと直接的な仕事を

【特徴】	
「順序」のオーバーリーフ	「高位」のオーバーリーフ
受動的	能動的
精神的な方法	社会的な方法
一対一	一対多
内向的	外向的
家に帰る	外へ広がる
【例】	
「注意」のモード	「力」のモード
「服従」の目標	「支配」の目標

表5－2

好みます。また、物事に対して、実際的で現実的に取り組みます。「高位」の役割よりも「順序」の役割の人のほうが多くいます。彼らは一対一の付き合いを好みますが、目立ったり、大勢の前で演説したりするのはあまり好きではありません。

②「中立」

「中立」というカテゴリーは独立しており、〈学者〉の役割しかありません。〈学者〉は中立的なので、自分を客観的に見つめたり、自分以外のあらゆるタイプの人々と交際したり、さらには、それらの人々が理解し合うのを助けたりすることができます。

③「高位」

「高位」の役割の人たち（〈聖職者〉、〈賢者〉、〈王〉）は視野が広く、全体像を重視します。また、彼らは多くの人々を束ねる能力をもっているのでリーダーシップをとることになります。一般に、舞台衣装のような大げさな服装を好み、目立ちたがり屋です。「高位」

〈本質〉の振動

役割にはそれぞれ〈本質〉の特定の振動数
（周波数）が決まっています。
基本的な振動数の違いが役割の
違いを生みます。

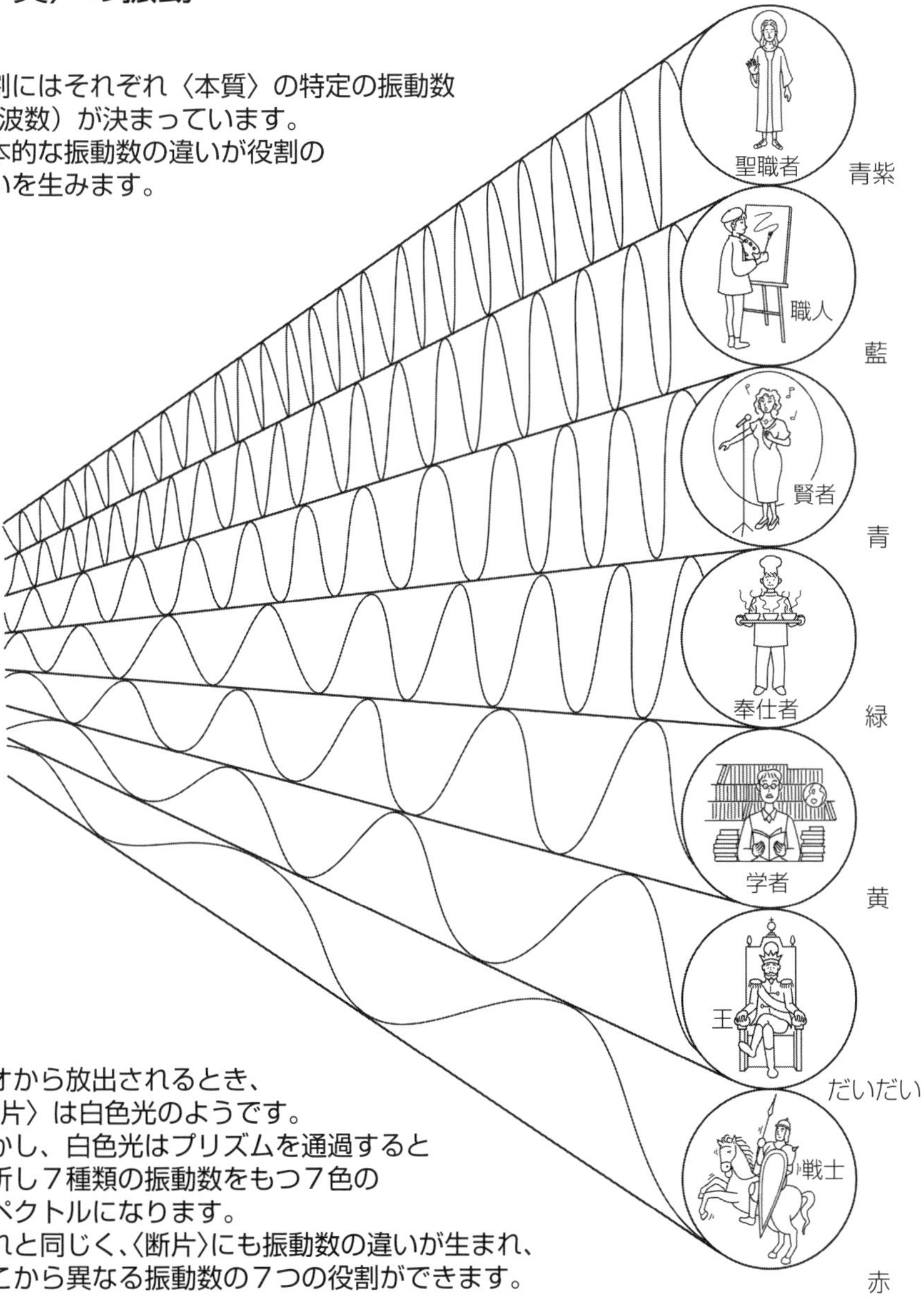

タオから放出されるとき、
〈断片〉は白色光のようです。
しかし、白色光はプリズムを通過すると
屈折し７種類の振動数をもつ７色の
スペクトルになります。
それと同じく、〈断片〉にも振動数の違いが生まれ、
そこから異なる振動数の７つの役割ができます。

図５－２

の役割の人はあまりいません。それは、彼らが希少でなければならないからです。概して「高位」のオーバーリーフをもつ人は、他の人々には多くの影響を与えますが、自分自身はあまり変化しません。また、「高位」のオーバーリーフは常に「順序」のオーバーリーフと対になっています（オーバーリーフの表を参照）。

□四つの「軸」

役割やオーバーリーフは、基本的な雰囲気や特性を決める四つの「軸」で分類することもできます。四つの「軸」とは【霊感】【表現】【行動】【吸収】です。

①【霊感】

霊感の軸には〈奉仕者〉（順序）と〈聖職者〉（高位）があります。これらの役割の人々は人生から霊感を受けることによって本来の自分を経験します。また、職業や愛や啓示を通して、他の人々を新たな高みへと導きます。霊感の軸にあるオーバーリーフはどれも、「情熱」のように感覚や感情に関するものです。

②【表現】

表現の軸には〈戦士〉（順序）と〈賢者〉（高位）の役割があります。これらの人たちは暗示や象徴、身振り、演説、色彩などを使って思想や感情を伝える優れた才能をもっています。このような創造的な役割は、私たちの生活に美や物語、情熱、彩りをもたらします。また、表現の軸にあるオーバーリーフには「懐疑主義」のように何かを表現したがる傾向があります。

③【行動】

行動の軸にある役割は〈戦士〉（順序）と〈王〉（高位）です。彼らの特徴は、地に足が着いていること、物質的なこと、何かをやり遂げることが好きなことです。行動の軸のオーバーリーフにはすべて表現したり他人に霊感を与えたりするよりは、自分で実行するという特徴があります。そのよい例が「攻撃」のモードです。

④【吸収】

唯一の中立の役割である〈学者〉は吸収の軸にあります。これは、〈学者〉は基本的に知識を「吸収」し、整理し、蓄積することを通して人生を経験するのだ、ということを意味しています。吸収の軸にあるオーバーリーフは「観察」のように中立的な性質をもち、どれも何かを吸収することを目指しています。

役割という考え方をマスターすれば歴史上の諸民族にも役割があることがわかります。例えば、古代ローマ帝国民はおもに〈戦士〉、古代ギリシアの人々は〈学者〉、太古のエジプト人たちは〈聖職者〉です。

■オーバーリーフの陽極と陰極

すべての役割やオーバーリーフ（人格特性）には陽極と陰極があります。また、どの両極の間にもバランスのとれた中間点があります。巻末のオーバーリーフの表をご覧ください。

必ずしも陽極が良くて陰極が悪い、というわけではありません。ただ、前者は意識的なのに対して、後者はあまり意識的でない、というだけのことです。そして、意識化を進めることこそがマイケルの教えの目的です。

例えば、あなたが陰極の行動をしているときに、自分でそれに気がつけば、そのまま陰極にとどまるか陽極へ移るかを自由に選べます。

陽極にいるときは、〈本質〉とコミュニケーションしやすくなります。逆に、陰極では、〈本質〉とのコミュニケーションが困難です。陰極はたいてい恐怖心や錯覚から生まれます。陽極の行動は発展的で心地良い印象を与えるのに対し、陰極の行動は不快で分裂的であり、他人に嫌な印象を与えます。

陽極にいる〈職人〉は建設的で創造的な気持ちがし、実際にいろいろなものをつくり出すことができます。

陰極の〈職人〉もやはり創造的ではあります。しかし、彼らは自己欺瞞的で、無理なことを望み現実離れした幻想に溺れてしまう傾向があります。彼らはとても上手に自分だけの現実を創り出せるので、気づかないうちに現実離れしてしまうのです。

役割も含めて、すべてのオーバーリーフに関して、陽極と陰極のどちらの行動をするかを決めるのは、常に自分自身です。このことはマイケルの教えの重要なポイントです。本書では四十九のオーバーリーフそれぞれの陽極と陰極について詳細に説明し、みなさんの選択肢を広げたいと思います。

それをもとに、あなたはより高く進化し、〈真の人格〉の行動をとれるようになるでしょう。それこそが〈本質〉の「発現」です。

一般的に人がオーバーリーフの陰極に基づいて行動する原因は、その人本来の傾向ではなく、誰かからの刷り込みの結果です。刷り込みによって非常に長い間、陰極から抜けられなくなることもあります。しかし、陰極に引き込まれることは、カルマを果たすためには有効です。

また、刷り込みを何もかも悪いものと考えることは間違いです。裏を返せば、私たちは刷り込みがあることによってはじめて、人間になるとはどういうことなのかを理解できるからです。成長していく過程で、刷り込みは自分が何者であるかを問い、定義するための土台になります。

この教えを学ぶと、中には自分が〈本質〉の犠牲になっているように感じる人もいるでしょう。

例えば、「私の人生は辛い。人から蔑まされ、人間関係にも他のものにも恵まれない。でも、それは〈本質〉が決めてしまったことだから、どうしようもないんだ」と感じるかもしれません。それはとんでもない誤解です。せっかくの知識を無力感を生むためにしか使っていないではありませんか。

たしかに、〈本質〉には秘められた能力がありますが、自分の〈人格〉が望まないことをやっているからといって、〈本質〉のせいにしてはいけません。

あなたの〈真の人格〉はオーバーリーフの陽極にあるときのあなたです。そのとき、〈本質〉の上層部が現れているのです。逆にオーバーリーフの陰極は〈偽の人格〉を形成します。また、現在の人生での〈真の人格〉は死後、〈本質〉の最も新しい層になります。

要約すると、オーバーリーフは〈真の人格〉を認識し、それに基づいて行動できるようになるためのものであり、〈真の人格〉は〈本質〉が現れるための媒体なのです。

七つの役割の行動

〈奉仕者〉の〈本質〉は奉仕、すなわち他人に最大の利益を与え、その人たちが物質的な意味で必要とするものや、欲しがるものを手に入れられるように助けることです。

〈聖職者〉の〈本質〉は慈悲です。それは、霊的な意味での高次の善だと思われるもののために働くことです。

〈職人〉の〈本質〉は創造です。それは物事の新しい見方、仕方、感じ方などを発明し、環境をまったく斬新なものにつくり変えることです。彼らは新しい流行やスタイル、形式、建築、道路、景観、さらには雰囲気までも生み出します。

〈賢者〉の〈本質〉は表現と叡智、伝達能力です。そこには娯楽や遊戯も含まれます。

〈戦士〉の〈本質〉は説得です。それは、人々を戦略計画に基づいて組織化する能力です。

〈王〉の〈本質〉は支配。それは、すべての人を指導し監督することによって、最大の成果を生む能力です。

〈学者〉の〈本質〉は吸収と知識。それは情報を集めて分析し、体系立てて、わかりやすく、利用しやすいようにすることです。

〈奉仕者〉……… 奉仕	**〈聖職者〉……… 慈悲**
〈職人〉………… 創造	**〈賢者〉………… 表現**
〈戦士〉………… 説得	**〈王〉 …………… 支配**
〈学者〉………… 吸収	

表5－3：役割のまとめ

それぞれの役割に特徴的なセリフを示せば、役割の〈本質〉がよりわかりやすくなるかもしれませんね。いくつか例を挙げてみましょう。

奉仕者：「あなたを幸せにするために、私は何ができるのでしょうか？」

聖職者：「どうすればあなたの霊的成長を助けてあげられますか？」

職人：「まだ無いものなら、私がつくりましょう」

賢者：「私は知る価値のあることはすべて知っています。人生の楽しみ方を教えてあげましょう」

戦士：「意味なんてどうでもいいよ。結果を出してくれ」

王：「全責任は私にあります」

学者：「知識を得るためなら何でもします」

○【霊感】の役割：〈奉仕者〉と〈聖職者〉

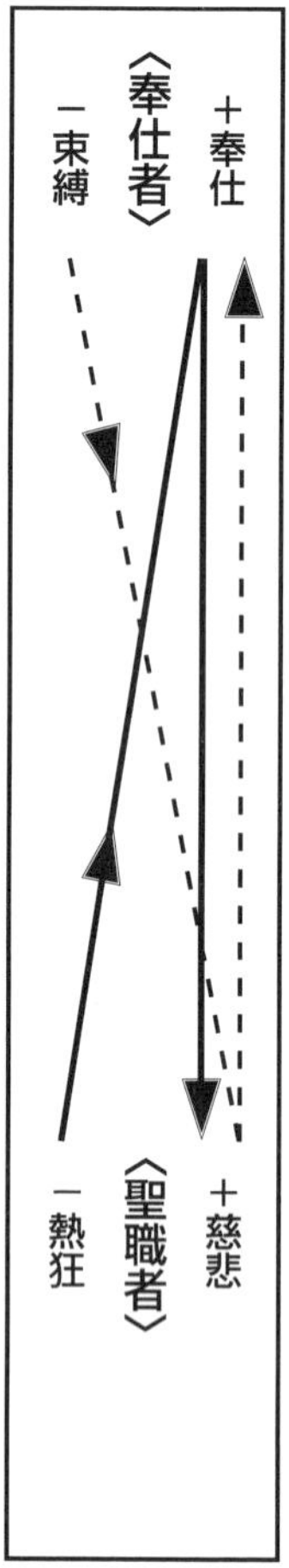

※訳注…図の矢印は陰極から陽極に移るための道順を示す。240ページ「陰極を脱出する方法」を参照

霊感の軸にある役割は〈奉仕者〉と〈聖職者〉です。彼らは霊感によって結びついていますが、両者の役割が入れ替わることは決してありません。つまり、〈奉仕者〉が〈聖職者〉になることはないし、その逆も起こりません。通常、彼らはお互いに強い親近感を抱いており、信頼しあっているので、非常に良い付き合いができます。また、両者ともに人生から霊感を受け、他人の心に霊感を吹き込みます。ただし、その方法は異なります。

★〈奉仕者〉（＋奉仕　－束縛）

〈奉仕者〉とはどのようなものなのでしょうか？　また、自分が〈奉仕者〉かどうか、知る方法はあるのでしょうか？　〈奉仕者〉について何よりもまず知っておくべき特徴は、彼らは心底、人助けが好きで、あらゆる人を助けるためにあらゆることをする、という点です。通常、彼らは人懐っこい、親しみやすい顔つきをしています。典型的な〈奉仕者〉なら次のように考えるでしょう。

「私は理にかなった頼みなら何でも引き受けます。私は何かをしようとする人の手助けをするのが好きです。実際的で、他の人が気づかないような、些細だけれども大事なことにも気がつきます。例えば、キャンプへ行くとき、私はマッチや缶切りを忘れずに持って行きます。

また、他の人にとって、何が最善なのかがわかる気がして、その通りになるようにお膳立てしてあげることもあります。そのとき、自分流のやり方で物事を運ぶのが好きなのですが、私がやったことに気づく人はほとんどいません。

大部分の人は自分があまり愛されていないと感じています。だから、私は心を開いて（病人の看病をしたり、誕生日にプレゼントを贈ったりして）他人に愛情を注ぐのです」

〈奉仕者〉：自分自身との関係

一般的に〈奉仕者〉は慎み深く、控えめな人です。多くのことを成し遂げますが、決して名誉や大げさな賞賛は求めません。また、生まれつき信用に足る、実際的で生産的な感覚を備えています。

彼らが他の役割の人たちに対して力や価値をもつ最大の理由は、彼らのやり方（控えめだけれど効果的）にあります。

〈奉仕者〉を見つけるのは難しいかもしれません。他の役割をもつ社会や両親から、刷り込みを受けやすいからです。

また、どの人生でも、〈本質〉のもつ他のオーバーリーフ――「支配」・「力」など――が奉仕の仕方に影響を及ぼします。例えば、「支配」を目標とする〈奉仕者〉は、自分の統率する人たちを大切にする指導者になるでしょう。「服従」を目標とする〈奉仕者〉ならば、主義や崇拝する人物に身を捧げるでしょう。

霊的に成長するための最高の近道は、他人に奉仕すること、つまり、自分の欲求よりも他人の欲求を優先することです。しかし、（〈聖職者〉を除いて）他の役割の人たちは奉仕の仕事と聞くや否や、逃げ出そうとします。それは、自分を捨てて他人のために奉仕しようという思いとエゴとの間で葛藤が起こるからです。奉仕しようとするときに起こる、この葛藤は「自己欺瞞」という陰極になって現れます。実際に奉仕することはせず、その代わりにこっそりと、あるいはあからさまに自分に都合の良いように状況を変えてしまうのです。

〈奉仕者〉は、役割全体のちょうど平均の、五〇％程度の周波数の役割です。これはいったいどういう意味なのでしょう？　周波数という用語についてまだ、十分にお話していませんので、ここで簡単に説明しておきましょう。

■周波数についての余談

第一章では、タオから〈断片（小部分、一人の人間）〉が白色光のように放出される、ということをお話ししました。白色光はプリズムを通過すると七つの周波数に分かれ、七色の光線になります。それと同じように、文字どおり異なる周波数をもつ七つの役割がタオから生み出されるのです。

役割ごとに、〈本質〉の周波数は決まっています。この周波数の違いが役割の性質の違いを生みます。

一般に、周波数の高い役割の人には予見力や先見力があります。彼らの〈本質〉はしばしば長い間、肉体を離れることがあります（「明かりはついているのに家には誰もいない」ような状態です）。彼らはそのときの経験、つまり夢やアストラル界での経験をよく覚えています。

他方、高い周波数の人たちは実際的な問題を処理するのが苦手です。周波数の高い役割は〈聖職者〉と〈職人〉です。

周波数の低い役割の人はグズグズしがちです。彼らは「堅実」であって、「流動的」にはなりたくないからです。例えば、彼らは「実際に見るまでは信じないよ」と言うでしょう。「堅実」な役割の〈本質〉は、肉体を離れると不快感を覚えます。「堅固」な役割には〈戦士〉、〈王〉、〈学者〉があります。〈奉仕者〉や〈賢者〉は中程度の流動性をもっています。

〈奉仕者〉：他人との関係

〈奉仕者〉は他人の欲求を自分の欲求よりも優先するので、霊的な成長が容易です。彼らは、すべての人に援助が与えられるようにとりはからい、社会の円滑な運営を助けます。要するに、〈奉仕者〉は養い、愛する人なのです。

彼らはこっそりとコントロールするのが得意で、自分が最も良いと思った通りに状況が展開するように、舞台裏から操作することを好みます。逆に、直接的に人と向かい合うことは避けようとします。目立たないように間接的に行動し、自分がしたことを黙っていたいのです。

〈奉仕者〉には細かいところに気づき、好機を捉える能力もあります。そのため、自分で状況をコントロールしていないと束縛され、抑えつけられているように感じて、イライラし、欲求不満に陥ってしまいます。何かに奉仕したいという思いが強すぎるせいで物事に深入りし、他人に利用されることもあります。

〈奉仕者〉の人たちは、医者、看護師、心理療法家、ウェイター、執事など他人に奉仕する職業を好みます。また、〈奉仕者〉はあらゆる役割の人たちを助けて、それぞれの仕事をしやすくします。傷ついた人を癒し、空腹の人には食べ物を与え、必要とあれば守ってあげるでしょう。

〈奉仕者〉は「順序」の役割なので、一対一の人間関係の中で働くのは好きですが、逆に指導的な立場から大衆に奉仕することは嫌がります。しかし、まれに自分の生きる道を「高位」であると感じる〈奉仕者〉もいます。

例——エリザベス二世（一九二六〜　英国女王）

〈奉仕者〉：社会との関係

〈奉仕者〉は世界人口の約三〇%を占める、最大多数の役割です。「随分大変そうなのに、なんで〈奉仕者〉なんかになりたがるのかしら？」と疑問に思う人もいるかもしれませんね。その答えは、「〈奉仕者〉は他人に奉仕することで霊感を受け、他人にも霊感を与えることができるから」です。彼らは他人への奉仕こそが真の謙虚であり、悟りへの最短の道であるということを知っているのです。

〈奉仕者〉の役割は、かつてマイケルの教えでは「奴隷」と呼ばれていました。〈奉仕者〉は昔、奴隷や召使として働いていたからです。しかし、「奴隷」という言葉には否定的な意味合いがあるため、彼らの仕事は最良の他人への愛の実践であるにもかかわらず、誤解されがちでした。やがて社会が発達して奴隷の必要性がなくなると、彼らの仕事は進行係になりました。

〈奉仕者〉は他の役割の人たちのように目立とうとはせず、舞台裏にとどまりたがります。国王や女王の中には、いやいや権力の座に座らされた〈奉仕者〉もいるでしょう。

〈奉仕者〉は全役割の中で最も人数が多い役割です。その圧倒的多数はインドと中国に住んでいます。そのため両国では、若い認識の魂が増えると、集約型の労働による生産性が急激に向上しました。

また、現代アメリカに代表される先進国では〈奉仕者〉が比較的少なく（人口の約一〇％）なっています。しかも、アメリカに住んでいる〈奉仕者〉のほとんどは四〇歳以上で、インドや中国で〈奉仕者〉が急増する前に生まれた人たちです。

【〈奉仕者〉の有名人】

マザー・テレサ、パール・S・バック（一八九二～一九七三　米国の女流小説家）、アリス・B・トクラス（女流小説家のガートルード・スタインの秘書で恋人）、グスタフ・アドルフ（一五九四～一六三二　スウェーデン国王）、エリザベス二世、ヴィクトリア女王、アンナ・パブロワ（一八八一～一九三一　ロシアのバレリーナ）、アルベルト・シュヴァイツァー、ピーター・ローリー（一九〇四～一九六四　ハンガリー生まれの米国の俳優）、フローレンス・ナイチンゲール。聖書の人物では、マリアとヨセフ

＋ 陽極：奉仕

面倒見が良い、温かい人柄、愛情豊か、寛容、人を思いやる、有能、信頼できる、親しみやすい、慈悲深い、献身的、世話好き、他人への奉仕を通して霊的に成長する、鋭敏。

－ 陰極：束縛

犠牲になる、隷属する、殉教、自己犠牲、人を操る、感傷的、欲求不満、横柄、こそこそする、不正を行う、卑屈、できない仕事を引き受ける、軽蔑されても黙っている、不実行、束縛感、良い奉仕の仕方がわからなくて人に不適切な場所や活動を押し付ける。

★〈聖職者〉（＋慈悲　－熱狂）

〈聖職者〉と〈奉仕者〉ではどこが違うのでしょうか？　どうすれば多くの人の中から〈聖職者〉を見つけることができるのでしょう？

簡単に言うと、〈聖職者〉は「高位」な〈奉仕者〉です。〈聖職者〉の〈本質〉は慈悲と人々に霊感を与えて奉仕する能力です。彼らが与える霊感は人々を挑戦し成長するように促します。〈聖職者〉は人々の心を和やかにすることができますし、それとは対照的に、人々を鼓舞して死ぬまで戦闘を続けさせることもできます。

〈聖職者〉たちは、自分がより高い善だと思うものを求めて努力せずにはいられません。そして、そうすることの重要性を他の人たちはわかっていない、あるいはわかろうとしない、と感じます。このことは、他の人たちならば今のままの人生に満足し、あわてて高次の善を探す必要はない、と考えるような状況にいても変わりません。

〈聖職者〉たちと他の役割との違いをわかりやすい例で説明しましょう。

仮に、ある小さな会社があるとします。その会社では最近、社長が変わったばかりで、社員はみな、新社長の方針はどんなものか案じています。新しくなった会社の社長として現れたのは〈聖職者〉です。新社長はまず会社の全体を見ます。どのような目標を掲げて、どのような方向に運営していくのかを見定めるのです。また、社員の才能や技術を活かす人材配置を考え出すにちがいありません。自分のヴィジョンの利点や、それぞれの社員が重要な貢献をする方法を伝えることで、社員を鼓舞することでしょう。他の人々に目的意識を与える霊感的なヴィジョンをもたせ、その重要な目標に向けて努力する方法を教えることが〈聖職者〉にとっての課題だからです。

〈聖職者〉：自己自身との関係

〈聖職者〉はとび抜けて周波数の高い（最も流動的な）役割です。彼らは自分自身の肉体も含めて、物質的なものにはあまり興味がありません。そして、一般的に優れた予見力をもっています。通常、〈聖職者〉は強いエネルギーをもっているので、非常にすばやく行動します。また、朝早くから夜遅くまでよく働きます。多くのプロジェクトに熱心に携わり、その仕事のためには死さえも恐れません。〈聖職者〉たちとじっくり話せば、彼らのもつ強い使命感と目的意識がわかるでしょう。そのため、個人的なことや霊的な事柄について、彼らの導きを求めてやって来る追随者も少なくありません。

彼らは生活のすべてにおいて、迅速な行動を好み、他の人たちにもそうさせます。その結果、他の役割の人たちよりもはるかに早く転生のサイクルを進むことになります。

また、〈聖職者〉は「感情センター」を好み、感情的になることを楽しみます。「知性を主センター化」している人たちは、理性よりも感情で動く〈聖職者〉のことを、いい加減でデタラメだと非難するかもしれません（「センター」「主センター化」については11章を参照）。

〈聖職者〉の役割は最も扱いにくい役割の一つなので、魂の老年期になるまでマスターできないこともよくあります。ヴァイオリンの演奏を考えるとよくわかるでしょう。ヴァイオリンで美しく演奏するには、良い音色を出すことが不可欠ですが、ほんの少しの狂いで調子外れの音になってしまいます。だからこそ、ひとたび良い音色が出るようになると、多くの人を感動させることができるのです。

〈聖職者〉：他人との関係

〈聖職者〉たちは、ときどき他の人たちを励ますことに夢中になりすぎて、自分の言っていることが本当に正しいのかどうかさえ気にしなくなることがあります。このことは、事実に基づいて行動する必要のある役割の人々を、不安にさせることがあります。あまりに衝動的、先見的に非現実的なことをさせられれば、ときには死んでしまう可能性もあるからです。また、〈聖職者〉は政治に携わることが多く、その活動について狂信的になることがあります。

〈戦士〉たちは永い歴史の中で〈聖職者〉に対して疑念を抱くようになってきました。何世紀もの間、〈聖職者〉は〈戦士〉たちを励まし、戦場に送り込み続けたのです。しかし、そのさい、〈聖職者〉は戦況を十分にたしかめることを怠ったため、犬死にさせられる〈戦士〉も少なくありませんでした。〈戦士〉たちは心の中では〈聖職者〉の情熱を苦々しく思っています。

一般的に、〈聖職者〉は補完的な関係にある〈奉仕者〉や、自分を誰よりも理解してくれる〈学者〉とは気が合います。〈聖職者〉の人たちはよく〈職人〉と間違われます。〈職人〉も周波数が高い役割だからです。

〈聖職者〉：社会との関係

〈奉仕者〉とは異なり、〈聖職者〉の人口比率は非常に低いですが（全人口の約七％）、彼らは世界のあちこちに住んでいます。

霊的な成長を促し、励ます存在として、〈聖職者〉は大いに必要とされています。彼らは、他の人々を自己反省へと向かわせ、それを助けます。また、〈聖職者〉は「高位」の役割なので、大勢の人に自分の考えを伝えることが得意です。そのため、彼らは多くの信者に霊感を与える牧師や、大軍隊を統率する軍の指導部などの職業に魅力を感じるでしょう。ラジオやテレビのパーソナリティーとして活躍したり、それに並ぶ高い地位についたりすることもあるでしょう。その一方で、人助けのための地味な職業につくこともあります。〈聖職者〉は優れたヒーラーにもなれます。彼らは深い慈悲の心で、他の人々を感情的にも霊的にも支えることができるのです。部族社会では、しばしばヒーラーや医者、シャーマンとして働いています。

原始的な部族社会では強いリーダーシップが必要です。リーダーシップは部族社会をコントロールすることによって生まれます。コントロールする方法には二つの形式があります。一つは威圧と強制（〈戦士〉、〈王〉に共通する特徴）であり、もう一つは恐怖の原因となる迷信について、何らかの説明を与えることです。この、第二のコントロール方法から、聖職や制度的宗教が生まれました。特にまだ魂が若い〈聖職者〉は、部族社会に住み、人々の迷信を利用して、政治的目的を果たそうとする傾向があります。〈聖職者〉は最も政治の好きな役割だからです。そのため、幼児期の魂からなる社会の中では、〈聖職者〉は誰よりも早く政治的重要人物にのし上がります。一例を挙げると、リビアのカダフィー大佐がいます。

【〈聖職者〉の有名人：ほとんどの有名な伝道者は〈聖職者〉です。】
トマス・アクィナス（一二二五頃～一二七四　イタリア生まれの神学者）、トマス・メルトン（一九一五～一九六八　フランス生まれの修道士・作家）、グリゴリー・ラスプーチン（一八七二頃～一九一六　ロシアの怪僧）、アレン・ギンズバーグ（一九二六～一九九七　米国の詩人）、ダイアナ元妃、アドルフ・ヒトラー、コンスタンティヌス帝（二八〇頃～三三七　キリスト教を公認したローマ皇帝）、ナポレオン・ボナパルト、イディ・アミン（一九二三～二〇〇三　ウガンダ元大統領、独裁者）、ユリウス・カエサル、ネロ帝、J・S・バッハ、ホメイニ師（一九〇二～一九八九　イラン・イスラム革命を行ったシーア派の最高指導者）、グィネヴィア（アーサー王の妻）、ナンシー・レーガン（一九二一～　レーガン大統領の未亡人）

＋陽極：慈悲

思いやり深い、霊感を与える、熱心、人を癒す、温かい人柄、人を導く、心の結びつき、人を大事に育てる、世権力がある、使命感、博愛主義、地球や国を全体として意識する、他の人々を惰性的な停滞状態から抜け出させようとする（自然な刺激を与える）。

ー陰極：熱狂

熱狂的、狂信的、世慣れていない、押し付けがましい、変わり者、コロコロ変わる、不合理、無分別な見解、非実際的、相手にとっての良否を考えずに押し付ける、保守的、頑迷、手を広げすぎる。

○【表現】の役割：〈職人〉と〈賢者〉

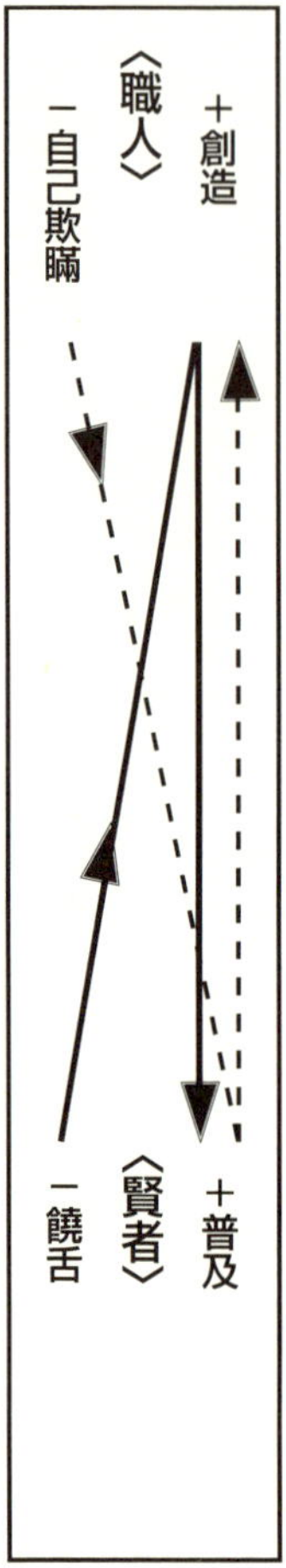

「表現」の役割である、〈職人〉と〈賢者〉の人たちには優れた伝達能力があります。ただし、彼らの伝達の仕方は異なります。〈賢者〉は言葉を生み、〈職人〉はものを生み出すのです。

彼らは世界に美と喜びをもたらすだけでなく、新しいものの見方をも与えてくれます。また、彼らは力を合わせて映画や演劇、音楽などの創造的な分野で働こうとします。

★〈職人〉（＋創造 ー自己欺瞞）

〈職人〉の〈本質〉は創造性、すなわち、かつてない新しいものを創り出したいという欲求です。では、どうやって新しいものを創造するのでしょうか？　その答えは、基本的には発明と技術です。〈職人〉は「表現」の役割ですが、視野が狭い「順序」の軸にあるので、自分の発明を新しい形式やその場の雰囲気をつくることに用います。〈職人〉たちにとっては生活のすべてが新奇なものを描くためのカンバスのようなもの。〈職人〉の頭の中を覗くことができれば、こんな風に考えているかもしれません。

「この色合いはつまらないし、表現力に欠けるなあ。ちょっと、手を加えさせてくれるかい？　この部分を変えてみよう。それに、こちらの色を使ってみよう。きっといい雰囲気になるよ。ここに飾りを付けると、もっと高級感がでるぞ。まあ、今はこれぐらいにしておこう。また明日、すっかりイメージチェンジしてみようかな。ともかく、何かまったく新しいことをしたいんだ。それなら、この色に合う新しい服も買わなくちゃいけないな」

〈職人〉：自分自身との関係

〈職人〉は創造力と発明を用いた表現を専門としています。それには人々が集まる場の雰囲気づくりも含まれています。ときには部屋に〈職人〉がいるだけで、人々の雰囲気も表現力も一変してしまうことさえあります。つまり、〈職人〉はわざわざ変化させようと思わなくても、いるだけで十分なのです。

当然、読者の中にはこのことを信じられないという方もいるでしょう。そういう方々には、実際に自分で調べてみることをお勧めします。グループの中に〈職人〉がいて、その人がふさぎ込んだり、不満を抱いたりしていたら、グループ全体がためらいがちになり、閉塞感に包まれてしまいます。ですから、グループの中の〈職人〉がどのように感じているかを知ることは非常に重要なのです。

〈職人〉は周波数が高い役割なので、流動的で、変化に富む生き方ができます。また、彼らは同時にたくさんの企画に携わることができます。他の人々が驚くほどの多くの可能性を引き出すことができるのです。ビジネスにおいても、彼らは膨大な数の物事（財務、税金、生産計画、マーケティングなど）を一度に手がけます。しかし、必ずしもそれらをやり遂げるだけの能力があるとはかぎりません。

どの段階の〈職人〉も、感情を表す優れた創造力をもっています。彼らにとって世界は作品を描くためのカンバスのようなものです。自分の体までもカンバスだと感じて、タトゥーをしたがる人も多くいます。〈職人〉とは、何もつくれなければ、欲求不満で落ち込んだり、苛立ったりするような人たちです。彼らにとって、創造は健全に生きるための手段に他なりません。

ミケランジェロは典型的な〈職人〉です。彼は地上での最後の人生で、これまでの全転生での創造の到達点を示す、完璧な芸術作品をつくろうとしました。そして、目指す完全な創造を成し遂げ、サイクルを離れて行ったのです。

〈職人〉は独創的な服装を好むので、その風変わりな服装で彼らを見分けることもできます。彼らは、新しい髪型をし、奇妙と言ってもいいほど創意に富む服装をします。

〈職人〉は芸術作品だけでなく、思想や雰囲気、心理的な環境、構想などもつくり出します。まだ若い魂の〈職人〉は物質的なものだけしかつくろうとしません。しかし、魂のサイクルの後半になってくると、抽象的なもの（例えば思想や雰囲気）もつくり始めます。

彼らには溢れんばかりの創造力がどんどんと湧き出します。そのため、思いついたことを物質的な形にするだけの時間がないこともあるでしょう。やり遂げるだけの時間がなくて、いくつもの仕事を途中で放り出してしまうかもしれません。

〈職人〉：他人との関係

〈職人〉はその場によって態度を変え、どんな役割のようにでもふるまうことができるので、彼らを見分けるのは容易ではありません。この特徴のおかげで、概して〈職人〉は演技が上手です。演劇を愛好する人も多くいます。しかし、彼らが演劇をやり続けることはありません。じきに飽きて他のことを始めてしまうからです。これは彼らの目立つ特徴です。

〈職人〉は〈賢者〉と気が合います。また、〈聖職者〉と同様、〈職人〉も対外離脱の経験を覚えている傾向があります。〈戦士〉に対しては恐怖を覚えるかもしれません。〈職人〉と〈戦士〉では、生き方がまったく正反対だからです。堅実で集中的に真正面から物事に立ち向かう、〈戦士〉の流儀が〈職人〉には恐ろしく感じられます。この恐怖感は、剣での戦いでは〈職人〉はいつも〈戦士〉にかなわなかった、という歴史的な事実に由来しているのでしょう。

あとで詳しく述べますが、一般的に〈職人〉と〈王〉は助け合う関係にあります。〈王〉は〈職人〉の創造力と技能を利用し、〈職人〉は〈王〉の権限や権力を享受するのです。そのため、彼らは仕事上の付き合いでも、結婚した場合でも、良きパートナーになれます。

毎日決まりきった仕事をするのは退屈だ、と〈職人〉は思います。そして、ただ退屈を紛らわすためだけに、新奇なものをつくり出します。また、彼らは話すとき、多少事実を歪めてしまいますが、それは単に彼らが何か話を創造せずにはいられないからです。よく、いい加減な噂話が流れることがありますが、それは典型的な〈職人〉の仕業です。

〈職人〉は「順序」の役割なので、一対一の人間関係や小さな集団の中で働くことを好みます。大勢の人々の中にいると、自分の創造性が埋もれてしまうような気がして怖いのです。ただし、大勢でする仕事でも、演劇のように創造的な仕事は例外です。

〈職人〉：社会との関係

〈職人〉は世界の人口の約一八%を占めますが、特にアメリカではその割合が高く、約三〇%になっています。

〈職人〉は次々とアイディアを思いつくので、しばしば時代を開くパイオニアになります。世間の人々が彼らのアイディア（例えば新しい流行）を取り入れ始めるよりも前に、彼らは飽きてしまっている、ということもあります。また、〈職人〉は非常に先進的なので、他の役割の人たちといると、孤独で、誤解されているように感じることがあるかもしれません。事実そうなのです。そこで、〈職人〉たちはしばしば芸術家の支援団体や共同体をつくって、そこに集まり、親睦を深めたり、理解を求め合ったりします。しかし、残念ながら、必ずしも〈職人〉が、他の〈職人〉のことを理解できるとはかぎりません。

〈職人〉は芸術や手工業などの分野（大工、インテリアデザイナー、メイクアップアーチスト、ヘアーデザイナー）の職業を好みます。また、あらゆる産業に革新をもたらします。そして、どんな産業であれ、生き残るためには革新が必要です。

〈職人〉は文明の建築者でもあります。彼らは、社会や文化を築くもととなるアイディアを生み出すからです。例えば、民主主義や社会主義を考え出したり、物々交換の代わりに貨幣を用いるようにしたりしたのはみな〈職人〉です。

近年、西洋では、女性の〈職人〉が随分生きやすくなりました。それは、西洋社会が、女性が創造的な活動をする自由を認めるようになってきたからです。他方、男性の〈職人〉は男性としてのアイデンティティを求めて戦っています。他の男性たちから認めてもらうために、男性らしさを誇示しなくてはならないように感じているのでしょう。

現在、ほとんどの〈職人〉は男性です。彼らは男性のイメージを優しく、創造性豊かなものに変えつつあります。あとで述べる〈戦士〉は、現在、その大部分が女性です。そのおかげで、女性の直接的ではっきりした（つまり、男性的な）行動が社会で認められるようになってきています。

【〈職人〉の有名人】

ウォルター・ローリー卿（一五五二頃～一六一八　英国の探検家）、フランク・ロイド・ライト（一八六七～一九五九　米国の建築家）、ウィリアム・ブレイク（一七五七～一八二七　英国の詩人）、ヴィンセント・ヴァン・ゴッホ、ウォルト・ホイットマン（一八一九～一八九二　米国の詩人）、ラファエロ・サンティ、ミケランジェロ、ジョージ・ルーカス、ゲーテ、トマス・ジェファーソン（一七四三～一八二六　米国第三代大統領）、モーツァルト、エドガー・アラン・ポー（一八〇九～一八四九　米国の作家）、そして、もちろんレオナルド・ダ・ヴィンチ

＋ 陽極：創造性

自発的、革新的、創造性、想像力が豊か、予見力がある、創意工夫する、一か八か勝負する、ムードメイカー、個性的、他の役割よりも〈本質〉が大きい、進取性、カオスを生む（そのカオスを〈戦士〉が体系化する）、（男女ともに）父性的。

－ 陰極：自己欺瞞

完全に混乱している、人を惑わせる、無責任、気分屋、わがまま、不誠実、衝動的、奇怪、他の役割に比べて感情的なのでひどいうつ状態になりやすい、軟弱、意志が弱い、他の人にされるがままになり自分の力を放棄する。

陰極（自己欺瞞）での〈職人〉は、ひたすら自分だけの現実をつくり出します。現実を実際とはまったく異なるように認識し、空想の世界に住んでいることもあります。その結果、彼らは知らず知らずに自分自身も他の人たちも騙してしまうかもしれません。重い精神疾患に陥ってしまうこともあります。

★〈賢者〉（＋普及　－饒舌）

〈賢者〉と〈職人〉の表現の仕方の違いは何でしょうか？　また、多くの人の中から〈賢者〉を見つける方法はあるのでしょうか？

普通〈賢者〉は容易に見つかります。大勢の中にいても非常に目立つからです。彼らは「高位」の「表現」の役割であり、生まれつき卓抜した存在です。ドラマチックで機知に富み、陽気。持久力もあり、素晴らしい知恵を示します。

では、〈賢者〉はどんなふうに考えるのでしょうか？　彼らの考えそうなことをわかりやすいように誇張してみると次のようになります。

「いえいえ、あなたは私の言葉を誤解しているようですね。正確にはハムスターが『重態』ではなくて『重症』だと言っているのですよ。まあ、聞きなさい。ともかく理解しなくてはいけません。みなさんに話を聞いてもらうために、印刷したほうが良いようですね。このハムスターは以前にも病気にかかったことがあり、また病気になるかもしれませんが、きっと私たちのように、危機を切り抜けますよ。まだ、あなたはちゃんとわかっていないようですね。他の説明方法はないかなあ？　私には私の話を理解してもらうことがとても大事なのです。もっと面白おかしく話したり、あるいは、控えめに話したりしたらもっと早くわかってもらえるでしょうか。いや、それより芝居仕立てにするのが一番いいかな。では、しばらく待っていてください。ハムスターの着ぐるみを着てきますよ。その格好でハムスターの苦しい状態を説明すれば、あなたは自分の状況がもっと楽に思えるようになるかもしれませんね」

〈賢者〉：自分自身との関係

〈職人〉と同様、〈賢者〉は非常に創造的です。そして、独創的な言葉遣いや表現をするのが得意です。〈職人〉との違うのは、大勢の人に囲まれているときに最も快適に感じ、ことあるごとに目立とうとするという点です。〈賢者〉は最も遊び好きな役割で、機知に富み、人を楽しませる才能があります。遊び好きが過ぎて、成熟するのは遅くなってしまうでしょう。彼らは大人の生活の深刻な側面を見るよりは楽しいことだけを考えていたいと思うのです。

〈賢者〉には表現したり、独自の言葉遣いをしたりする優れた才能があります。彼らは、実に変わった独特な言葉の組み合わせを生みます。また、間違った言葉遣いや意味の誤解があると、真っ先に指摘します。

〈賢者〉：他人との関係

〈賢者〉は巧みに言葉を操って、自分の倫理観をはっきりと述べますが、その言葉が嘘っぽいと受け取られてしまうことがあります。また、彼らは真理をもて遊びます。つまり、真理を見抜く才能はあるけれど、ついついその真理を想像力でふくらませてしまうのです。

〈賢者〉には詐欺やペテンの達人になる能力があります。その能力を使って、優れた俳優や広告業者、インチキ商品の販売員にもなれるでしょう。彼らは人から注目されるのが好きで、無視されるとムッとします。しかし、〈聖職者〉のように、話をして人々の霊的成長を促したいと思っているわけではありません。単に、話しかけ、楽しみたいだけなのです。

彼らは人生を軽く考えがちで、生まれつき精力的で積極的です。そんな彼らに対して、もっと堅実な役割の人たちは「人生はそんなに甘いものではない。〈賢者〉は責任逃れして、遊びまわり、ふざけてばかりいる」と思うかもしれません。

〈賢者〉は補完的な関係にある役割の〈職人〉の他に、〈学者〉とも気が合います。〈賢者〉は知識を教え、〈学者〉は知識を集めるという方法で、両者ともに知識を愛しているからです。また、〈賢者〉は情報をもちまえの創造力で脚色してしまう癖があるので、〈戦士〉からは嫌われるかもしれません。ただし、どちらの役割も共通して悪ふざけが好きです。

〈賢者〉：社会との関係

〈賢者〉が魅力を感じる職業は作家、俳優、演説家、報道、編集などです。人数の多い〈職人〉とは異なり、〈賢者〉はほんのわずか（全人口の一一％）しかいません。

彼らはマスメディアが好きです。彼らの最大の望みは情報をあらゆる人に確実に、正確に伝えることだからです。

〈賢者〉は出版の自由や国際的事件についての報道権を強く要求します。また、それらの事件・状況を報道するにあたって、物語に独自の観点を付け加えます。例えば、人間的な要素や驚くべき洞察、秘密情報などを付け足すのです。

要約すると、〈賢者〉は「人々にユーモアと楽しみをもたらし、人生をあまり深刻に考えすぎないように教える」ことを目指しているのです。

【〈賢者〉の有名人】

エイブラハム・リンカーン、チャーリー・チャップリン、ローレンス・オリヴィエ（一九〇七～一九八九　英国の俳優）、リチャード・バートン（一八二一～一八九〇　英国の探検家・文筆家。『千夜一夜物語』を英訳）、ウィリアム・シェイクスピア、マーク・トウェイン、クレオパトラ、サルバドール・ダリ、グルーチョ・マルクス（一八九〇～一九七七　米国のコメディアン）、ジェシー・ジェイムズ（一八四七～一八八二　米国の無法者）、ブッチ・キャシディ（一八六六～一九〇八　米国の無法者、最後のガンマン）、ロナルド・ウィルソン・レーガン（一九一一～二〇〇四。元米国大統領）、ミハイル・ゴルバチョフ（一九三一～　ソ連の政治家、元大統領）

＋陽極：普及

表現力豊か、賢い、面白い、鋭敏・劇的、ユーモラス、研究好き、知識を提供する、生き生きしている、自分の認識に基づいて行動する、聡明、雄弁、あらゆるメディアが得意、楽観主義と人生の明るさを徹底的に教える、人生でほしいものはすべて手に入り楽しく暮らせると信じている、人生を楽しみさらにもっと楽しんでいたいと思うので成長が遅い。

－陰極：饒舌

美辞麗句を並べる、人を惑わせるようなことを言う、目立ちたがり、うるさい、面白みがない、芝居がかりすぎ、自己中心的、退屈、情報を無理やり人に押し付ける、相手が知りたがっているかどうかを構わずに教えたがる、でしゃばり、噂好き、嘘つき、信頼できない、無責任、ひどく薄っぺらな性格。

○【行動】の役割：〈戦士〉と〈王〉

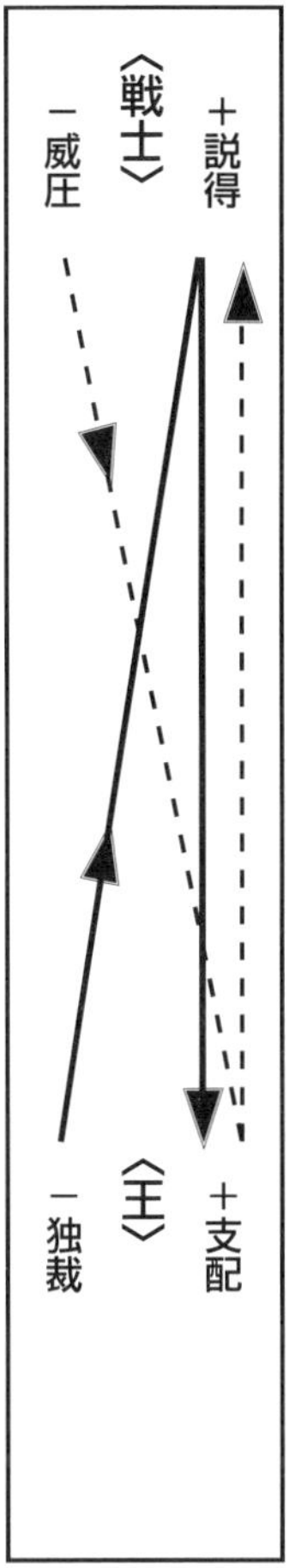

「行動」の軸の役割は〈戦士〉と〈王〉です。これらの二つのタイプの人たちは、物事をやり遂げる才能に恵まれています。彼らはどこよりも物質界を快適に感じ、物質的な体と体を使って、できるあらゆることを楽しみます。

★〈戦士〉（＋説得　ー威圧）

〈戦士〉であるとはどういうことでしょう？　また、彼らは社会でどんな働きをするのでしょうか？

〈戦士〉はある意味で、巣を守る兵隊アリや働きバチに似ています。彼らは「順序」の「行動」の役割であり、物質的な仕事をやり遂げることを目指し、それに集中します。

〈戦士〉は次のように考えます。

「私が一番得意なのは組織をつくることです。例えば、秩序もなく乱れた集まりでも、私が入って行けば引き締めることができます。

また、仕事をほとんど独力でやってしまうことが多いのですが、それは、そうしたほうがちゃんとやり遂げられることがわかっているからです。

私は若い頃から多くの問題に取り組み、挑戦してきました。たいていの場合、私にはそれらの問題を乗り越える戦略が見つかるのです。挑戦は人生に生きがいをもたらします。もし、挑戦し、目指すゴールがなかったら、私は途方にくれ、落ち込み、生きる希望をなくしてしまうでしょう。

食事も友人関係もセックスも、肉体を使って人生を楽しむ手段だと思っています。また、勝ち負けや優劣のあるスポーツが大好きです。私は日々、組織的に一つ一つ目標を立て、それに専念します。例えば、職場に着くとすぐに、その日にすることのリストをつくります。そして、あとはただ、リスト通りに働いて一日を過ごすのです」

〈戦士〉：自分自身との関係

〈戦士〉は五感を用いて人生と取り組みます。彼らは最も物質的な役割であり、物事の中心にいるのが好きです。彼らは集中力のある、優れた戦略家、策士です。常に目標を定め、目標がないと不快で不安になります。

また、〈戦士〉たちは集中しすぎて目の前のもの、一つのことしか見えなくなることがよくあります。彼らは行動志向なので、丈夫でがっしりした肉体を好みます。

〈戦士〉は孤独な戦いをし、たった一人で計画に取り組む傾向があります。仕事の鬼となって働くので、極度の過労に陥ることも少なくありません。事実、過労死する人の大部分が〈戦士〉なのです。

〈戦士〉の転生回数は他のどの役割よりも多くなります。それは、彼らが行動と冒険に満ちた人生をおくろうとするため、早死にする傾向があるからです。すぐに戦闘に身を投じるのは彼らの悪い癖です。

もう一つの〈戦士〉の特徴は、自分に必要なものは自分で手に入れようとする、という点です。他の役割の人たちならば、他人から与えられた富や栄光でも、快く受け入れるでしょう。しかし、〈戦士〉は自分で苦労して手に入れることに喜びを覚えます。彼らは、本当に自力で成功を掴んだと納得したときにしか喜びません。彼らにとって人生は勝つための競技なのです。

〈戦士〉たちの特に優れている点は、次にするべきことと、その方法とが正確にわかるということです。彼らはたいてい真っ先に、特定の状況の中で何をすべきかに気づきます。そのため、あれこれと迷っている人たちといるとイライラするでしょう。しかし、魂のサイクルの後半になると、〈戦士〉たちのアプローチも和らぎ、温かく穏やかになっていきます。さらに、サイクルの末期になると慈悲の心が生まれてきます。

しかし、老年期のはじめになっても自分に対しては情け容赦ありません。自分に厳しすぎるせいで、理想や原理に盲従してしまうこともあります。自分への厳しさは冷酷なまでの正直さにもつながります。

また、〈戦士〉はひたすら一つのことに集中するので、一度に一つのことしかできません。例えば、仕事に集中しているときは、家庭や友人、趣味などを忘れてしまい、逆に家庭を大事にすれば仕事を忘れてしまう傾向があります。

〈戦士〉：他人との関係

〈戦士〉は組織や計画、支配が好きです。そのため、彼らは優れた実業家や支配人、開発業者などになれます。彼らはどんな仕事でも、目標を達成するまでわき目もふらずに働くでしょう。〈戦士〉は社会で活躍する人であり、どちらかというとコロニーの働きアリに似ています。信念が強く、正しいと信じるもののために戦いたいと望んでいます。彼らは好戦的です。また、「順序」の役割なので、一対一の人間関係を好みます。

魂のサイクルの前半にいる〈戦士〉は、まさに物質的・肉体的な戦い（人との見解の違いを解決するために剣で戦うような）をしたがります。しかし、後半になると、このような闘争心はもっと見えにくいものになり、法廷や経営会議での争いへと変化します。

典型的な〈戦士〉である、クリント・イーストウッドは「さあ、幸せにしてくれ」というありふれた言葉を一種の脅し（反語的に「やれるものならやってみろ」という意味）に変えましたが、それは〈戦士〉の陰極（威圧）の特徴を端的に表しています。

一般的にアメリカでは、典型的な〈戦士〉は「カウボーイ」（「無謀で危険な仕事を平気でする人」の意味）、つまり男性の理想像として賞賛されます。アメリカ社会では、男性は〈戦士〉の性質をもっているべきだという強い思い込みがあるために、〈戦士〉は大いに支持されるのです。

〈戦士〉は家庭をもつと良い親になれます。それは、時計仕掛けのように正確に家庭をきりもりするので、子供は自分がすべきことが明確にわかるからです。〈戦士〉は「言われたとおりにすぐにやる」ように厳しくしつけるでしょう。そのおかげで子供はとても行儀よく、自分の立場をわきまえるようになります。このように、〈戦士〉たちは子供や若い人たちに物事を教えるのが得意なので、教育関係の職業に携わることが一般的です。

〈戦士〉は率直でぶっきらぼうで嘘が苦手です。彼らは事実を面白おかしく脚色して話すような人のことを信用しません。

また、彼らは退屈になると、何かを計画し、それを実行しようとします。退屈のために人と衝突することもあるでしょう。

〈戦士〉は組織の中で勇敢に働きますが、全責任を負うことは避けたがります。それよりは、〈王〉の後ろ盾を求めるでしょう。〈戦士〉のモットーは「意義なんかクソ食らえ、まず結果を出せ」です。この視野の狭い考え方を他の役割の人たちは不快に思うかもしれません。

〈戦士〉：社会との関係

〈戦士〉は世界中に多数いて、その割合は全人口の約二〇%にのぼります。特にアメリカには多く、アメリカはほとんど〈戦士〉と〈職人〉（両者それぞれ約三〇%ずつ）で構成されています。そのことがアメリカ社会に及ぼしている影響は、国中に蔓延している訴訟癖をみても明らかです。

彼らは丈夫で健康、頑丈な肉体をもっているので、活動性の高い職業（例えば、警察官、運動選手、消防士、建設業者、州兵、海兵隊員、船員など）にむいています。とはいうものの、ウェイターや医者、看護師、郵便局員などをする〈戦士〉もいるでしょう。どんな職業でも、自分の一番したいことをし、冒険に満ちた活動的な人生をおくることができれば、それにまさる幸せはないのです。

生まれるとき、〈戦士〉は男性の肉体をほしがります。男性のほうが、世界を舞台に活躍し、冒険することを社会に認めてもらいやすいからです。女性に生まれた〈戦士〉は社会からさまざまな制限を受けて、苛立つこともあるかもしれません。にもかかわらず、現在、〈戦士〉の三分の二は女性です。

かつて、女性の〈戦士〉は女官や娼婦になりたがりました。過去の多くの文明では、これらの職業の女性だけが冒険し自由に生きることを許されていたからです。読み書きができる女性は娼婦だけという社会も少なくありませんでした。

また、一般的に〈戦士〉は大きな社会的・官僚的組織（例えば、教育システム、軍隊、政府など）の創造と運営の責任を負っています。

社会の発達の中で、〈戦士〉が果たしてきた役割はおもな働きは軍隊の組織化です。人類の生活の場が遊牧社会から定住社会へと変わると、組織的な防衛が必要になりました。部族の富や食糧を小屋の中に保管し、守らなければならなくなったのです。そして、はじめて家族よりも大きな集団の防衛が始まりました。軍隊組織の原理も、現代の官僚体制もみなここから始まったのです。

【〈戦士〉の有名人】

ジョージ・パットン（一八八五～一九四五　米国の将軍）、毛沢東、セオドア・ルーズベルト（一八五八～一九一九　米国大統領）、アッティラ（四〇六頃～四五三　フン族の王）、ドワイト・D・アイゼンハワー（一八九〇～一九六九　米国大統領）、チャーチル（一八七四～一九六五　英国首相、著述家）、エルヴィン・ロンメル（一八九一～一九四四「砂漠の狐」と呼ばれたドイツの軍人）、グルジエフ、U・S・グラント（一八二二～一八八五　米国大統領）、グルーバー・クリーブランド（一八三七～一九〇八　米国大統領）、インディラ・ガンジー（一九一七～一九八四　インド大統領）、ゴルダ・メイア（一八九八～一九七八　ロシア生まれのイスラエルの政治指導者、首相）、ジェラルディン・フェラーロ（一九三五～　米国初の女性副大統領候補）、マーティン・ルーサー・キング、ヘンリー・フォード（一八六三～一九四七　米国の自動車王）、リヒャルト・ワーグナー、ヘンデル、ガートルード・スタイン（米国の女流詩人、作家）、アーネスト・ヘミングウェイ、ジョン・ウェイン

＋ 陽極：説得

生産的、構造的、組織的、精力的、正面から物事に取り組む、集中力がある、ロビンフッドのように弱者を助ける英雄、正直、機知に富む、断固とした信念がある、家族思い、保護する、母性的、防衛的、熟練、地に足が着いている、誇り高い、「知性センター」を尊重する、行動力があり（「運動センター」が発達し）手先が器用、実際的、挑戦的、信頼できる、忠実。

〈戦士〉はホームレスや弱者、病人などのための組織をつくる仕事にもむいています。彼らが学校や病院、消防署、法律などをつくってくれるおかげで、私たちは安心して暮らせるのです。彼らは社会の構築者であり、文明のまとめ役です。〈戦士〉たちが社会を建設し、文明の基礎を形成することによって、〈職人〉たちは文化を発展させていくことができます。

〈戦士〉たちは生存のための技能（例えば大人になる方法）を教えることにも秀でています。また、物質界のことなら何でも得意なので、物質的なこと（セックス、におい、手触り、味など）を重視します。

ー 陰極：威圧

弱いものいじめ、狭量、脅迫的、押し付けがましい、感情を表さない、興奮しやすい、主観的、怒りっぽい、緊張、横柄、ぶっきらぼう、機転が利かない、好戦的、論争的、うっとうしい、不寛容、責任逃れをする、懐疑的、暴力的、ひねくれ者。

〈戦士〉たちは非常に闘争的な態度をとることがあります。もし、人をうまく説得できないと、自分の思い通りにするために暴力を振るうのです。このような態度を、他の役割の人たちは脅しであると受け止め、怯えます。普通の人はこういう状況を避けようとするからです。ときどき、〈戦士〉たちは感情的になりすぎ、なぜだかわからないうちに人から避けられるようになることもあります。自分の威圧的な態度が、他人に不快感を与えているということにまったく気がつかないのです。

★〈王〉（＋支配　－独裁）

なぜ、〈王〉はあまりいないのでしょうか？　また、彼らの特徴は何でしょう？　〈王〉を見分ける方法や、自分が〈王〉かどうかをたしかめる方法は？

まず、第一に覚えておかないといけないのは、〈王〉は「高位」の役割であり、壮大で広い視野に立ったものの見方をする、ということです。〈王〉は人の行動を監視し、指示を出すのが好きです。〈王〉は非常に広い視野と強い影響力をもっているので、人々の中にごくわずかにいるだけで十分なのです。たった一人の〈王〉でも、大きな働きをするでしょう。

〈王〉は次のように考えます。

「私は人生について考えるとき、どうすれば最善の生き方（すなわち、最大の威厳と支配力と品格があり、生産的な生き方）ができるかを重視します。また、自分を制することは、周囲の人を制するのと同じくらい重要なことなので、自制するためには、喜んで他の役割の人たちの力を借ります。他人に任せることには、何の抵抗もありませんし、適材適所で人を使いたいと思います。私には予見力があり、状況の変化が読めます。現状をより大きな文脈において考えることもできます。そういう考え方がまるでチェスをしているようで楽しいのです。私はよく人に仕事を任せて、自分のために働かせますが、同時にその人たちの幸福をいつも気にかけています。大衆を幸せにしたいと願っているのです。それが実現できないときは、自分が状況を統御できていないせいだと感じます。たしかに、征服することは好きですが、それはひたすら公共の利益のため、つまり誰もが幸せになるためなのです」

〈王〉：他人との関係

〈王〉は人に自分の権力を委ねられるような状況を好みます。例えば、部下にこのように言うのです。「これは私が仕上げるつもりだった仕事だ。私が休暇から帰ってくるまでに、君が仕上げておいてくれないか」このように〈王〉が人に任せられるのは、彼らの統率力と指導力の現れにほかなりません。

〈王〉は支配人、政治家、社長などにむいています。いずれも、他の人々に行動を指示する立場だからです。〈王〉は生まれつき威厳のある態度をとるので、まわりの人たちは自然と〈王〉に忠誠を示し、〈王〉のために働こうとするでしょう。〈王〉はこの能力を、人々を一つの目的に向けてまとめるために使います。また、〈王〉が引き起こす忠誠心は実に驚くべきものです。彼らが何かを欲しいと思うだけで、相手から先にそれを差し出してくれます。仮に、〈王〉が家を欲しいと思ったら、きっと誰かが家を与えてくれるでしょう。この能力は単に便利なだけでなく、〈王〉の立場を優位に保ち続けるために役立ちます。人々は見返りを求めずに〈王〉のために働いてくれるからです。

〈王〉はその支配力を使って、投資の分野のリーダーになったり、教区牧師になったりするかもしれません。〈王〉には大勢の人が従いますが、その一人一人の才能を認めて、個人的な人間関係を築くこともできます。大家族をまとめることもできます。生まれてくるとき、〈王〉は家族の中の最年長か最年少の者になろうとします。また、彼らは家計について強い責任を感じます。家計に関する最終決定権は自分にあると考えるのです（それは、職場の収支についても当てはまります）。彼らは、自分が家族全員を立派に世に送り出し、幸せにせねばならないと感じます。しかし、老年期になると、〈王〉はやや控えめになり、そうした責任も他人に委ねるようになっていきます。

魂のサイクルの前半にいる〈王〉は、まだ名誉や名声を得たいという衝動に駆られています。しかし、後半に入ると、〈王〉は寛容で気高く慈悲深くなります。

〈王〉はほとんどの役割の人とうまく付き合えますが、自分によく尽くしてくれる〈奉仕者〉に対しては、特に親近感を覚えます。また通常、〈戦士〉たちは〈王〉の周囲に集まって仕え、〈王〉は彼らの忠誠心に応えようとします。

〈職人〉と〈王〉は気が合います。両者ともに壮大なヴィジョンをもっているからです。〈学者〉と〈王〉もうまく協力し合います。ただし、〈聖職者〉や〈賢者〉とはそりが合わないかもしれません。彼らはみな、自分が注目の的になりたい人間だからです。

〈王〉：社会との関係

〈王〉は全人口の一％しかいません。彼らは世界のあちこちに散らばっていますが、みな共通して最先端科学技術の中心地に引き寄せられます。そこが彼らの能力を最大限に発揮できる場所だからです。〈王〉はインドや中国にはほとんどおらず、アメリカ、日本、ドイツなどの国には大勢住んでいます。やがて、第三世界の国々が発達すれば、そこでも多くの〈王〉が生まれたり、訪れたりするようになるでしょう。

〈王〉はどんな環境でも支配できるようになりたいと願うので、あえて極端な経験を求めます。例えば、あるときは幸運と名声を得るかと思えば、またあるときは乞食や浮浪者、社会不適格者になるのです。〈王〉だからと言って常に指導的な立場に立っているとは限らないのです。彼らは、すべての社会的・経済的階級にいます。

魂の老年期に入った〈王〉の典型的な職業は、地域社会の社交場になっているようなバーのマスター、クラブの部長、町の理髪師などです。

【〈王〉の著名人】

ジョン・ミューア（一八三八〜一九一四　スコットランド生まれの米国の博物学者）、ジョン・F・ケネディ、アレキサンダー大王、イエス・キリスト、ジャック・ケルアック（一九二二〜一九六九　米国のビート・ジェネレーションの作家）、ウィリアム・ランドルフ・ハースト（一八六三〜一九五一　米国の新聞社オーナー）、アリストテレス・オナシス（一九〇〇〜一九七五　ギリシア出身の海運王）、ジャン・ポール・ゲティ（一八九二〜一九七六　米国の石油王、美術品収集家）、フランクリン・ルーズベルト（一八八二〜一九四五　元米国大統領）、リチャード獅子心王（一一五七〜一一九九　イギリスの王、中世騎士の典型）、マルクス・アントニウス（紀元前八二〜前三〇　古代ローマの将軍）、ライザ・ゴルバチョフ（夫ミハイル・ゴルバチョフとはエッセンス・ツインで、ミハイルは〈賢者〉）、キャサリン・ヘップバーン（一九〇七〜二〇〇三　米国の映画女優）

＋陽極：支配

優越、周りの人に向上心を起こさせる、親切、生まれつきの指導者、寛大、カリスマ的、策略家、自信家、安定、円満、威厳がある、博識、予見力がある、人を使うのがうまい、金銭運用が得意、〈戦士〉よりは穏やかで物静か、誰とでもうまく付き合える、忠誠心・愛情・献身を引き起こす、優れた将軍・大統領・社長になれる。

ー陰極：独裁

自分本位、支配したがる、不寛容、冷酷、横柄、浪費家、無慈悲、傍若無人、いつも自分勝手に人を使う。

○【吸収】の役割：〈学者〉

〈学者〉

＋知識　ー理論

吸収の軸には〈学者〉というたった一つの役割しかありません。この軸の人は中立的なので、他のあらゆる役割について、深く考察することができます。「吸収」とは肉体的な消化吸収と同じように、自分にとっての異物と類似物を区別したり比較したりしながら、取り入れていく作業です。〈学者〉はさまざまのものを研究し、吸収し、記録するのです。

★〈学者〉（＋知識　ー理論）

〈学者〉の能力や才能は他の六つの役割のものとは、どう違うのでしょうか？　自分や周囲の人が〈学者〉かどうかを知る方法は？

〈学者〉の最大の特徴は、その「中立性」です。彼らは物事を常に中立的に見ます。他の役割の人なら白黒をはっきりつけるような状況でも、中立的に対応します。

〈学者〉は回転軸のようなものです。他の役割の人たちは軸のまわりをグルグル回りますが、〈学者〉はじっとしています。〈学者〉は他の人たちが話し合うための中立地帯なのです。〈学者〉がいると、他の人たちは、普段よりずっと容易に理解し合え、じっくりと話し合うようになります。

〈学者〉は次のように考えます。

「うむ。これは面白そうだな。もっと知りたいな。これについて詳しく書いたものを持っている人や、情報を収集している人はいないか？　ぜひ、その資料を手に入れたいものだ。これを採取して、実験したらどうなるだろう？　何か見つかれば面白いだろうな。何だって？　チベットにこれのことを研究して文献を集めている人がいるのか？　よし、今すぐ荷造りだ！　そこへ行く飛行機はないのか。それなら他の行き方を探そう。旅支度をして、チベットの地図とガイドを調べよう。それから、ノートを持って行って、旅行記を書こう」

〈学者〉：自分自身との関係

〈学者〉のキーワードは「中立性」です。彼らは他の役割の人々にとって、良き仲裁者です。特に、サイクルの後半に入ると、他の役割と比べて、格段に度量が広くなります。そして、物事を客観的に、あらゆる角度から見ることができるようになります。

〈学者〉はいつも知識を収集しようとしますが、必ずしも、その知識を広めたり、人に教えたりするためではありません。ただ、どんなときでも利用できるように知識を保管しておくのです。

一般に、〈学者〉は何かが起こったあとで、それを記録したり、描写したり、分析したりするのが得意です。そのため、さまざまな情報をまとめる、優れた歴史家になれるでしょう。また、持ち前の中立性から、事件の目撃者になったり、評論家になったりすることもあります。

〈学者〉はきわめて好奇心旺盛なので、絶えず未知のものを探さずにはいられません。特に、何かテーマを決めて、その分野を徹底的に調べつくすことが大好きです。一つの課題をあらゆる角度から理解しようと決め、生涯をその研究に捧げることもあるでしょう。例えば、ある一種類の花や昆虫の研究を一生続ける、ということは〈学者〉にしかできません。また、彼らは生来の好奇心のために、どんな危険でもおかすでしょう。例えば、サイクルの後期では、幻覚剤やアイソレーション・タンク（瞑想のための隔離タンク）などを使って、自分自身の意識を研究しようとするかもしれません。

〈学者〉は〈職人〉や〈奉仕者〉、〈聖職者〉などの流動的な役割とは違い「堅固」な役割です。そのため、彼らは堅実で、どちらかというと物質的なことに興味をもちます。そして、肉体を使う冒険や経験を好みます。しかし、〈学者〉の冒険心は〈戦士〉のものとは異なります。〈戦士〉は新しい挑戦や活動を求めるだけなのに対し、彼らは知識欲にかられて冒険を求めるのです。それでも、やはり〈学者〉と〈戦士〉とは意気投合するでしょう。

〈学者〉にとって、悟りは物質的なことではなく、単に理解することを意味します。また、彼らは非常に体が丈夫で、誰よりも（肉体的に）長生きします。それに、気候が穏やかな土地でも、厳しい土地でも暮らせるでしょう。

〈学者〉たちは体の運動感覚や筋肉を使って、情報や経験を蓄積します。そのため、筋肉や骨の痛みなどの肉体的な諸症状に悩ませることが他の役割よりも多くなります。しかし、知識を肉体に蓄積する必要はないのだということに気づくと、それらの症状は自然に治まり、気持ちも解き放たれるはずです。

〈学者〉は多種多様な転生をして、知的・感情的・肉体的に知識を集めたいと考えます。一つの生涯の中でもさまざまな職に就き、多岐にわたる趣味や関心をもちます。また、知識を重視し、何をしていても知的関心を失いません。

〈学者〉：他人との関係

知識を求めてやってくる人々に対して、〈学者〉は「歩く図書館」のようにふるまいます。彼らは中立的な観点を崩さないので、他の役割の人たちから尊重されるでしょう。

転生のサイクルが終わるとき、〈学者〉たちは、それまでに蓄えた経験や知識を宇宙の図書館である、アカシック・レコードへと注ぎ込みます。そこに集められた現在の宇宙の知識から、やがて次の新しい宇宙が生まれるのです。

ときおり、〈学者〉は自分が転生を繰り返して蓄積してきた、たくさんの情報を忘れてしまっていることがあります。彼らは具体的な質問をされてはじめて自分のもっている知識に気づき、それを利用できるようになるのです。非常に穏やかで控えめな雰囲気も〈学者〉の特徴です。他の役割の人からは、感情を抑制しているようにさえ見えるでしょう。しかし、〈学者〉は何も感じていないわけではありません。激しい感情や情念を抱くことがあっても、それを表現しないだけなのです。

〈学者〉：社会との関係

〈学者〉は全人口の約一三％います。彼らは知識を蓄積したがるので、哲学や科学などの専門家を目指すでしょう。他の役割の人々と同じくあらゆる環境にいますが、やはり、〈学者〉が最も幸せを感じるのは学界などの知識を集められる環境にいるときです。

〈学者〉のスローガンは、ジョージ・サンタヤナ（一八六三〜一九五二　スペイン生まれの米国の哲学者・詩人）の「過去を記憶できない者は過去を繰り返す運命にある」（『理想の生活』より抜粋）というものです。つまり、「社会全体が新たな経験と知識を目指して前進できるように、過去に学んだことを記憶することが自分たちの務めだ」と〈学者〉たちは感じているのです。当然原始的な社会ではシャーマンや呪術医などの職業に惹かれるでしょう。

〈学者〉は生まれつき学究的な性格なので、実験科学者にむいています。薬草、スパイス、自然治癒、自然療法などの専門家になる〈学者〉も少なくありません。飛行機が墜落したとき、部品を組み立てなおして事故原因を解明するのは〈学者〉の仕事です。この種の作業には最新の注意が要求されますが、それができるのが、まさに〈学者〉なのです。

【〈学者〉の有名人】

ヘラクレイトス（紀元前六～五世紀頃　ギリシアの哲学者。万物流転説を主張）、ロバート・オッペンハイマー（一九〇四～一九六七　米国の理論物理学者。第二次大戦中は原爆完成を指導したが、戦後は水爆製造に反対）、カルロス・カスタネダ、ガリレオ・ガリレイ、アール・ウォレン（一八九一～一九七四　米国の法律家、政治家）、ヘンリー八世（一四九一～一五四七　英国国教会を作った英国王）、聖エリザベト（一二〇七頃～一二三一　ハンガリーの王女、聖人）、アウグストゥス（紀元前六三～後四　ローマ帝国の初代皇帝）、ピエール・キュリー（一八五九～一九〇六　フランスの物理学者。妻マリーとともにラジウム、ポロニウムを発見）、エマニュエル・カント、プラトン、ウスペンスキー（一八七八～一九四七　ロシアの神秘思想家）、ハワード・ヒューズ、ロドニー・コリン（一九〇九～一九五六　ウスペンスキーの弟子、神秘思想家）、パブロ・ピカソ、マーガレット・サッチャー、マーガレット・ミード（一九〇一～一九七八米国の女性文化人類学者）、ソクラテス

＋陽極：知識

理解力がある、聡明、正直、現実的、几帳面、統合的、中立的、仲裁をする、堅実、好奇心が強い、観察する、明晰、論理的、冒険好き、すぐにどこへでも行く、勇敢だがそのことをひけらかさない、過去の過ちを記憶し人々が同じ過ちを繰り返さないようにする、他の役割の人たちの仕事の総仕上げをする、〈職人〉が混沌《カオス》を生み〈戦士〉がそれを組み立てた後うまくいったことといかなかったことを〈学者〉が記録する。

－陰極：理論

空理空論、抽象的、あいまい、理屈っぽい、孤独好き、引っ込み思案、横柄な物言い、感情にふりまわされて非合理的になる、地味で目立たない、尊大。

陰極の〈学者〉は、よく状況を把握していないのに、わかったつもりになって理論を組み立てます。理論化によって、本当はわかっていないということをごまかし、状況を把握しているように見せかけるのです。そうして、彼らは他人だけでなく自分自身も騙してしまうかもしれません。

◇あなたの役割を見つけましょう

それぞれの役割の一般的な生き方を簡単に振り返ってみましょう。あなたの特徴はすべての、あるいは多くの役割に当てはまるかもしれません。よく調べて、ほんとうに自分にあっているかどうか吟味してください。自分と合った役割がすぐに見つかるかもしれません。もし、見つからなくても、ひとまず以下の説明を読んで、それぞれの役割の違いを確認してください。

1　私は他人の世話をし、喜んでもらうのが好きです。
すべてうまくいくように舞台裏から状況を管理するのが好きです。

他人に直接、奉仕しているときに一番生きがいを感じます。

2　どうすれば一番いいか、他人に教えたくてたまらなくなることがよくあります。
自分の人生について、強い使命感を感じます。

より善いことをやりたいという情熱にかられることがあります。

大部分の人は自分自身の霊性を軽視していると思います。

3　その場の雰囲気や人間関係を改善するのが得意です。
つくりたいものが多すぎて、どれから始めればよいか、わからなくなることがあります。

人生はカンバスのようなもの。私は独自の方法で自分を表現したいのです。

絵でも裁縫でも、何をするにも自分の創造性を発揮できなければ抑圧されている気がして、イライラします。

4
言葉や話し方はとても重要だと思います。
通常、やりたくないことはやりません。
人々から注目されるのが好きです。
私は人を楽しませるのが得意です。

5
私は物事を組織化・体系化するのが好きです。
私は行動的で、何よりも結果を重視します。
肝心なのは信念だと思います。
論争をすればたいてい勝ちます。

6
どんなことでも、やれば必ずうまくやり遂げます。
物事にとりかかる前に、まず全体像を把握します。
やりかけたことは、ちゃんと理解できるまでやり続けます。

7
私は生まれつき好奇心旺盛で、勉強好きです。
いつも、中立的に考え、感情的にならないようにしています。
私は熱心に知識を追い求め、それらすべてを記録します。

あなたの役割は……

1：奉仕者→106ページ　2：聖職者→112ページ　3：職人→117ページ
4：賢者→123ページ　5：戦士→127ページ　6：王→134ページ
7：学者→138ページ

自分の役割との付き合い方

おそらく、役割は最も重要で、最も理解しておくべきオーバーリーフでしょう。なぜなら役割はあなたの〈本質〉を表しているからです。

役割はあなたの基本的な生き方です。しかし、それはあなたの生き方をある一つの領域に制限するものではありません。むしろ、何かをしたり、感じたり、表現したりすることに深い意味を与える土台なのです。自分の役割が見つかったら、その役割がほんとうにしたいことや感じたいこと、表現したいことと自分の行動が一致しているかどうか自問してみてください。両親や上司の期待に応え、喜ばせようとして、自分の役割を欲求不満にしていませんか？　ほんとうは絵を描いたり本を読んだりしたいのに、無理に運動選手になる努力をしているのではありませんか？　あるいは、リーダーシップをとり、人を使うのが得意なのに、従順で目立たない人間になろうとしていませんか？　看護師のように直接、他人に奉仕する仕事が好きなのに、職人になろうとしていませんか?

さて、次章では〈人格〉を形づくるオーバーリーフについて学び、私たちの誰もが被っているこの仮面について理解しましょう。

6章 オーバーリーフ入門

オーバーリーフ（人格特性。もともとの意味は「覆いかくす葉、仮面、裏面など」）とは何でしょう？　また、なぜこんな変わった名前で呼ばれるのでしょう？　オーバーリーフの働きは？　オーバーリーフを変えることはできるのでしょうか？　それとも永遠に変わらないものなのでしょうか？

本章ではオーバーリーフについて説明し、そのあとの章を理解しやすくします。

生理学の本を想像してみてください。そこには透明なシートを重ねた人体組織の図があります。一枚目のシートには血管組織の図、二枚目には筋肉組織図、三枚目には骨格の図、それらを重ね合わせると人体の全体像がわかります。

それと同様に、オーバーリーフはそれぞれの人生で、人間の核、すなわち〈本質〉に覆い被さる人格特性です。いくつものオーバーリーフが重なって〈人格〉の全体像ができあがります。

転生しても役割は変わりませんが、人格特性、つまりオーバーリーフは生まれ変わるごとに新しくなります。それによって、〈本質〉は新たな人生を新たな〈人格〉で生き、学びたいことを学べるようになるのです。

〈本質〉のオーバーリーフの選び方

〈本質〉は地上に生まれる前、まだアストラル界にいるときに、自分の成長を促してくれそうなオーバーリーフの組み合わせを選びます。（訳注：次の会話は、オーバーリーフの選び方の例です。オーバーリーフを選ぶことは七軒の店を巡って自分に合った商品を選ぶようなものです。）

役割：基本的な生き方。生まれ変わっても役割はかわらない。
店員「いらっしゃいませ、〈職人〉さん」
客「また地上に生まれることになったから、オーバーリーフが欲しいのですが……」

目標：基本的な動機付け。目標を達成するために〈本質〉はそれぞれの人生を生きる。
客「学びたいことがあるので、目標を決めておきたいのです」
店員「うちには七種類の目標（成長、再評価、識別、受容、服従、支配、停滞）がありますよ」

ボディタイプ：基本的な肉体的特徴。地上での計画を進め課題を学ぶのに役立つ。
客「私の計画に役立ちそうなボディタイプはあるかな？」
店員「もちろんですよ、〈太陽タイプ〉に〈月タイプ〉、〈金星タイプ〉、〈水星タイプ〉、〈土星タイプ〉、〈火星タイプ〉、〈木星タイプ〉もありますよ」

主センター：基本的なエネルギー源。行動するとき主に用いるセンター。〈本質〉は主センターを通して経験する。

客「人生を経験するにはどんな手段がありますか？」

店員「知性と運動と感情がありますよ」

モード：目標を達成するために〈本質〉が使う基本的な方法

客「目標を達成する手段をください」

店員「七種類ありますよ。観察、忍耐、注意、力、自制、情熱、攻撃です」

態度：基本的な考え方、ものの見方

客「基本的な考え方、つまり見解も必要だろうな」

店員「七種類置いています」

主特性：目標を目指す道にある基本的な障害

店員「たいへんですが、障害も選んでくださいね」

客「今回はこれぐらいでいいかな」

店員「よいご旅行を！　幸運をお祈りしますよ！」

〈本質〉は生まれかわるたびに、その人生で経験することの基本計画を立てます。そして、この計画を実行しやすいように、オーバーリーフやボディタイプ、星座などを選びます。人生全体の目標も、〈本質〉が立てた基本計画に基づいています。

〈王〉の役割の若い魂は、「力」のモードと「支配」の目標の組み合わせを選ぶでしょう。さらに、「貪欲」の主特性を選び、主センターを「運動」にすることで強い行動力を備え、「力」を獲得しやすいようにするかもしれません。態度を「現実主義」にすると、いっそう望みが叶いやすくなるでしょう。これらのオーバーリーフの組み合わせは、想像を絶するほど強大な能力をもっています。事実、地上でアレキサンダー大王として活躍した〈本質〉はこの組み合わせを選びました。

ところで、自分や他の人々のオーバーリーフを知ることになんの意味があるのでしょうか？　たしかに、〈人格〉についての新しい説を学ぶことは面白いかもしれません。でも、実際に何の役に立つのでしょう？その疑問に答える前に、まずオーバーリーフが何のためにあるのかについて説明しましょう。

1、オーバーリーフは人生を多様で個性豊かにします。私たちが人生で日々さまざまな選択をするのと同じように、〈本質〉も転生するたびに、毎回異なるオーバーリーフの組み合わせを選びます。それは、〈本質〉が自分自身や地上での生活などをさらに深く知るためです。

2、オーバーリーフなしには〈人格〉はありえません。そもそも〈人格〉とは、他の人とは違う独特の個性を意味しているからです。〈人格〉を通して、私たちは分離を経験し、欲望や衝動を抱くようになります。欲望や衝動はカルマを生みます。そして、激しい経験を生み出しては償うというカルマのパターンを繰り返しながら私たちは自己認識を深めていきます。

3、〈本質〉は転生を繰り返して、さまざまな種類の人生を体験したいと思っていますが、それはオーバーリーフがなければ不可能です。例えば、指導者の人生には外向的なオーバーリーフが必要ですが、瞑想的な人生には内向的なオーバーリーフが必要です。私たちの〈本質〉は、世の中のすべて（国王から貧農まで）の生き方を知りたがっています。そして、オーバーリーフはそれぞれの生き方に合わせた長所と短所を用意してくれるのです。

4、気難しい性格になってみたり、精力的に成長したり、楽観的にくつろいだりといった、多様な生き方はオーバーリーフなしにはできません。

オーバーリーフについての説明

オーバーリーフ（人格特性）は〈本質〉に覆い被さり、〈本質〉本来の純粋なエネルギーを歪めます。この歪みこそが〈人格〉です。〈人格〉は人生を経験しやすいように、わざと不均衡になっています。宇宙全体もまるで振り子のように均衡と不均衡との間を揺れ動いています。不均衡であることは、ごく自然な状態であり、それがあることによって、私たちは学べるのです。そして、どの人生も何かの「課題」が学べるように意図的に設計されています。

人がいちばん学べるのは、最も怖いものか、最も愛するものにであったときです。しかし、〈人格〉は好きにさせておくと、怖いものは避け、幸せにだけ飛びつこうとするでしょう。そこで、〈本質〉はそうならないように、人生で避けることのできない怖いものを設定します。必死で避ければ遅くなり、自分から進んで立ち向かえば早くなりますが、いずれにせよ、怖い経験をすることになるのです。

喜びや恐怖を避けて通ることはできません。あなたに喜びや恐怖の体験から学ぶべきことがあるうちは、それらの感情を引き起こす出来事も続きます。

しかし、そのうちにあなたは何事にも動じなくなるでしょう。愛や喜び、恐れ、痛みなどが気にならなくなれば、それらはすべて終わります。そのとき、あなたは中立的で完璧な人間になるのです。

何度も転生すれば、当然、何度も死に直面することになります。決闘で刺し殺されるかもしれません。船が沈み、凍った海で溺死するかもしれません。あるいは、ワニに食べられたり、ハンセン病にかかったりして死ぬかもしれません。そうした死を繰り返して、やがてあなたは死の恐怖を克服し、平然と死んでゆけるようになるのです。

オーバーリーフはこうした経験ができるように、行動の枠組みをつくってくれます。それは、いわば一組の仕事道具のようなもので、それを役立てられるか役立てられないかは状況しだいです。

〈本質〉が存在の原型だとしたら、オーバーリーフは存在に覆い被さり、それを歪んで見せるフィルターです。巻末のオーバーリーフの表を見ると、それらは縦横の軸になって並んでいます。一番上の段に存在そのもの、すなわち〈本質〉が並んでいます。その下の段に並んでいるのは、さまざまな種類のフィルターです。それらのフィルターは存在そのものに被さって、それらが無限に多様な現われ方ができるようにします。オーバーリーフは「フィルター」なのです。

それぞれのフィルターは現実をどうやって調べるか（例えば、「懐疑主義」の人の場合は「調査」か「疑念」か）やどう受け止めるか（「愛」）、〈戦士〉ならば「説得」と「抑圧」のどちらの行動をとるかなどを決めます。それによって、〈人格〉は絶えず、幻想と真理、愛と恐れとのいずれかを選ぶことになるのです。

では、「真理」と「愛」とではどちらがより重要なのでしょうか？　一般に、今いる界層で学んだことはすべて、一段上の界層に行ったときに作用します。そして、アストラル界でおもに機能するのは感情です。物質界で学ぶことは、アストラル界への準備でなければなりません。よって、より感情的な「愛」のほうが重要だ、ということになります。「真理」は、「愛」へ至る道にすぎません。

簡単に言うと、オーバーリーフは（すでに述べた）役割と目標、態度、主特性、モード、主センター化、ボディタイプからできています。〈人格〉を構成するのは、表6―1の七つの要素です。詳しいことは、巻末のオーバーリーフの表を参照してください。

役割：基本的な生き方
〈本質〉はタオから放出されるときに一つの役割を担います。役割は転生しても変わりません。

目標：基本的な動機付け
それぞれの人生で〈本質〉は目標の達成を目指します。

態度：基本的な考え方
物事を見る見方。

主特性：基本的な障害
目標を見失わせ、その達成を邪魔します。

モード：基本的な表現法
目標を達成する方法。

主センター：基本的なエネルギー源
行動の基礎となるセンター。〈罠〉は〈偽の人格〉が一番現れやすくなるセンター。

ボディタイプ：基本的な身体特徴
ボディタイプはそれぞれの人生での課題を学ぶことや計画の実行を容易にします。

表6－1：オーバーリーフの7要素

7章 目標

目標とは人生の動機付けのことです。〈本質〉はそれぞれの人生で、一つの目標の達成を目指します。目標は役割の次に重要なオーバーリーフです。

〈本質〉はひたすら目標の達成に向けて努力します。また、〈本質〉は人生の中にさまざまな状況をつくりだし、人々が自分の目標に立ち向かうようにしむけます。目標につながらないことをしている人は、行きづまったように感じ、欲求不満に陥るでしょう。逆に、目標の陽極に基づいて行動している人は万事が順調に進んでいるように感じます。

「支配」を目標にしている人は、指導的な立場にあるとき（つまり、自分の考えをもち、それに基づいて行動したり、人々をまとめたりしているとき）自分は有能で役に立ち、自己実現できているのだと感じます。

しかし、「受容」を目標にしている人たちには、まったく正反対のことが言えます。もし、彼らが人々を指導する立場になったら、いかにも無理やりやらされているようで、不快になるだけでしょう。なぜなら、彼らの目標は、今、あるがままの人や状況を認め、自分も他人もありのままの姿を受け入れる（愛する）ことだからです。

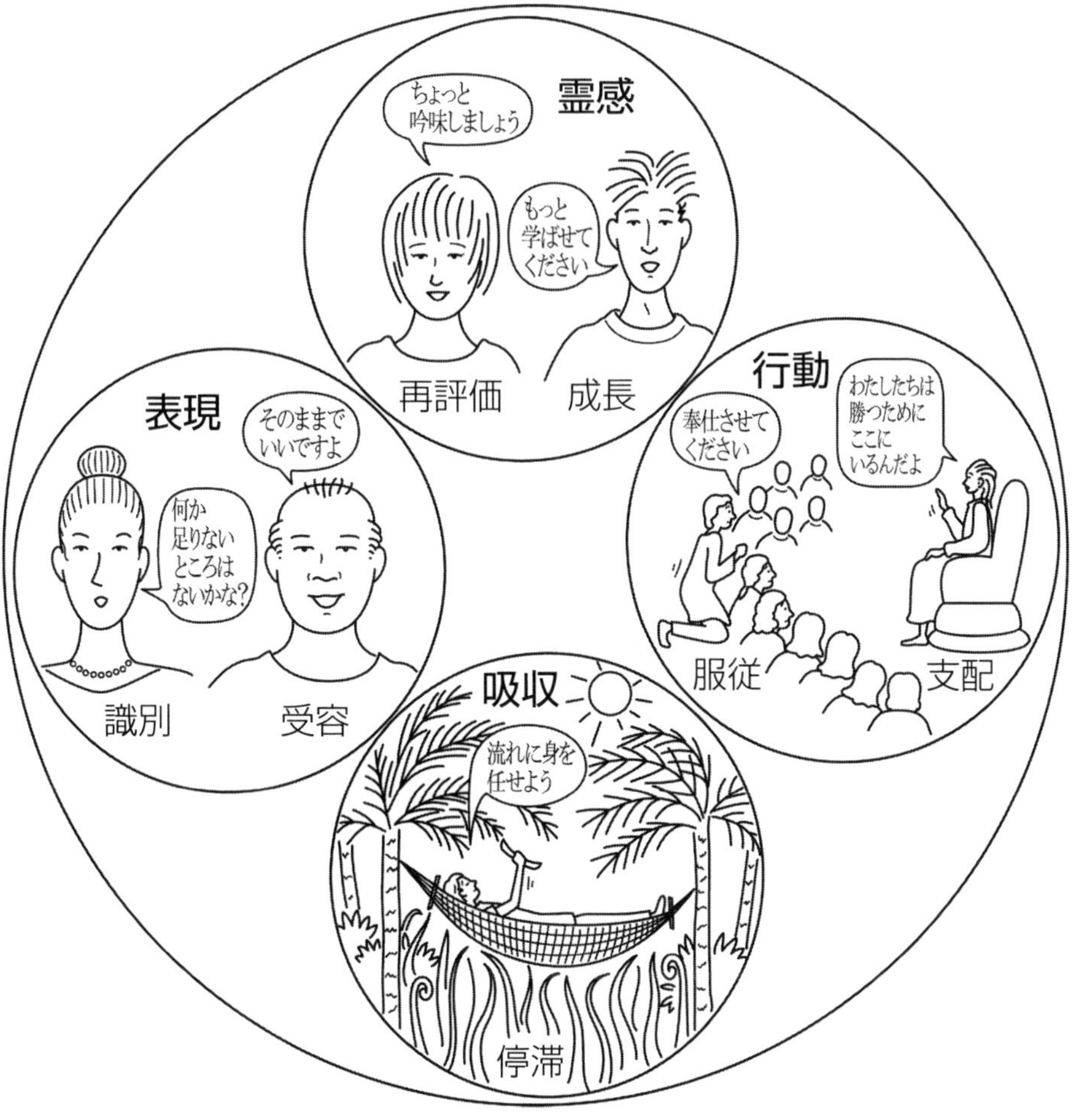
霊感
ちょっと
吟味しましょう
もっと
学ばせて
ください
再評価
成長
表現
そのままで
いいですよ
何か
足りない
ところは
ないかな?
識別
受容
行動
奉仕させて
ください
わたしたちは
勝つために
ここに
いるんだよ
服従
支配
吸収
流れに身を
任せよう
停滞

図７－１

	順序	中立	高位
【霊感】	＋単純 **再評価** －隠遁	――――	＋進化 **成長** －混乱
【表現】	＋洗練 **識別** －拒絶	――――	＋アガペー **受容** －追従
【行動】	＋献身 **服従** －盲従	――――	＋指導 **支配** －専制
【吸収】		＋流動性 **停滞** －ものぐさ	

表 15：7 つの目標

再評価 ……… 1%	成長……… 40%
識別 ……… 2%	受容……… 30%
服従……… 10%	支配……… 10%
停滞 ……… 7%	

表 14：人口に占める割合

○【霊感】の目標：「再評価」と「成長」

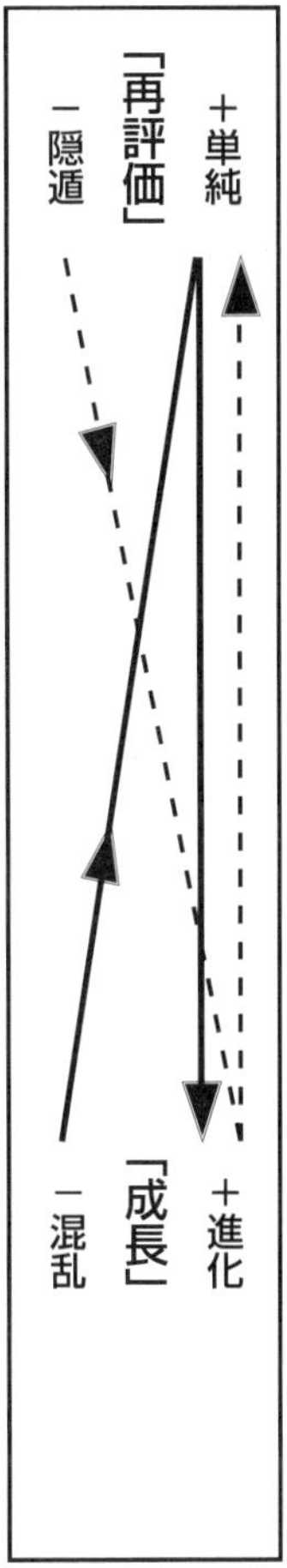

※訳注：図の矢印は陰極から陽極に移るための道順を示す。241ページ『陰極を脱する方法』を参照

★「再評価」

■■フォーカス（焦点）■■

「今回の人生では、いろいろなものを吟味するつもりです」
「私の人生には隠れたテーマがあります。私は、何年もそれについて考えています」
「今回の人生ではあまり選択肢がありません（特に障害を持っている場合は）」

「再評価」を目標に選ぶ人は、どの時代にもごくわずか（人口の約一％）しかいません。「再評価」とは、過去に転生したときのさまざまな経験を含めて、あらゆる経験を反省し、結びつけることです。また、ときには「再評価」の人生が多忙な人生の前の、休憩の期間になっていることもあります。そのため、何年か前までは、「再評価」という目標は「遅延」と呼ばれていました。

この目標を達成しやすくするために、身体障害（視覚障害や精神遅滞、運動機能障害など）を選んで生まれてくる人もいます。こうした障害があると、活動が厳しく制限されるため、気を散らせるものが減り、内省的になれます。しばしば、これらの人たちは何らかの機関や家庭、個人などの生存に必要なものを管理する責任者としての人生をおくることがあります。「再評価」を目標にする人がみな、障害をもっているわけではありません。しかし、健康な人でも「再評価」を目標にする人の人生は一つか二つの問題に集中しているのが特徴です。

ドラッグを使ったときに、一時的な「再評価」を経験することもよくあります。そのような経験をした人の中には「再評価」を目指して、人から離れて静かに暮らし始め、生活をもっと単純に考えるようになる人もいるかもしれません。

例えば、ソロー（一八一七〜一八六二　米国の博物学者・作家）は森の中の小屋に引きこもり、シンプルな生活を体験しました。彼は、そのときの自分の行動原理を、著書『森の生活』の中に書いていますが、それは「再評価」の目標を見事に表しています。

＋ 陽極

単純。素朴。調査。反省。畏怖と驚異の状態。ありのままの単純さ。

再評価の陽極は「単純」です。これは、過激な体験やカルマがきわめて少ない人生をおくることを意味しています。この極にいる人は難しい問題がおこらないと比較的単調な人生をおくるでしょう。

ー 陰極

隠遁。抑圧。身動きがとれない。当惑。麻薬中毒。堕落。

陰極の「隠遁」は人生からすっかり身を引き、隠れてしまうことを意味しています。この体験は普通、あまり気分のよいものではありません。

★「成長」

■■フォーカス（焦点）■■

「私は学んで、成長したいのです」
「新しくて面白そうですね。やってみましょう！」
「私はちゃんと霊的に成長しているでしょうか？　さあ早く成長しましょう！」
「人生にはやるべきことが多すぎて、何から始めたらいいかわかりません」

もう一つの「霊感」の目標は「成長」です。「成長」はある意味で「再評価」の正反対だと言うことができます。「成長」を目標とする人生は、きわめて活動的で次々と新しいことを経験し、絶えず発展していくようなものになります。まるで、いくつもの人生を一度にまとめて生きているような感じがするでしょう。「成長」は人気のある目標で、今、地球にいる人のうちの四〇％の人が目指しています。

「成長」を目指す人は、自分の成長に役立つかどうかを基準に人生経験を選ぶ傾向があります。「成長」を目標に選ぶのはたいてい人生の中で多くのカルマをこなさなければならない人です。

「成長」を目標にする人は、それぞれの経験が面白いかどうかよりも、その経験によって自分が発展できるかどうかを重視します。しかし、ときには選んだ課題が辛いだけで何の役にも立たないものである場合もあります。

「成長」を目指す人たちは、役に立つと思うことなら何でもなんでもやります。後になって、長い間やってきたことが成長にまったく役立たなかったと気づき、無念な思いをすることもよくあります。失敗に気づけばまたすぐに自分の成長に役立ちそうな他のことを見つけてそれに取り組むでしょう。

「成長」を目標にする人たちのもう一つの特徴は、自分の経験や考えを、他人に話したがるということです。一般に彼らは自分志向で、他人のことよりも自分自身に興味をもちます。

「成長」と「再評価」は補完的な関係にある目標です。そのため「成長」の人たちが休憩するために「再評価」の極へと移ったら、「再評価」の人たちが進歩するために「成長」の極に移ることがあります。このような反対の局への移動は、どの目標の対でもときおり起こります。

【「成長」を目標にする有名人】

ガリレオ・ガリレイ、カルロス・カスタネダ、ジミー・ヘンドリックス、マーシャル・マクルーハン（一九一一〜一九八〇　カナダの文明批評家）、インディラ・ガンジー、ウィリアム・ブレイク、マリー・アントワネット、エレノア・ルーズベルト（一八八四〜一九六二　アメリカの政治家、社会運動家）、グロリア・スタイネム（一九三四〜　アメリカの女性解放運動家）

＋陽極

発展。明晰。理解。進歩的。熱心。進んで挑戦する。本質志向。

陽極は「発展」です。発展とは、あらゆる障害を乗り越え、自分の能力を最大限まで発揮することです。「成長」を目指す人は「私たちは好んで日々努力を続けています。成功や理解の深まりは、その結果にすぎません」とよく言います。

－陰極

混乱。衝動的。複雑な状況。注意力散漫。他人の欲求がわからない。無知で無気力だと思われることを恐れる。

「成長」の陰極は「混乱」です。「混乱」とは自分をごまかしている状態です。本当に人間が混乱することなどありえません。単に迷っていたり、ある決断を下したらどうなるか知りたくなかったりするだけです。どうすれば問題が解決するかはわかっているけれど、その解決方法が気にいらないので、決断を避けているのです。「混乱」とはそのような状態をごまかす手段です。

○【表現】の目標：「識別」と「受容」

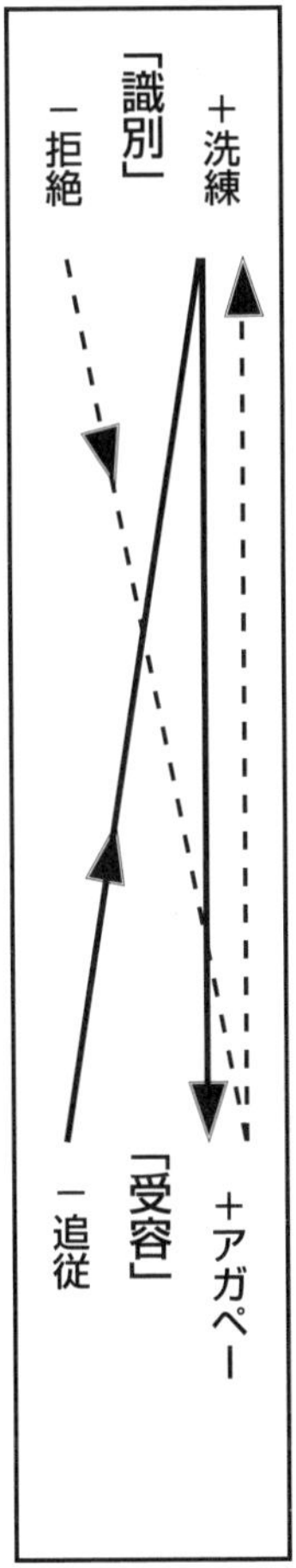

※訳注：図の矢印は陰極から陽極に移るための道順を示す。241ページ『陰極を脱する方法』を参照

★「識別」

■■フォーカス（焦点）■■

「何か物足りないですね」
「私は洗練された人間です」
「私は物事を区別します」

「識別」を目標にする人はほんのわずか（全人口の二％）しかいません。この目標は一種の挑戦として選ばれ、たいていは激しいカルマに満ちた人生になります。「識別」は非常に難しい目標なので、一つの魂のサイクルの中で一回しか選ばれません。

この目標のねらいは不適切な経験を取り除き、最善の経験ができる人生を実現することにあります。

【「識別」を目標にする有名人】

ヴィンセント・ヴァン・ゴッホ、グリゴリー・ラスプーチン、マリリン・モンロー、ジャック・ケルアック

＋陽極

洗練、優雅、完全主義者、世才がある、洞察力がある、磨き抜かれた鑑識眼。

陽極の「洗練」にいる人たちは、どんな服を着るか、誰を友人にするか、どんな職業に就くかなどさまざまなことに強いこだわりをもっています。彼らはワイン鑑定士や文芸批評家にむいています。また、優れた鑑識眼をもっているので、多くのものの中から、良いものを見つけ出すような仕事を頼まれることがよくあります。

－陰極

拒絶、偏見的、善悪を決めつける、独断的、冷淡、俗物根性、自然さや実直さを欠く、自分のことも他人のこともすぐに拒絶してしまう。

「識別」を目指している人たちは、ときどき、陰極の「拒絶」に移ることがあります。そうなると、他の人や他の人の経験を偏った目で見て、徹底的に拒絶してしまいます。これは最良のものを選ぶ「洗練」とは

違い、頭から他人を拒絶して、人付き合いができなくなっている状態です。

この陰極の人は、怒りっぽく気難しいので、他人から嫌われます。そして、そのことに気づくと、よけいに自分や他人を受け入れられなくなってしまいます。一度この悪循環にはまると、なかなかそこから抜けられません。セラピストへ通うたびに、そのセラピストが役に立たないと言って、次から次へとよその診療所へ移り、永遠に最良のセラピストを探し続けることになる人もいます。「拒絶」の人の中には、町で暮らす浮浪者やホームレスなども含まれます。彼らは、援助の手が差し伸べられても、自分から拒絶してしまうことがよくあります。

「識別」は陽極と陰極のどちらの極に基づいて行動するかで、大きな違いがあります。

「識別」の陰極にいる人は、自分が心に抱いている偏見をよく吟味すると、陽極へ移ることができます。例えば、採用試験で面接官が性的偏見をもっている場合、彼は求職者を資質ではなく性別を理由に不採用にしてしまうかもしれません。しかし、面接官が偏見を捨てられれば、必要なのは職務に最適の人材なのだということを思い出し、優れた人を選べるようになります。

「識別」の目標は、よく否定的な傾向のある他のオーバーリーフと結びつきます。例えば、「皮肉主義」や「懐疑主義」の態度はそれ自体、人や物事を疑い、信じないことですから、「拒絶」と結びつくのも、ごく自然な成り行きです。

【その他の重要な点】

1、人間関係がうまくいっていないとき、人は多くのものを拒絶しがちになります。それは、理屈では愛されていると考えていても、実感がないことが原因です。愛されていることを感じるには、人と人との間にある愛に自分から目を向けるべきです。例えば、「私はありのままで愛されています」というアファメーションを繰り返してみるのも一つの方法でしょう。このような言葉は「私はあなたを愛そうと努力しているのにあなたは……」という識別的な気持ちを取り除いてくれます。そしてその結果「受容」の陽極、すなわちアガペー（無条件の愛）をもつことさえできるようになるでしょう。毎日、パートナーに対する自分の愛情を確認して、それを相手に伝えるというアファメーションの方法もあります。相手に伝える、という手もあります。人は自分がそうであると信じている通りのものになります。だから、どうか自分は素晴らしいのだと信じてください。

2、陰極（拒絶）を好む人は、ある程度の識別能力を要する職業にむいています。例えば、書評家や演劇評論家になれば、職務として若干の「拒絶」をしながら、自分の目標を実現できるでしょう。そして、仕事の領域で自分の目標を達成できれば、プライベートではある程度寛容になり、周囲の人々を拒絶しないですみます。

3、もし、陰極に基づいて行動している人から拒絶されることがあっても、それを気にする必要はありません。「拒絶」はされる人の問題ではなく、する側の問題なので、あなたは悩まなくて良いのです。

4、異性関係においては、普通、人は自分と反対の目標をもつ人と夫婦、あるいは恋人になります。例えば、「受容」を目指している人は好んで「拒絶」しつづける人を伴侶にしようと頑張ります。逆に、「拒絶」を続ける人は、自分の気難しくて口うるさい注文を受け入れてくれる人に出会うでしょう。

もちろん、類は友を呼ぶという選択肢もあります。「識別」を目指す人同士がペアを組み、お互いの洗練された感覚を磨くのです。しかしその場合は、まもなくどちらか一方が相手を拒絶することになるのが普通です。

「識別」という目標は他の人たちには厄介なものに見えるかもしれません。しかし、本人はたいてい、その目標が気に入っています。彼らは騙されやすく、やぼったい生き方を嫌い「洗練」された生き方をしたいと思っているからです。

★「受容」

■■フォーカス（焦点）■■

「それでいいですよ」
「仲良くなるのは簡単です」
「ときどき人から嫌われているのではないかと心配になります」
「私は人を喜ばせたいのです」
「感じの善い人に思われようとして、嘘をついてしまうことがあります」

「受容」の目標はたいへん人気があり、全人口の約三〇％の人が目指しています。「識別」は一般的にこれからカルマをつくろうとする、若い魂が目指す目標であるのに対し、「受容」はカルマを解消するための、成人期や老年期の魂にふさわしい目標です。

「受容」を目指す人たちは人生で起こるすべてのことを受け入れます。そして、自分も他人から受け入れられることを非常に重視します。そのため、彼らはきわめて愛想が良いのです。

彼らは「ノー」と言うのが苦手です。そのため、いったん同意したものの、後から考えると嫌だった、ということもよくあります。他人から拒絶されるのを恐れるので、自分を主張したり、意見を表明したりすることも苦手です。「受容」を目指す人は、あらゆる種類の「拒絶」に対して、過度に傷つきやすいのです。

「受容」は「識別」と補完的な関係にあるので、「受容」を目指している人が「識別」の目標に乗りかえることがあります。すると、彼らはそれまでとはうって変わって物事を識別し、「だめだ、これは気に入らない」などと言い始めます。

「受容」を目標にする人たちも、ときには「拒絶」する（つまり、「拒絶」の極へ移る）ことがあります。例えば、強いストレスを感じていたり、何か（例えば異性のこと）で不安になったりしているときです。それ以外の場合には、どんな人でも必ず受け入れてしまいます。しかし、いくら「受容」を目標にしていると言っても、誰かれなしに賛成する必要はありません。

【「受容」を目標にする有名人】

ジョン・ミューア（一八三八～一九一四　スコットランド生まれの米国の博物学者）、ジョン・F・ケネディ、ソクラテス、カール・グスタフ・ユング（一八七五～一九六一　スイスの心理学者、精神医学者）、アリストテレス、ベラ・アブザックすべてのオーバーリーフを経験し終えて、再び地上に生まれた老年期の魂は、よく「理想主義」の態度と「情熱」のモード、「受容」の目標という組み合わせを選びます。この組み合わせを選ぶと必ず、バランスをとるという課題に挑戦することになります。そして、波乱万丈の人生をおくることになります。

＋陽極

「アガペー」（無条件の愛、神の愛）。友好的。社交的。温厚。理解力がある。利他的。ヒューマニスト。

「受容」の陽極は「アガペー」で日本語に訳すと、「無条件の愛、無条件の受容」という意味です。この極にいる人は、（限界はあるものの）自分自身を愛し、受け入れますし、他の人のこともありのままのすべてを受け入れます。

通常、「受容」は老年期の魂の最後の転生で選ばれる目標です。なぜなら、「アガペー」はすべての転生が最終的に目指す究極の目標だからです

無条件の愛「アガペー」の出発点は、許しがたいほど悪いと思う人に対して優しく寛容に接することです。

ー陰極

追従。不誠実。嫌われることを恐れる。

陰極の「追従」とは自分の考えを曲げてでも、他人を喜ばせたいという欲求のことです。しかし、「追従」が他人をイラつかせ、結果的にかえって嫌われてしまうこともよくあります。

「追従」している人は善人を演じ、気に入られそうな行動をとり続けるのにだんだん疲れ始め、ついには、ありのままの自分は評価されていないと感じて、腹を立てるようになります。そのとき、消極的な攻撃、つ

まり八つ当たりをすることもあります。

「追従」をしている人は、本当はやりたくないことまで引き受けてしまうことがあります。内心では嫌だと思っているのに、相手をがっかりさせたくなくて、本心が言えないのです。その結果、頼んだ人は裏切られたと感じ、追従する人を嫌うようになります。このように、陰極の行動をとっている人は、自分のいちばん恐れていること、つまり、「拒絶」を自ら招いてしまいます。陰極とはそういうものなのです。

○【行動】の目標：「支配」と「服従」

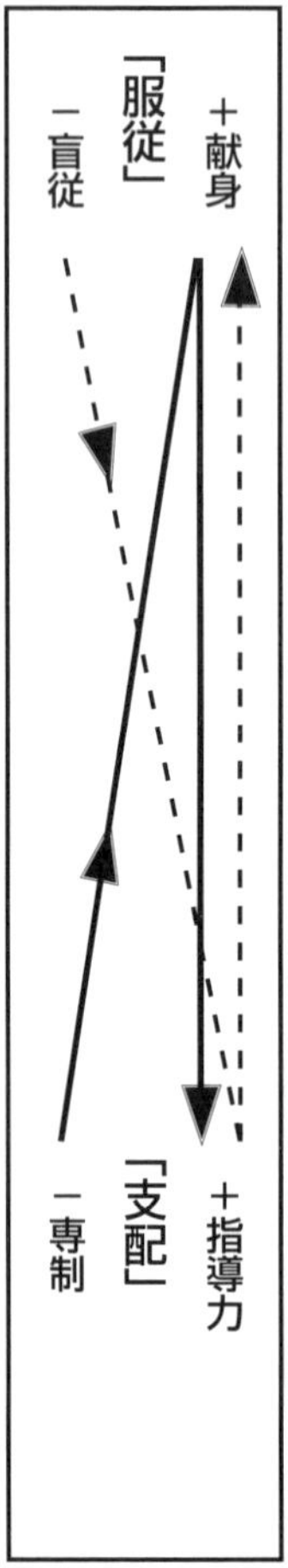

★「服従」

■■フォーカス（焦点）■■

「私は仕事や理想に打ち込みます」

「誰か、あるいは何かに身を捧げていないと、空しく感じます」

いつの時代にも、全人口の全人口の一〇%が「服従」を目指しています。「服従」とは、ある理想や状況、人などに奉仕することです。「服従」を目指す人たちは修道誓願（「清貧」・「貞節」・「従順」の三ヶ条のこと）を守る生活をしたり、実際に修道院に入ったり、あるいはグルの教えや命令に従ったりしようとするかもしれません。でも、もっと日常的によく見かけるのは、仕事や家族、有意義な理想のために身を捧げている人々でしょう。この目標をもつ人は自分の欲求よりも、他の人の欲求を優先的に考えます。

【「服従」を目標にする有名人】

パール・バック（一八九二～一九七三　米国の女流作家）、アンドリュー・ワイエス（一九一七～　米国の画家）、マザー・テレサ、ジャンヌ・ダルク（一四一二～一四三一　百年戦争のときフランスを救った聖女）

「再評価」と同じく、「服従」の目標の人も名声や名誉とはあまり縁がありません。ですから、ここであげた有名人は、どちらかというと例外に属します。

＋陽極

誠実。親切。役に立つ。敏感。ひたむき。忠実。

「服従」を目指す人たちが陽極にあるときは、「献身」することで満足感を得られます。「献身」（例えば大家族を養ったり、幸せな結婚生活や職務の遂行のために努力したりすること）はたいへん価値のある目標です。「服従」を目指す人の中には学問研究や芸術に生涯を捧げる人もいます。

彼らもまた、対極にある目標を目指す人たちとペアになりたがります。「服従」を目指す人たちは困難に向かって突き進み、敢然とそれに立ち向かう「支配」の人たちの生き方が好きです。「服従」の人たちは、「支配」の人たちに設備や励ましを与え、縁の下の力持ちとなって彼らを支えるでしょう。この構図は、「支配」の目標をもつ人と「服従」の目標をもつ人とが、それぞれ目覚しい働きをしている職場に共通しています。例えば、「支配」を目指す人が事業拡大のために無謀な企業買収を繰り返し、その結果、会社が多額の負債を抱えたり、社内に敵対勢力が生まれたりするとします。そんなとき、「服従」を目指す人たちは懸命に予算や負債を再調整し、いち丸となって働くように全力で社員たちを説得するでしょう。そして、一～二年のうちにその企業買収は、株式市場で大きな成功をおさめるのです。ただし、それはこれら二つの目標の人たちのいずれが欠けても不可能です。一方がブルドーザーのように強行すれば、もう一方が歯ブラシのように丹念にそれを仕上げるのです。

ー 陰極

追従。頼りない。依存的。受難者ぶる。犠牲になる。

「服従」の陰極は「追従」です。「追従」は非常に不快な経験になるでしょう。例えば、自分が世の中全部の犠牲になっているように感じるかもしれませんし、実際にそうなるかもしれません。束縛され、奴隷になっているように感じるのです。

このような陰極に入ってしまったら、「支配」の陽極、つまり「指導力」に移ることで、そこから抜け出せます。「指導力」によって、自分を向上させ、人生に責任をもち、本当にやりたいことを見つけて、それに専心できるようになるでしょう。

★「支配」

■■フォーカス（焦点）■■

「私たちは絶対に勝てます」
「私が先頭に立ちましょう」
「何をすべきか、教えてあげます」

「支配」は「服従」と補い合う関係にあります。この目標のメインテーマは、責任をもつこと。「服従」と同じく、「支配」を目指す人も全人口の約一〇％です。

「支配」を目標にする人たちはどんな環境にいようと、そこでトップに立つ傾向があります。つまり、家庭でも、職場でも、ときには社会でも指導的な立場につきます。要するに、彼らは何が何でも、支配したいのです。そんな彼らの態度は、他の人たちから横暴だと思われることもあるでしょう。

「支配」は「行動」のオーバーリーフです。この目標をもつ人は自分が前に立って、人々をリードしているときにしか充実感を感じません。

ところで、「支配」の仕方は、その他のオーバーリーフによって大きく影響されます。沈黙によって支配しようとする人もいるでしょうし、逆に饒舌に説得して、人を従わせようとする人もいるでしょう。寛大さや叡智を示して支配する人がいるかと思えば、言うことを聞かないと自殺してやる、と脅して人を操ろうとする人もいるでしょう。

彼らとうまく付き合うには、彼らをその場のボスにすることが重要です。もし、一つの家庭に「支配」を目指す人が三人いるときは、それぞれの居場所や責任もはっきり三つに分けておくべきです。

「支配」はリーダーシップをとり、世間から注目されることに向いているので、多くの著名人がいます。その中から、ほんの少しだけ名前を挙げてみましょう。

【「支配」を目標にする有名人】

カール・マルクス、ホーチミン（一八九〇～一九六九　ベトナムの政治家）、ユリウス・カエサル、ガートルード・スタイン、バーバラ・スタンウィック（一九〇七～一九八九　米国の映画女優）、毛沢東、モーツァルト、アレキサンダー大王、ジョージ・ハットン（一八八五～一九四五　アメリカの将軍）、そして、たびたび登場するゴディバ夫人

＋陽極

指導力がある。権威がある。決断力がある。外向的。有能。成功を確信した態度。支配する。

彼らは陽極にいるとき、他の人々の模範となります。さまざまな可能性を示し、生来の才能で人々を導くでしょう。「力を合わせて勝とう！　みんなでやればうまくいくよ」という考えで指導しようとします。

－陰極

専制的。要求が多い。あつかましい。圧倒的。鈍感。利己的。「自分だけが得をしたい」という態度。支配的。

陰極の「専制」にいる人たちは、自分のして欲しいことを他人に強制的にやらせようとします。あつかましく鈍感で、強いものが独り占めするのが当然だと考えて生きています。「専制」の極にいる人たちが陽極に移りたかったら、まず、「服従」の陽極である、「献身」をしなければなりません。そのためには、ある程度謙譲的になることも必要です。「献身」することによってはじめて、彼らはその場で要求されていることを理解し、適切に人々を導けるようになるでしょう。

○【吸収】の目標：「停滞」

「停滞」
＋流動性
−ものぐさ

★「停滞」

■■フォーカス（焦点）■■

「明日できることを今日するな」
「心配しなくていいですよ。すべてうまくいきます」
「何も心配はありません」

最後の、七番目の目標は「停滞」です。これは中立的な目標なので、対になる目標がありません。全人口の約七％の人が「停滞」を目指しており、これらの人たちはたいてい、人生を休憩のようなものだとみなしています。

「停滞」の目的は言葉からもある程度わかるとおり、努力せず安楽な人生を過ごして休憩することです。世の中には、「停滞」するまいとして奮闘している人も多くいますが、そういう人が立ち止まってみることを学ぶには相当の時間がかかるでしょう。

「停滞」を目指す人たちは、大部分が過去にたくさんの人生を生きてきた人です。彼らは今回の人生を楽しみ、世界の美しさを堪能して元気を取り戻したいと願っています。

「停滞」の特徴の一つとして、人生が単調である、ということが挙げられます。この目標の人たちは、あまりこれといった努力もせずに人生を過ごします。物事が何でもうまく運ぶので、他の人たちのように懸命に働く必要がないのです。例えば、裕福な家庭に生まれついたり、天賦の才能を生かして高収入を得たりすることがよくあります。もっと苦労する目標を目指している人たちは、このことを不公平に感じ、腹を立てるかもしれません。さらには「停滞」の人たちが何かずるいことをしているとか、野心もなく怠けてばかりいるとか思うでしょう。

やはり「停滞」もその性質上、あまり代表的な有名人はいません。ブッダは身をもって「停滞」の生き方を示し、信じさえすれば必要なものを世界が与えてくれるのだ、と教えました。

＋陽極

自由な流れ。ストレスがない。気楽。遊び好き。

「停滞」の陽極にいる人たちは、一生涯のうちに、さまざまことを難なくこなしてきます。彼らは、何事も成り行きに任せればうまくいくと考えています。

「停滞」を目指す人たちは、物事を型にはめようとはせず、起こるがままに受け入れようとします。彼らが人生と取り組む態度やスピードは、他の目標の人たちとはまったく違います。彼らのゆったりした考え方には、安らぎと平穏が満ちています。しかし、それは今、必死に成長を目指している人たちにはなかなか理解できないでしょう。

一　陰極

ものぐさ。なまけもの。無関心。無知。

「停滞」の陰極は「ものぐさ」、つまり、物事をわざと行き詰らせてしまうような妨害行為です。陰極の人たちはしばしば必要以上の努力をします。そこから抜け出すには、格闘技でもそうするように、いったん引き下がり、人生を成り行きに任せなければいけません。

■目標全体について

目標とモード

最終的には、どの役割の人もすべての目標を経験することになりますが、役割ごとに目標の好みがあります。例えば、〈奉仕者〉は「服従」を目指せば自分の役割が果たしやすくなると考えますが、〈戦士〉なら「服従」するのは難しく、苛立つでしょう。〈王〉にとって、「支配」は容易ですが、「再評価」は困難です。〈学者〉は次々に新しい経験をすることを喜びますから、「成長」がお気に入りです。そして、「受容」の目標は誰もが等しく経験することになります。

また、役割によって目標の現れ方も違います。例えば同じ「識別」を目指していても、若い魂の〈戦士〉と年長の魂の〈奉仕者〉とではまったく異なるやり方をするでしょう。〈戦士〉は多くのカルマを生み出しますが、〈奉仕者〉はむしろ多くのカルマを解消するはずです。目標を果たすために、〈戦士〉は体を動かし、〈奉仕者〉は霊感を使うなど、他にもさまざまな違いがあります。

◇あなたの目標を見つけましょう

もう、すでに見つけ方はおわかりですね。下記の選択肢を見て、あなたに一番当てはまる動機付け（目標）を探してください。

1　もし、物事を私のやり方で進められなかったら、失敗していると感じます。
人生は競争だと思います。
いつでも、どんなことでも勝ちたいと思います。

2　私の最大の願いは、何かあるいは誰かに献身することです。
何かに打ち込んでいるときは、最高の気分です。
私はいつも、自分よりも他人を尊重します。

3　私は何よりも人から好かれることを望んでいます。
拒絶されるのは嫌です。
もしも悪口を言う人がいたら、傷ついて、その人に会うこともできなくなります。

4　私は物事が完璧な状態でないと、楽しめません。
友人や服装の選択にはうるさいほうです。
私は他人について批判的ですし、私も他人から批判されることが多い気がします。

5

学び続け、どんどん新しい経験をして、変わっていくことが好きです。
私は準備万端整えてからでないと、新しいことを始めることができません。
困惑したり混乱したりして、いったん物事を分類せずにはいられないことがあります。

6

私は同じ問題に何度も繰り返し取り組みながら生きているようです。
私の経験はすべて、身体的な状態の影響を受けています。
私は自由に動いたり、移動したりすることが困難です。

7

私にはこれといった野心がなく、この生涯で大きなことをする気もありません。
私の人生にはとりたてて変わった出来事はありませんが、快適です。

あなたの目標は……

1：支配→173ページ
2：服従→170ページ
3：受容→167ページ
4：識別→163ページ
5：成長→161ページ
6：再評価→159ページ
7：停滞→175ページ

目標との取り組み方

一つの目標が一生涯続くのが一般的ですが、ときには、人生の途中で他の目標に変わることもあります。ごくまれに、例えば、「成長」を目指している人が「受容」に目標を変えたり、「識別」から「受容」に変わったりすることがあるのです。こういうことは通常、魂のサイクルの後半でしか起こらず、それにはトラウマになるほどの大きな事件が伴います。

最も効果的な目標との取り組み方は、できるだけ頻繁に陽極へ移ることです。あえてカルマの中に巻き込まれたいような場合には陰極も役に立ちますが、それ以外の場合は陰極にいても不快なだけです。すでにお話したように、自分が陰極にいることに気づいたら、同じ軸の反対側の目標の陽極へ移ってください。もし（反対の極が存在しない）「停滞」の陰極にいる場合には、他のどの目標の陽極に移ってもうまくいきます。

モード――すなわち目標を達成する手段――を知れば、自分の目標との取り組み方がさらに詳しくわかるでしょう。

8章 モード

モードとは目標を達成するためにとる行動や、方法のことです。ここで言う目標には、前章でお話した目標だけでなく、人が目指す事柄すべてが含まれます。モードとは、ある人の物事に対する一般的な取り組み方・方法なのです。モードは目標に次いで影響力の大きなオーバーリーフです。まとめると目標は求めるもの、モードは目標を手に入れる方法、態度は目標やモードの決め方だと言えます。

意 —20%	力 —10%
自制—2%	情熱 —10%
忍耐 —4%	攻撃 —4%
観察—50%	

表8－1：地球の人口に占める割合

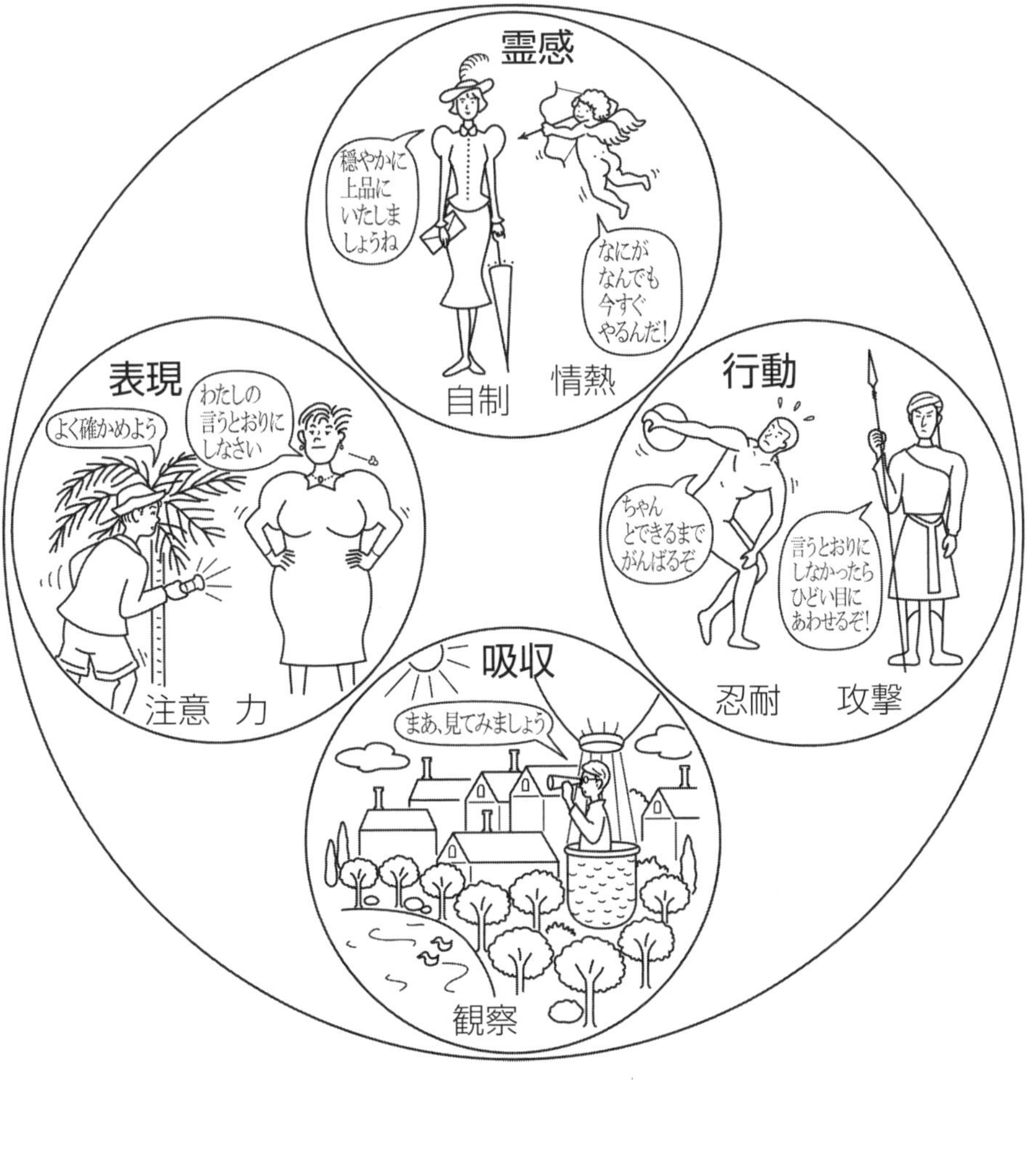

霊感
穏やかに
上品に
いたしま
しょうね
なにが
なんでも
今すぐ
やるんだ!
自制
情熱
表現
よく確かめよう
わたしの
言うとおりに
しなさい
注意
力
行動
ちゃん
とできるまで
がんばるぞ
言うとおりに
しなかったら
ひどい目に
あわせるぞ!
忍耐
攻撃
吸収
まあ、見てみましょう
観察

図8－1

	順序	中立	高位
【霊感】	＋抑圧 **自制** －禁止	――	＋自己実現 **情熱** －同一視
【表現】	＋熟考 **注意** －恐怖症	――	＋権威 **力** －圧制
【行動】	＋持続 **忍耐** －不変	――	＋活動力 **攻撃** －好戦性
【吸収】		＋明晰 **観察** －監視行動	

表８－２：７種類のモード

○【表現】のモード：「注意」と「力」

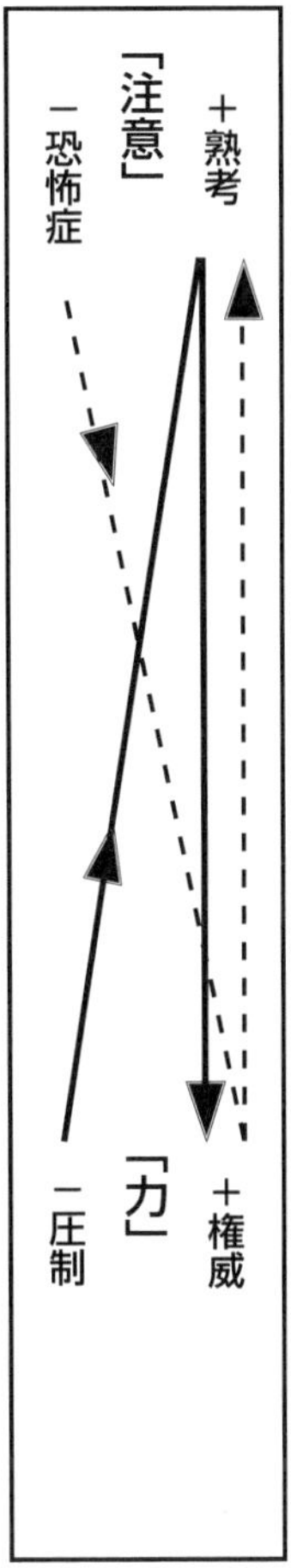

※訳注：図の矢印は陰極から陽極に移るための道順を示す。241ページ『陰極を脱する方法』を参照

★「注意」

■■フォーカス（焦点）■■

「気をつけろ！」

「行動する前に考えなさい」

「注意」のモードとは失敗を恐れる状態です。このモードの人たちは生まれつき引っ込み思案で、他人にまで行動を思いとどまらせようとします。

また、若い魂には「注意」のモードの人がよくいます。若年期や幼児期の魂はまだ地球に来たばかりなので、さまざまな目的を果たすのに「注意」が必要だからです。「注意」は社会に巻き込まれ感情的になりやすい彼らの生来の傾向を調節し、もっと慎重に人生と向き合えるようにしてくれます。

例えば、「注意」のモードの人が、銀行強盗の逃亡に協力することはまずないでしょう。そんなことをしたら、後で後悔するのではないか（強盗に傷つけられるのではないか）ということを真っ先に心配するからです。

年長の魂が「注意」を選ぶときは、たいてい大きなカルマを果たしやすくするためです。例えば、子供を虐待する親に育てられなければならないカルマがあるとき、親を怒らせないように「注意」すれば、少しは生きやすくなるでしょう。

全人口の約二〇％が「注意」のモードを選んでいます。「注意」のモードの人々はまず、物事の結果を考えるので、控えめで保守的です。彼らは責任を逃れようと（例えば出世を拒否しようと）することがよくあります。それは、自分では責任を果たせないのではないか、と不安だからです。

「注意」は「順序」のモードですが、このモードをとる人は、激しい経験をすることになるでしょう。「注意」は他人に影響を及ぼすような外向的なモードではなく（何か悪いことが起こらないように用心しながら）自分の内面に注意を向ける、内向的なモードです。要するに、他者カルマ的というよりは自己カルマ的なのです。

当然、このモードは外向的な人には不向きです。

軍隊の司令官が「注意」のモードをとるのは良し悪しです。彼は危険を回避する主義なので、戦争で勝つチャンスがあっても危険が伴えば避けてしまいます。熟慮（陽極）したうえで、必ず勝てるだろうと確信してはじめて軍隊を戦場に出すでしょう。

「注意」のモードの人は、その性質のせいで、あまり世界的な有名人がいません。それでも有名になれた人は、「注意」のモードと「力」のモードとの間になるように自分でバランスをとり、必要とあれば「力」のモードを使って努力した人たちです。

＋ 陽極

熟考する。たしかめる。継続する。用心深い。時間をかける。危険を避ける。

「注意」の陽極にいる人たちは、悪いことが起こるのを恐れて、熟考します。常に正しい選択ができているかよくたしかめるので、他の人たちからはグズグズしているように見えるかもしれません。彼らはよく、「はじめる前に危険がないかたしかめておこう」、「急がば回れ」と言うでしょう。

ー 陰極

恐怖症。非合理。怖がり。迷信的。身動きがとれない。決断力がない。際限なく可能性を考え続ける。

「注意」の陰極である「恐怖症」とは、簡単に言うと非合理な恐怖のことです。恐怖症には車やエレベーター、動物、食べ物に対する恐怖症から閉所恐怖症まで、さまざまなものが含まれます。恐怖はどんどん広がり、激化するかもしれません。恐怖症の人たちは、そのことをはっきりと自覚しており、自分にとって恐ろしい状況を緩和するために、他の人にはばかげて見えるような行動をすることがあります。例えば、彼らは次のように言うでしょう。

「飛行機は嫌だから電車で行こう。最近飛行機事故が多いから怖いんだ」

「恐怖症」のせいで身動きがまったくとれなくなることもあります。恐怖症の人は「どうせ何をやってもうまくいかないだろうから、何もしないでおこう」と考えます。悪いことが起こるのではないか、とあれこれ心配しているうちに、何をやっても駄目な気がしてくるのです。

★「力」

■■フォーカス（焦点）■■

「私は最善策を知っています」

「あなたは私の言うことさえ聞いていれば良いのですよ」

「力」のモードとは自信と権威に満ちた外向的な生き方です。「力」のモードの人は、直接他人に働きかけます。このモードは「注意」のモードの補完物、あるいは裏面です。「力」のモードの人々はいつも物事を熟知しているつもりで話します。態度や物事への取り組み方を見れば、「力」のモードの人はすぐに見分けられます。彼らは全人類の約一〇％です。

「注意」の人たちが当然、躊躇しがちで自信不足なのに対し、「力」の人たちは自信と権威の塊であり、有能です。この二つのモードは対照的です。

例えば、医療スタッフの会議で、「力」のモードの当番医の診断が、躊躇する上役の医者や主任看護師たちによって、押さえ込まれてしまうことがあるかもしれません。しかし、その当番医はまもなく権威ある地位に昇進して、自分の判断で行動できるようになるでしょう。

「力」は本来指導者向きのモードですから、このモードの人はよく国を代表するような大物になります。しかし、その一方で、家庭にとどまって子育てをすることを選ぶ女性も少なくありません。彼女たちは家庭での力関係や地域社会への参加を通して、「力」のモードのもつ指導力を発揮しているのです。

昔は多くの文化的・社会的制限があり、女性が「力」のモードをとることは困難でした。女性が「力」をふるうと、立場をわきまえていないと言って、反感を買い非難されたのです。現在も、マイノリティの人たちが「力」のモードを選んだ場合には同様のことが起こることがあります。そのような場合、さらに「力」のモードを使うと社会の承認を得やすくなります。権力を求めて戦わなければならないカルマにある他の人々を助けることもできます。

特に「力」のモードの使い方が上手な役割があります。例えば〈王〉や〈戦士〉は「力」をふるうのが得意ですが、〈職人〉は苦手です。「力」と〈職人〉特有の想像力をうまく組み合わせるには、かなり経験を積まなくてはなりません。

また、「力」のモードは「支配」の目標や〈王〉・〈戦士〉の役割りと混同されることがよくあります。しかし、「力」のモードは物事への取り組み方であり、〈王〉はその人自身の生き方なので、まったく別物です。また、「力」は人間を含めたあらゆる物事に適用されますが、「支配」は周囲の人間に対してのみ行使されます。これらをちゃんと区別するには多少、訓練と洞察力が必要です。

「力」のモードの人々は指導的な立場に立ち、目立つことが多いので、著名人の例を挙げるのも簡単です。

【「力」のモードの有名人】

アール・ウォーレン（一八九一〜一九七四　米国の最高裁判所長官）、マルコムX（一九二五〜一九六五米国の人権運動家）、毛沢東、ソクラテス、グリゴリー・ラスプーチン、ニッコロ・マキャベリ（一四六九〜一五二七　イタリアの政治思想家）、ヒエロニムス・ボッシュ（一四六〇頃〜一五一六　フランドルの画家）

影響力のある、多くの霊的指導者たちも「力」のモードを選んできました。圧倒的な権威をもてるからです。彼らが陰極にあるときは、威圧的に支配します。

＋陽極

権威。自信。威厳がある。存在感がある。

陽極の「権威」にいる、「力」のモードの人たちは自信に満ち、責任感があり、他の人々に多大な影響を与えます。大勢の人の中にいても、ひときわ精力的で目立ちます。欲しいものはほとんど何でも手に入るでしょう。

「私ならあなたの悩みを解決できますよ。私に任せなさい」と彼らはよく言うでしょう。

ー陰極

圧制。脅迫。押し付けがましい。弱いものいじめ。

陰極の「圧制」は本人には気づきにくいものです。「力」のモードの人たちは自分が他人を押さえつけたり、困らせたりしていることに、なかなか気づきません。他の人たちに嫌がられるようになってはじめて、自分がひどい「圧制」をしていることに気づくのです。「圧制」を受けている人々はどんな命令にでも従わなくてはならないように感じます。たとえ、その場に「力」のモードの人がいなくても、彼らの圧力を感じるのです。

この「圧制」の与える目に見えない重圧は、人を飲み込もうとする暗雲のようです。人々は「力」のモードの存在を感じるのです。

もし、「力」の陰極の人から「あなたは私の計画にふさわしくない」と言われたら、あなたは恐怖に震えあがるにちがいありません。

○【霊感】のモード：「自制」と「情熱」

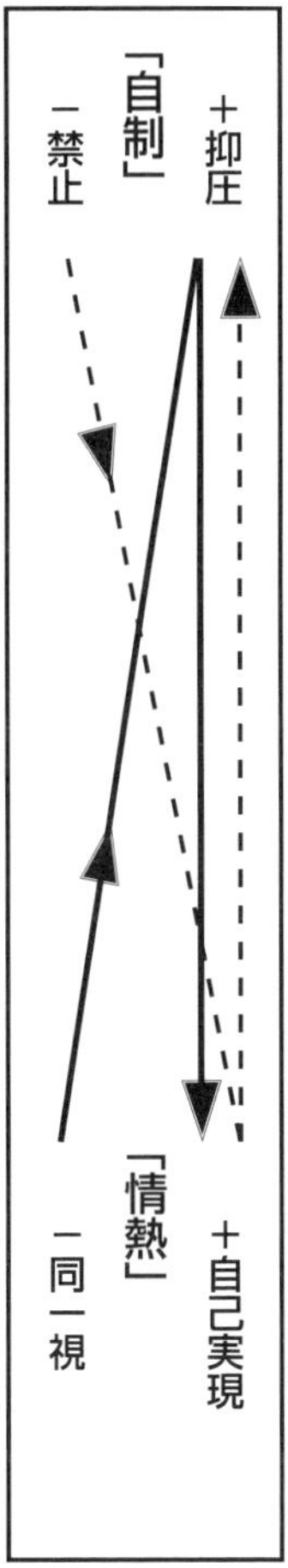

★「自制」

■■フォーカス（焦点）■■

「私は感情を抑えています」

「表現したいと思うことがうまく表現できません」

「自制」とは感情をまったく表さない、あるいはほんの少ししか表さない状態のことです。「自制」のモードの人は、全人類の中でほんの二％しかいません。「自制」は「順序」の軸にあるので、自己カルマと取り組む内向的なモードです。

このモードはフィギュアスケートや格闘技、バレエ、その他の体の動きをコントロールし、集中する必要のある種目でよく使われます。自制し鍛錬することは、芸術的な創造に大いに役立つので、このモードの著名な芸術家は少なくありません。

ときどき、「自制」の人たちは自分の殻に閉じこもっているように見えます。そのようなときは彼ら自身でさえ、自分が何を感じているのかわかりません。そんな彼らも、アルコールやドラッグ、奔放な友人などの影響でがらりと人が変わり、豊かな感情表現をすることもあります。

普段は控えめな人が忘年会になると、ほろ酔い気分で、頭にネクタイを巻いて踊る、ということがあります。あれは「自制」のモードの人がひと晩だけハメをはずしている典型的な例です。

通常、〈職人〉や〈賢者〉などの表現的な役割の人よりも、〈戦士〉のほうが「自制」のモードが得意です。砂漠の中を延々と行進しなければならないときも、〈戦士〉ならば感情を抑えていることができるでしょう。しかし、〈職人〉や〈賢者〉は慣れない「自制」をすると、随分気づまりに感じるに違いありません。

【「自制」のモードの有名人】

マーロン・ブランド（一九二四〜二〇〇四　米国の映画俳優）、アーネスト・ヘミングウェイ、ルードヴィッヒ・ヴィトゲンシュタイン（一八八九〜一九五一　オーストリア出身の哲学者）、キャンディス・バーゲン（一九四六〜　米国の映画女優）

＋陽極

抑制的。上品。よく訓練されている。洗練されている。

「自制」の陽極である「抑制」の人たちは洗練された仕事をします。彼らは粗野なものや下品なものを決して許しません。また、生まれつき動きを抑制することが得意なので、バレエや体操などの複雑な運動や繊細な工芸人の製作なども難なくマスターできるはずです。

「キャンドルの灯りといい音楽と美味しいワインがあれば最高の気分だ」というようなことを、彼らはよく言うでしょう。それらには、特定の感情を引き出す効果があるからです。

ー陰極

禁止。身動きが取れない。感情を締め出す。引っ込み思案。抑圧。

「自制」の陰極である「禁止」では、身動きがとれず、何一つ気持ちを表現できないような気分になってしまいます。「禁止」の人は自分を抑えすぎていて、人前では話すことも歌うことも、音楽を演奏することもできないかもしれません。「人が多すぎるから無理だよ。もう、どんな声で話していいかもわからないんだ」と彼らは言うでしょう。

★「情熱」

■■フォーカス（焦点）■■

「さあ、何が何でもやってみせるぞ！」

「結果なんか気にしないで始めよう！」

「批判を恐れず、言いたいことを言おう！」

「情熱」は「自制」の補完物です。「自制」が身動きのとれないモードであるのに対し、「情熱」は行動力のあるモードなのです。このモードは、自分よりも他人と関わるモードなので、当然、自己カルマよりも、他者カルマと取り組むことになります。このモードの特徴は、激しい感情と活発な動きです。彼らは全人口の約一〇％です。

「情熱」のモードは、〈感情センター〉（11章参照）とセットで用いられることが多く、あらゆる行動が、どこかしら霊感的です。

「情熱」の人たちは、何に一番情熱を感じるかを基準にします。

ワクワクしたり、興奮したりしないことには関わりたくないのです。彼らは何を選ぶときにも、一番情熱をそそられるのはどれだろう、と考えるでしょう。

「情熱」のモードは成人期の魂に好まれます。成人期の特徴は強い同一視だからです。また、〈聖職者〉や〈職人〉も「情熱」のモードが好きです。「情熱」によって、より高いレベルの霊感や創造性をもてるからです。しかし、これらの役割の人たちにとって「情熱」を扱うのは容易ではありません。「情熱」は不安定で、非合理な作用を及ぼすからです。

【「情熱」のモードの有名人】

ジャンヌ・ダルク、ウィリアム・シェークスピア、ヨハン・ゼバスティアン・バッハ、ムクタナンダ（ヨガ指導者）、ルードヴィッヒ・ベートーヴェン、トマス・メルトン、ウォルト・ホイットマン（一八一九〜一八九二　米国の詩人）、モーツァルト、ヴィンセント・ヴァン・ゴッホ、ジェームス・ジョイス、ゲーテ、ゴディバ夫人

＋陽極

自己実現。高められた意識。深い人間関係。活力旺盛。

「自己実現」とは意識が高められる経験です。例えば、良い音楽を聴いたり、何か美しいものを見たりしたときにも意識は高まります。「情熱」の陽極は求めるものを手に入れる方法を示しています。情熱をもつことは目標を達成するための王道なのです。

彼らは「人生は素晴らしすぎて耐えられない。何もかもがあまりに美しすぎる」、あるいは「人生悪いことばかりだ」というような極端なことを言うでしょう。

ー陰極

同一視。深入りしすぎ。振り回される。際限がない。「私が問題を抱えている」のではなく「私自身が問題」。

「情熱」の陰極である「同一視」とは、身の回りのものになりきったり、一体化してしまったりすることです。例えば、自動車と自分を激しく同一視している人は、自動車がぶつけられて凹んだら、まるで自分がぶつけられ、凹まされたように感じるでしょう。

物と同様、個人や集団に対する同一視も起こります。「情熱」のモードの人たちは、友達の苦労話を聞いているうちに、自分と友人との区別がつかなくなり、一緒に苦しむようになるかもしれません。必要以上に

苦しんでしまう場合もあるでしょう。しかし、そんな風に苦しんでみたところで、友人の問題解決には何の役にも立ちません。彼らは次のように言うでしょう。

「なんてことだ。かわいそうな僕の友人は離婚裁判が長引いているんだよ。あんなにいい人たちなのに、今では、いがみ合ってばかりいるんだ。もう僕は駄目だよ」

他人のために悲しんだり混乱したりすることは結構ですが、他人事を自分のことのように思い込んでしまうのは誤りです。

○【行動】のモード：「忍耐」と「攻撃」

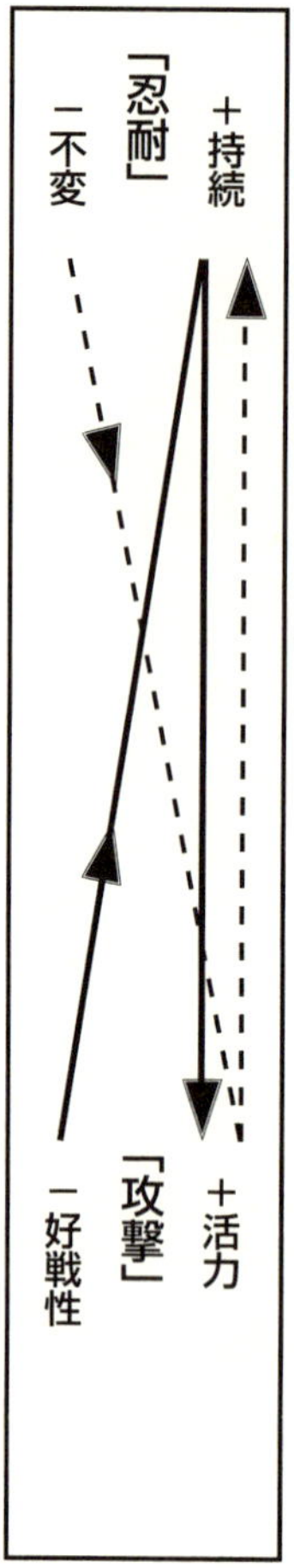

★「忍耐」

■■フォーカス（焦点）■■

「私はどんなことがあってもやり遂げます」

「忍耐」とは物事を断固としてやり抜く性質のことです。「忍耐」は「行動」のモードの一つで全人口の約四％います。このモードも「順序」の軸にあり、他人と関わるよりは自己と向き合う傾向があるので、自己カルマ的だと言えるでしょう。

トマス・エジソンは、電球をつくり出すまでに何千回もの実験を繰り返しました。「忍耐」はあらゆる成功に不可欠な要素です。

「忍耐」はよく頑固さと間違われます。頑固な人たちも堅実でゆるぎない精神をもっているかのように見えるからです。しかし、頑固さは、今のできあがった状態を壊すことを恐れる気持ちから生まれるものであるのに対し、「忍耐」は純粋な「手段」であって、決して恐れに由来するものではありません。

「忍耐」のモードの人は、目の前の一つの問題に完全に集中することができます。それだけに、周辺的なことや全体像が見えなくなってしまうことも少なくありません。また、「忍耐」のモードの人は〈戦士〉の役割でなくても、〈戦士〉のように見えることがあります。

〈学者〉は「忍耐」のモードが好きです。このモードは歴史研究のような詳細で綿密な仕事を延々と続けるのに便利だからです。

さらに、「忍耐」は「服従」の目標とセットで選ばれることがよくあります。「忍耐」は理想や特定の人物に献身し（例えば、精神遅滞児の世話をし）、それを続ける能力を高めるからです。

「忍耐」は「順序」のモードなので、富や名声をもたらすことはあまりないでしょう。しかし、ギネス・ブックには「忍耐」のモードの人たちが大勢載っています。

【「忍耐」のモードの有名人】

トマス・エジソン、アーネスト・シャクルトン卿（一八七四〜一九二二　英国の南極探検家）

＋ 陽極

持続力。粘り強い。規律正しい。耐久力。辛抱強い。

「忍耐」の陽極にいる人たちは規律正しく、困難にも耐えられるので、間違いなく目標を達成できます。「忍耐」をもって取り組めば博士論文を完成することも（まったく異なる種類のことですが）徒歩での砂漠を横断することもできます。彼らは次のように言うでしょう。

「困難なときほど強くなれる」

「この計画は必ずやり抜きます」

ー 陰極

不変。固着。変化がない。身動きがとれない。同じことの繰り返し。

この極のおもな特徴は変化を嫌うことです。「不変」の人たちは、たとえ状況が変化して、新しい手段や方法が必要なときでも、それを無視して、昔ながらのやり方にこだわります。古いやり方に固執して、決してそれを変えようとはしません。

また、「忍耐」の陰極にいる人は同じ話を何度も繰り返して、聞く人をうんざりさせることも多いでしょう。それは、以前に自分がその話をしたことを忘れてしまっているからです。

彼らは「忍耐」によって一つの問題に集中しすぎてしまい、全体像を見失っています。そして、

「私は昔ながらのやり方を変えません。たとえ、それで大失敗するとしても！」と言うのです。

★「攻撃」

■■フォーカス（焦点）■■

「みんな、私はここだよ」
「言う通りにしないと困ったことになるよ」

「攻撃」のモードの人たちは根っからのギャンブラーで、危険を恐れない冒険家であり、危険な恋愛をする人でもあります。彼らは絶えず自己主張し、他人とは言葉においても肉体においても、直接的に付き合います。また、非常に率直で、ただ部屋に入ってくるだけでも目立ちます。

「攻撃」のモードの人たちは他人を怖がらせたり脅したりして、嫌われることがあります。そのために孤独になってしまっても、彼らは理由が分からずに困惑するかもしれません。なぜなら、彼らは単に自分らしくしていただけだからです。

「攻撃」のモードの人は全人口の約四％います。「高位」の軸にあるので、外向的で、他人に積極的に働きかけます。そのため、多くのカルマを生み出すことになるでしょう。

「攻撃」のモードは適切に扱いマスターすることがきわめて困難なモードです。

【「攻撃」のモードの有名人】

シャーリー・テンプル（一九二八～　米国の子役スター）、カダフィ（一九四二～　リビアの政治家）、ニキータ・フルシチョフ（一八九四～一九七一　ソビエト連邦書記長）、ドナルド・ダックは「攻撃」のモードを戯画化したものです。

＋陽極

活力。大胆。危険覚悟。断定的。

役作りに熱心な俳優が「攻撃」のモードをとると、非常に良い演技ができます。「活力」の極の人は朝起きてから晩寝るまで、行動力の塊です。彼らは多くの活動に参加し、周囲の人々を圧倒するペースで働きます。モハメッド・アリやその他の偉大なボクサーたちの勇気に裏打ちされた運動能力は「活力」から生まれました。

「活力」のモードの人は次のように言うでしょう。

「やあ、みなさん。ここの責任者は誰？　今すぐその人と話したいんだ」

「私はもう、会うべき人には会い、行くべきところへ行き、課題も終えました。早くしないと遅れちゃうからね」

－陰極

好戦的。他人を非難する。破壊的。

陰極の「好戦性」は違法行為をする人に見受けられる性質です。この極には、自分の財産を守るためには他人を攻撃しなければならないと信じている人たちも含まれます。「好戦性」の極の人たちは付き合いにくい存在です。なぜなら、彼らの側にいるだけで、言葉の上でも、肉体的にも攻撃されているような感じがするからです。

「攻撃」のモードは恐怖政治を行う国家指導者に特徴的に現れます。例えば、一九七九年に退位させられるまで、ウガンダの大統領だったイディ・アミンがそうです。

「好戦性」の極の人は、

「私はやりたいことをする、止めないでくれ」

「言う通りにしなさい、さもないとひどい目にあわせるぞ」と言います。

「攻撃」のモードの人たちとうまく付き合うにはまず、あなたが彼らに賛成していること、味方であることを信じてもらわなくてはいけません。

○【吸収】のモード：「観察」

■■フォーカス（焦点）■■

「見てみよう」

「やり方を観察して、学びたいのです」

「私は人間観察が大好きです」

「観察」は非常に人気の高いモードで、全人口の約五〇％です。「観察」は「中立」の軸にあるモードなので、他のどのモードにでも変わることができます。

「観察」のモードの人たちは、自分の身の回りで起こっていることを観察し、知ることによって、自分の目標や人生全般と取り組みます。スポーツやパレード、テレビなどを見ているだけで興奮するのは、見る人に「観察」のモードが備わっているからです。ヨーロッパ諸国では、カフェで座って人間観察をすることが午後の散歩と同じくらい一般的ですが、それも同じ理由によります。

「成長」の目標の人は、よく「観察」のモードを選びます。確実に学習に役立つモードだからです。また、〈学者〉も知識の吸収に役立つので、「観察」のモードが好きです。〈戦士〉は「観察」のモードを使って、サッカーのような身体的な活動を観察するでしょう。それに対し、〈賢者〉が「観察」のモードをとると、演劇のような「表現」を中心した活動を観察することになります。人はそれぞれ、自分の役割に合ったものを観察するのです。

【「観察」のモードの有名人】

カルロス・カスタネダ、ガートルルード・スタイン、アリストテレス、アレン・ギンズバーグ（一九二六～一九九七　米国の詩人）、フランシス・ベーコン（一五六一～一六二六　英国の哲学者。――彼は世界観察に基づいて、すべての著作を書いた）、ジュリア・チャイルド

＋ 陽極

明晰。意識的。敏感。洞察力がある。

「観察」の陽極である「明晰」のモードの人たちは、物事をありのままにはっきりと見てとることができます。彼らは呼吸するのと同じくらい自然に、観察し、深い洞察力を発揮するようなタイプです。「飛ぶ前に見よ」は陽極の「観察」のモードをよく表していることわざです。

－ 陰極

監視。詮索。

陰極の人たちは綿密に物事を調べ、危険に備えて用心します。他人をコントロールするために情報を集める場合もあります。各国の諜報部が果てしなく繰り広げるスパイ活動と逆スパイ活動とは、「観察」の陰極のあり方をよく表しています。アメリカのジョセフ・マッカーシー（一九〇八～一九五七　強迫的反共産主義者）時代は「監視」が社会全体で行われた例です。また、嫉妬に駆られて他人を見張るのも「監視」の一つです。

□モード全体について

モードと役割との関係

どの役割の人もいずれはすべてのモードを経験することになりますが、やはり、好まれる組み合わせや実行が難しい組み合わせというものがあります。

経験から言うと、「高位」の軸の役割である、〈王〉や〈聖職者〉、〈賢者〉らは「順序」の軸にある「注意」や「自制」、「忍耐」のモードを使うのが苦手です。同様に、「順序」の役割である、〈職人〉や〈奉仕者〉、〈戦士〉は「高位」の軸にある「力」、「情熱」、「攻撃」のモードを扱いにくいでしょう。ただし、これらの役割とモードとの組み合わせは、単に楽をして人生を楽しく過ごすために選ばれるのではありません。普通はカルマを果たすのに有益なように選ばれるのです。

通常、「高位」の役割の人は「高位」のモードを使うのが得意ですし、「順序」の役割の人は「順序」のモードを快適に感じます。

そして、すでにお話したように、〈学者〉は「中立」の軸の役割なので、中立的な「観察」のモードが最適です。

モードと目標との関係

表8―3はモードと目標との典型的なパターンです。

目標	モード	
	「情熱」または「力」	「注意」または「観察」
「成長」	カルマが多い	カルマが少ない
	感情的	知性的
「受容」	霊感的	注意のモードをとり、 自己ーカルマ的
	感情的	観察のモードをとり、 他人に教える
「停滞」	精神的	休息する

表８－３

◇あなた自身のモードを見つけましょう

あなたのやり方に一番近い選択肢を選んでください。

1

私はあらゆる情報を集めてから、慎重に決断することにしています。

重要な決断についてはよく考えます。

どんな場合でも、うまくいかない可能性はありますから、安全を第一に考えます。

2

私は、たいていいつでも自分のするべきことがわかっています。また、指導的な立場に立っても、ものおじしません。

よく他人から意見を求められます。

私はとても目立ち、存在感があると思われています。

私は自分の意見を言って、その通りにしてもらいたいと思っています。私の考えは正しく、その通りにすればうまくいくからです。

3

私はいったん何かをし始めたら、どんなことがあってもやめません。

私は驚異的に規律正しく、何でも最後までやり抜くことができます。

新しいことや変わったことをするのには抵抗感があります。

4
私は自分から積極的に人に近づきます。
よく人から怖がられます。
私は危険を恐れず、冒険好きで、平気で賭けに出ます。

5
私は上品さを好みます。
他人から洗練されていてセンスが良いと思われることが多いようです。
ときどき思っていることを言えないことがあります。

6
他人からは生き生きとして、感情の起伏が激しい人だと思われているようです。
私は自分と無関係なことに首を突っ込む癖があります。
何かに夢中になって我を忘れてしまうことがよくあります。

7
私は、まず、他の人のやり方を見て学びます。
よく見てから結論を出すことにしています。
私は人や出来事、事物など、あらゆるものを観察するのが好きです。

あなたのモードは……

1：注意↓185ページ　2：力↓188ページ　3：忍耐↓196ページ

4：攻撃↓199ページ　5：自制↓191ページ　6：情熱↓194ページ

7：観察↓202ページ

モードとの取り組み方

モードはめったに変わりません。なぜなら、それは今回の人生での目的を果たすためにあなた自身が厳選したものだからです。

あなたが陰極を使いたいというのでなければ、ほとんど陽極のモードのままでいることも可能です。例えば、トラに追いかけられているときには、陰極の「監視」が生き延びるために役立つでしょう（でも、めったにそんな目には遭いませんよね！）。

もしも、自分が陰極のやり方をしていると気づき、それをやめたいと思ったら、補完的なモードの陽極に移ると良いでしょう。

例えば、「情熱」の陰極である「同一視」のモードになっていたら、「自制」の陽極である「抑制」へ移れば良いのです。そうすれば「情熱」の陽極の「自己実現」がやりやすくなります。そして、例えば、離婚した友人と自分を「同一視」するかわりに、自分を「抑制」し、本来持っていた幸せを堪能できるようになるのです。

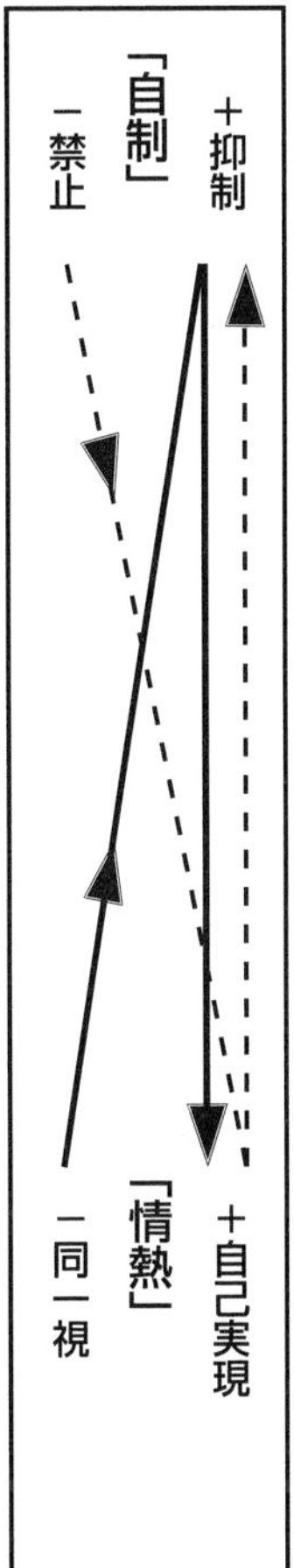

まとめると、モードとは行動方法であり、目標を達成するための手段です。これからお話しする態度はものの見方・考え方であり、主特性は目標へ向かう過程で学ぶべき感情的な課題です。まずは、態度すなわち、物事を決断する方法とは何かということから見てみましょう。

9章　態度

人がとるべき最善の態度とはどのようなものでしょうか？　逆に最悪のものは？「懐疑主義」、「理想主義」、「精神主義」、「実用主義」のどれになるのが良いのでしょうか？

実を言うと、態度そのものには優劣はありません。私たちは〈本質〉の段階で各自、特定の人生の見方・受け止め方を選びます。七つの態度にはそれぞれ、特有の長所や有用性があります。

態度とは基本的なものの見方（考え方）です。つまり、私たちが物事を見るときの立場であり、行動の決断方法です。現在起こっていることをどう考えるか、自分が何をすべきだと思うかは態度によって決まります。態度には次の七種類があります。「禁欲主義」、「精神主義」、「懐疑主義」、「理想主義」、「皮肉主義」、「現実主義」、「実用主義」。

態度は目標やモードと作用しあいます。つまり私たちは、態度（どのように世界を見るか）を通して、目標（何を目指すか）を決め、行動のモード（どのような手段をとるか）を使って、実際に目標に向かい始めるのです。

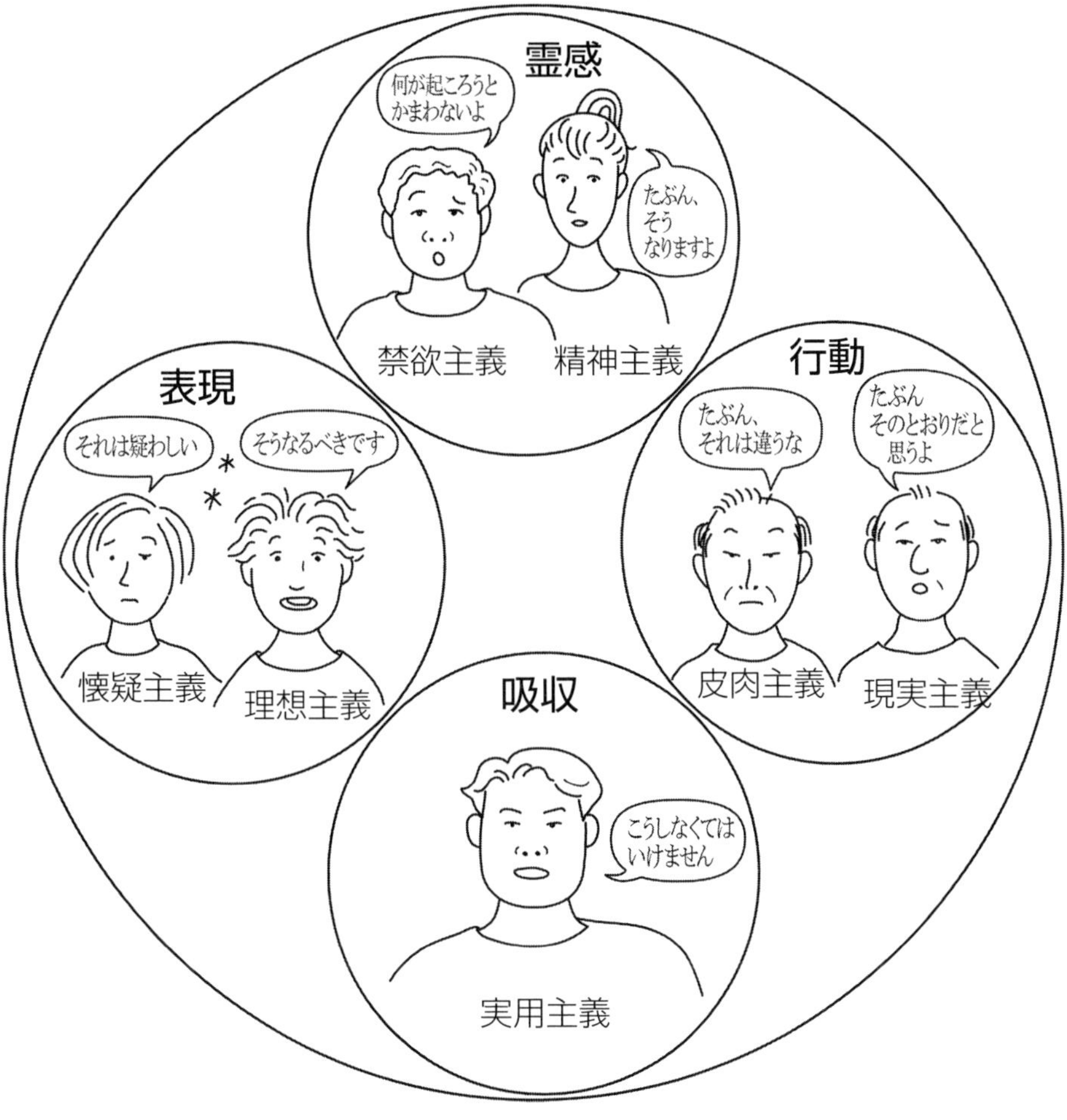
霊感
何が起ころうと
かまわないよ
たぶん、
そう
なりますよ
禁欲主義
精神主義
表現
それは疑わしい
そうなるべきです
懐疑主義
理想主義
行動
たぶん、
それは違うな
たぶん
そのとおりだと
思うよ
皮肉主義
現実主義
吸収
こうしなくては
いけません
実用主義

図９－１

例えば、「理想主義」の態度、「支配」の目標、「攻撃」のモードという組み合わせの人がいたとしましょう。彼は物事がいかにあるべきかという自分の理想に基づいて、他の人々を大胆に攻撃し、支配します。さらに、その人の主特性が「貧欲」ならば、すべての人を自分の考えに従わせないと気がすまなくなるでしょう。ちなみに、悪の権化としてよく引き合いに出される、アドルフ・ヒトラーはこれらのオーバーリーフをもっていました。

マイケルは、人の態度は変えられると考えています。態度を変えると、人生の行き先も、そこへ行く方法も変えられます。

忘れてはならないのは、各自の意識のレベルは人生全体に対する態度に反映する、ということです。例えば、「達観した態度」という言葉は、些細な出来事を高い意識レベルから大局的に見るさまを表しています。

態度の意味

なんのために七種類もの態度があるのでしょうか? 七つの個性的な見方のかわりに、一つだけ最善の態度があるのではいけないのでしょうか? 実は、七種類の態度が存在するのには重要な理由があるのです。

1、態度とは――悲観的か楽観的か、外向的か内向的かなどの――感情に色づけされた知性的なものの見方です。〈本質〉は人生の中にいくつかの失敗を設定していますが、そうした失敗によって、自分の態度について、多くのことが学べます。例えば、「理想主義」の女性がアルコール中毒の男性との結婚と離婚を繰り返した場合、その経験を通して女性は「理想主義」の態度をもっとうまく扱えるようになるは

	順序	中立	高位
【霊感】	＋平穏 禁欲主義 －あきらめ	――	＋証明 精神主義 －盲信
【表現】	＋調査 懐疑主義 －疑念	――	＋統合 理想主義 －幼稚
【行動】	＋反論 皮肉主義 －中傷	――	＋客観的 現実主義 －主観的
【吸収】		＋実際的 実用主義 －独断的	

表９－１：態度

禁欲主義	5%	精神主義	5%
懐疑主義	5%	理想主義	30%
皮肉主義	5%	現実主義	30%
実用主義	20%		

表９－２：地球の人口に占める割合

ずです。

態度は人々の抱く思考に影響を及ぼします。そして、その思考から、感情や行動が生まれます。態度は子供の頃は無垢な態度をとっていますが、年をとると叡智に満ちた態度をとれるようになるでしょう、生涯で最も大きく変化するオーバーリーフです。人生の目的は、ものの見方を変化させながら、自己自身を明らかにしていくことだからです。

2、態度は一人一人の違いをつくり出す媒体です。例えば、「理想主義」の態度の人が何人かいれば、(役割や認識力といったその他のオーバーリーフに基づいて)十人十色の「理想主義」の態度が生まれます。「理想主義」や「現実主義」などのどの態度にも無限のバリエーションがあるのです。

3、もしも、誰もが世界を同じように見、同じように考えるとしたら、この世の中はどうしようもなく退屈になってしまうでしょう。数限りないものの見方があるからこそ、人それぞれ多様な視点から世界を調べることができるのです。同じ状況に直面しても、それぞれ異なる価値判断をし、違った決断を下せるのもそのおかげです。

それでは、態度について知るとなんの役に立つのでしょうか？　もし、態度の存在を知らなければ、他人と意見が食い違ったとき、短絡的に自分は変わり者だとか、不適格者だとか思い込んでしまうかもしれません。逆に、その孤独感から、何としても自分の考えを守らなければならないと思い込んでしまうかもしれません。例えば、「私はアウトサイダーだ。でも、それは他の人には見えない真実が私には見えるからなんだ」

	順序	中立	高位
【霊感】	禁欲主義 「何が起ころうと（構わない）」		精神主義 「多分～になるだろう」
【表現】	懐疑主義 「ひょっとしたら～かもしれない」		理想主義 「～するべきだ」
【行動】	皮肉主義 「多分～ではない」		現実主義 「多分～だ」
【吸収】		実用主義 「～にちがいない」	

表９－３：モットー

というように。

また、態度の違いの重要性がわかっていなければ、自分の個性的な見方を捨てて、無理に世間に合わせたり、逆にごく一部の人だけを見て、「誰でもまったく同じものの見方をするんだ」と確信してしまったりするかもしれません。

このような自分本来の見方への「裏切り」は誰もがみな、子供時代の成長過程に多かれ少なかれしていいます。ある程度、個性を抑えることで、人々の間に共通性が生まれ、社会がうまく機能するからです。例えば、私たちは、お金を交換手段として使うことを受け入れていますよね。

態度がわかれば、人それぞれの個性がよく理解できるようになります。

逆に、態度の違いがわかっていないと、他人に自分の考え方を押しつけてしまうかもしれません。そして、『マイ・フェア・レディ』のヒギンズ教授のように「女性はもっと男を見習うべきだ」と言うのです。こんな過ちをおかすのは、自分には真実が見えていると信じ込んでいるからです。

世の中にある態度は一つではありません。実際は七種類もの態度があるのです。そのことがわかれば、(以前なら、頭がおかしいのではないかと疑っていたような人たちも含めて) 他人が、なぜ自分とは違った考え方をするのかがわかるようになります。

また、自分の態度が何かわかれば、安心して独自のものの見方ができます。自分をすんなりと受け入れ、自分の考え方の長所を認められるようになるのです。目標を見失わず、それに向かってまっすぐに進むためには、どう態度を使えばよいかもわかるでしょう。

また、今、自分がどんな態度をとっているかがわかると、目的に応じて、それを変えることもできます。

例えば、自分で自分の可能性を抑え込んでしまうような態度をとっているとき、そのことを自覚できれば態度を変えて自由になれます。

私たちはみな、七つの態度をすべて経験します。しかし、その中には、何度も経験するものや、めったにしないもの、長い間続けるものなど、頻度の違いがあります。その時々で多少の変化はありますが、人は一生を通じて特定の考え方に基づいて生きています。そのような習慣的なものの考え方を態度と呼びます。

態度には強い影響力があり、人生のあらゆる面の受け止め方に影響を及ぼします。自分自身をはじめ、他人やさまざまな経験をどのように感じるかを決定するのです。

態度はあらゆるオーバーリーフの中で最も変えやすいオーバーリーフです。態度を変えるには、ただ、ほんの少し立ち止まって、自分がどの態度をとっているか、別の態度に変えることに何か支障はあるか、と自問するだけでよいのです。

例えば、「懐疑主義」のせいで計画を実行に移せない人がいるとしましょう。「この計画は実行可能だろうか」、「やる価値があるのだろうか」などあれこれと、彼は疑います。しかし、自分が「懐疑主義」であることに気づいたら、思い切って、「懐疑主義」の対極の「理想主義」に移ることもできます。理想主義者ならば「必ずうまくいくだろう」と考えます。これは実行力のある態度なので、すぐにでも計画を実施する気になるでしょう。態度を変えるのは、実に簡単で効果的な方法です。

「中立」の態度以外のすべての態度は対極の、つまり補完的な態度とつながっています。

もし、あなたの態度が「禁欲主義」なら、その対極の「精神主義」に移ることもあるでしょう。逆に「精神主義」の人が「禁欲主義」に移ることもあります。同様に、他のどの態度の人も対極の態度に変わることがあります。しかし、「実用主義」だけは「中立」なので対極がありません。
「実用主義者」は他のどの態度にでも変われます。ただし、よく変わる態度は一つか二つに決まっています。必要に応じて態度を変える彼らの能力は「実用主義者」の「実用主義」らしさをよく表しています。

○【霊感】の態度：「禁欲主義」と「精神主義」

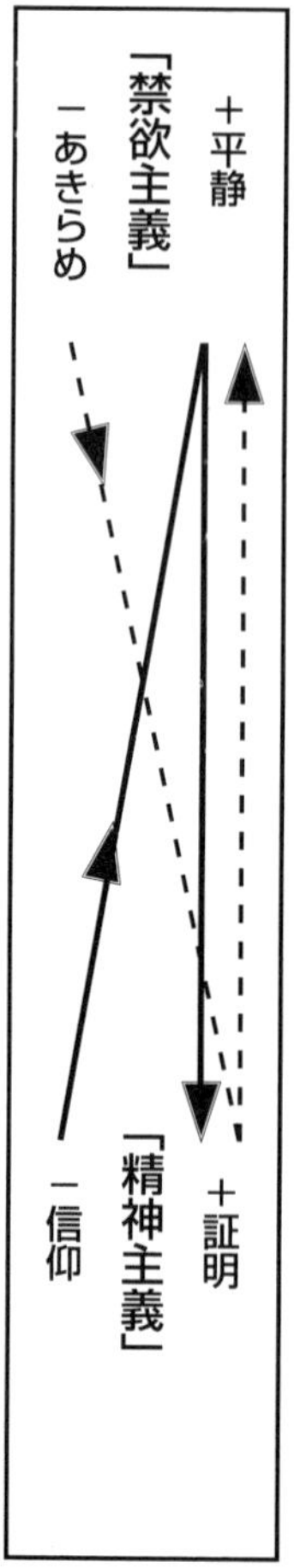

※訳注：図の矢印は陰極から陽極に移るための道順を示す。241ページ『陰極を脱する方法』を参照

★「禁欲主義」

■■フォーカス（焦点）■■

「私は感情を表しません」

「禁欲主義」とはひと言で言うと、「何が起ころうと気にしない」態度です。普通「禁欲主義」の人たちは

感情を表に出さず、仮面のような顔をしています。いったい彼らは何を感じているのでしょう？　彼らは自分の気持ちを気安く他人に話したり、態度で示したりはしないので、外からはなかなか感情がうかがえません。このような態度は、ポーカーの勝負や、警察や軍隊の仕事には便利かもしれませんが、恋愛の場面では不利に働くでしょう。

「禁欲主義者」たちは、感情を表さないせいで鈍感だと誤解されがちです。しかし、それは間違いです。彼らにも人並みの感情がありますし、激しく感動することだってあるのです。

「禁欲主義者」は他人に干渉しませんし、反対意見を言うこともありません。彼らは本当はやりたくないことでも我慢してやってしまうことがよくあります。わざわざ意見を言ってまで状況を変えたいとは思わないからです。例えば、人使いの荒い上司から、難しい企画を仕上げるように命じられたとき、期間が短すぎて無理だと思っても引き受けてしまいます。他人に対するこのような態度は生活の中でさまざまな問題を引き起こします。

「禁欲主義」を選ぶ人はごくまれで、全人口の約五％しかいません。それは、「禁欲主義」が他の態度よりも難しいからです。「禁欲主義」になると、感情の表現能力が厳しく制限されてしまいます。

ときには、この性質が独特の表現能力を生み出すことがあります。例えば、マーロン・ブランド（一九二四～二〇〇四　米国の俳優）は「禁欲主義」によって演じる役柄のかもしだす緊張感を高めました。

比較的容易に「禁欲主義」の態度をとれる役割もあります。例えば、〈戦士〉は平気で「禁欲主義」の態度をとります。というのも、「禁欲主義」は〈戦士〉たちが好む、軍人や運動選手としての人生には、ぴったりだからです。他方、〈賢者〉や〈職人〉などの「表現」の役割の人たちにとって「禁欲主義」は困難です。彼らの何よりもやりたいこと、つまり「表現」に反するからです。

【「禁欲主義」の有名人】

マーロン・ブランド、ジョーン・バエズ（一九四一〜　米国のフォーク歌手、反戦運動家）、ジュリア・チャイルド

＋陽極

平静。有能。どんなことでも扱える。平穏・平和・調和を生む。とても安定しているので決して失敗しない。陽極にいるときの「禁欲主義者」は平静で、内なる平和や悟りに近づくことができます。彼らは、ほとんど、どんなことでもできるでしょう。また、精神が安定しているので、人々は彼らの傍にいるだけで、安心感を得られます。禅仏教に関心をもつ「禁欲主義者」は多くいます。実際、陽極の「禁欲主義者」は瞑想中のブッダのようです。

ー陰極

あきらめ。運命に甘んじて立ち向かおうとしない。苦労する。絶望的。疲れ果てる。

「禁欲主義」の陰極は「あきらめ」です。この極の人たちは（悲惨な人間関係や政治的な迫害、洪水のような天災など）どのような状況になろうと、それに屈服し、甘受します。もっと自分にとって有利になるように状況を変えたり、その状況を逃れたりできる場合でも、現状に甘んじて苦労するのです。

「あきらめ」は、耐えるべきことを耐えるのとはまったく違います。必要な忍耐をしているときには充実感がありますが、「あきらめ」は不快感しかもたらさないということからも区別できます。

「禁欲主義者」たちが問題を抱えていても、他人から同情してもらうのは難しいでしょう。彼らは苦悩を示さず、運命に受け入れるからです。

★「精神主義」

■■ フォーカス（焦点）■■

「この問題を解決するには十六通りのやり方があります」
「自分の可能性が分かっている人はほとんどいませんね」
「よく神について考えます」

もう一つの「霊感」の態度は「精神主義」です。「精神主義」の人たちは起こりうる、あらゆる可能性を考える傾向があります。彼らは他の態度の人たちよりも視野が広く、常に全体像を見渡すことができるからです。例えば、ある人がもっている能力をすべて使ったら何ができるか、というようなこともわかるでしょう。「精神主義」の人々は壮大な考え方をし、抜群の先見性をもっています。彼らの割合は全人口の五％です。「精神主義」は精神性（スピリチュアリティー）という言葉から連想されるような事柄（神、神学、宗教など）と深い関わりがあります。「精神主義者」の中には宗教や宗教的な生活に魅せられる人がよくいます。これらの伝統は、目に見えない精神的なものを含めた広い人生観を扱うからです。ただし、「精神主義者」がすべて宗教的だと言うわけではありません。彼らはあらゆる分野で洞察力を示すので、それがビジネスや政治の分野に活かされることもあるでしょう。「精神主義」の態度が生活に支障をきたすことはほとんどありません。「精神主義」と特に相性が良い役割は〈聖職者〉及び〈奉仕者〉ですが、とりたてて相性の悪い役割はありません。

【「精神主義」の態度の有名人】

ジャンヌ・ダルク、アリストテレス、スワミ・ムクタナンダ、トマス・メルトン、ルードヴィッヒ・ベートーヴェン、ウィリアム・ブレイク、そして、ほとんどすべての著名な福音伝道者たち

＋陽極

証明。先見力がある。他の人にはわからない可能性がわかる。視野が広い。哲学的本質を追求する。「精神主義」の陽極は「証明」です。自分の信じていることを「証明」するには、それを実験して調べ、たしかめなくてはなりません。陽極の「精神主義」の人たちは些細なことよりもより高い目的を優先し、それに身を捧げることができます。

－陰極

盲信。物事を疑わない。陰極の〈聖職者〉に似ている。必要な調査をしない。非現実の世界に生きている。冗漫。陰極の「精神主義者」は、何でも「盲信」します。非常に騙されやすく、聞いたことは何でも信じてしまうのです。この騙されやすさのせいで苦労することも少なくありません。

○【表現】の態度：「懐疑主義」と「理想主義」

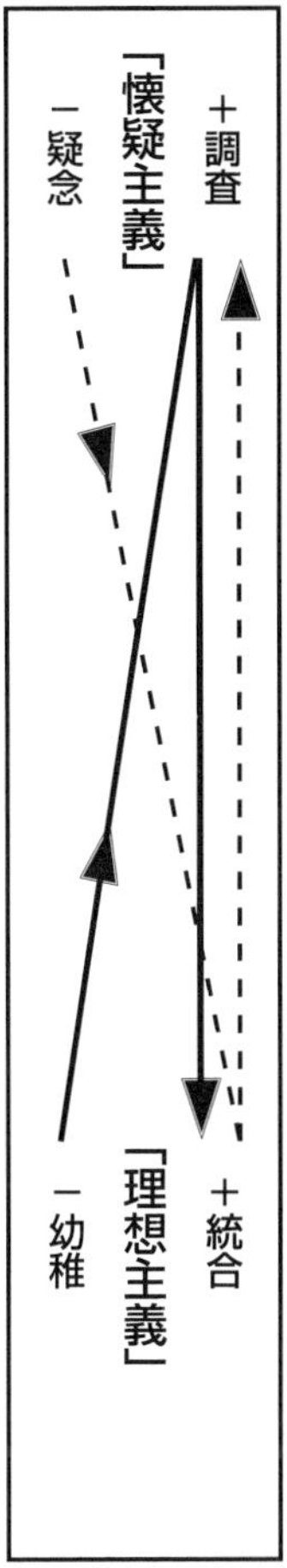

★「懐疑主義」

■■フォーカス（焦点）■■

「私はちゃんと証明できるまでは信じません」
「重要なことについては特に念入りに調査します」

当たり前ですが、「懐疑主義者」とは疑う人のことです。彼らは話題や状況、製品などありとあらゆるものを疑ってかかります。そして、何であれ、よく調べてからでないと信じたり買ったりしようとしません。

いつまでも疑い続けるのは、「懐疑主義」の特徴の一つです。非常に良いと思うもののことでさえ、際限なくたしかめ続けます。自分にとって重要なものほど、情け容赦なく疑います。しかし、たしかめた結果、受け入れることにした考えや状況については、全身全霊をかけて支持します。彼らは極端から極端へと走りがちなのです。

「懐疑主義者」は深く考え、探求します。そのため、知性的な態度の一つになっています。「懐疑主義者」は全人口の約五％います。

＋ 陽極

調査。物事をあらゆる角度から見ようとする。偏った判断をしない。関連する事実をすべてたしかめる。知識を求めて努力する。

陽極、つまり「調査」の「懐疑主義者」は社会に多大な貢献をします。信念体系でも何でも調べるからには正確に調べようとするからです。誤りや矛盾を見つけ出すのも得意です。彼らはいわば社会の浄化係です。彼らは、研究グループに入ればグループに規律をもたらすでしょうし、学者や研究者になれば非常に几帳面な仕事をするでしょう。

「懐疑主義」であったソクラテスは「吟味されない人生は生きるに値しない」と言いました。彼は陽極の「調査」に基づいた生き方を貫いたのです。

ー 陰極

疑念。あら捜しをする。すべてを疑う。信頼の欠如。

「懐疑主義者」は陰極の「疑念」になると、過度に疑い深くなり、あらゆる人、あらゆる物事が信じられなくなってしまいます。彼らは疑い深く、口うるさい、付き合いにくい人たちです。そのうえ、自分から人を避ける傾向があります。

★「理想主義」

■■フォーカス（焦点）■■

「私にはもっと良い方法がわかります」

「正しくやらなくてはいけません」

もう一つの「表現」の態度は「理想主義」です。「理想主義」の人々は常に物事がいかにあるべきかについて語ります。彼らの会話は「こうあるべき」「こうするべき」といった内容でいっぱいです。この態度の人は実に多くて、世界の全人口の約三〇％もいます。

「理想主義者」は思想や状況を「いかに進歩していくべきか」という観点から見ます。そして、進歩と前進のために絶え間なく努力します。その結果、多くの分野で彼らは大躍進を起こしています。

また、「理想主義者」はよく個人崇拝に陥ります。自分の崇めていた人が、ただの有限な人間にすぎないと知って落胆することも少なくないでしょう。

彼らは自分自身に対して厳しく、高すぎる要求水準を課す傾向があります。そのため、自分が目指す水準に至らなくて、欲求不満や自己嫌悪に陥ることもあります。しかし、うまくいくと、自分の能力を最大限に活かした生き方の見本のような、パイオニアになることができます。

「国があなたに何をしてくれるかではなく、あなたが国に何をできるかを問いなさい」というジョン・F・ケネディの言葉は、典型的な「理想主義者」の考え方を示しています。

「理想主義者」は自分にも他人にも非常に厳しい人たちだと言うこともできます。他人も自分と同じように考えるはずだと信じているので、そうではないと気づくと困惑します。いつも、現状よりも良いものを望み、そのためにしばしば辛い目に遭います。彼らは、今あるものは何でも、まだ改善の余地があるので、そのままではいけないと考えるのです。そのように考えていると、常に何か欲求不満を感じることになりますが、同時に常に前向きにやる気をもち続けることにもなります。

「表現」の軸の人の中には、人間関係においては「理想主義」で、それ以外の状況に対しては「懐疑主義」と言う人もいます。

【「理想主義」の態度の有名人】

アール・ワレン、ガリレオ・ガリレイ、ゲーテ、アドルフ・ヒトラー、ジョン・F・ケネディ、毛沢東、ジミー・ヘンドリックス、アーネスト・ヘミングウェイ

＋ 陽極

統合。あらゆる可能性の中から最善の組み合わせを生み出す。発展させる。すべての部分をまとめる。実際的。

陽極の「理想主義者」は、大いに役立つ人です。変えようのない物事をすべてうまくまとめて現状をできるかぎり良くすることができるからです。また、持ち前の先見性と広い考え方で、さまざまなものを新しく改善することもできます。例えば、製品、建築、組織構造などを改良したり、より良い社会を考案し、それを実現したりできるのです。

ー陰極

幼稚。非現実的。抽象的。地に足が着いていない。完全主義者。

陰極の「理想主義者」は、かくあるべきという理想を抱きますが、それが思い通りに実現しないとすぐに絶望してしまいます。彼らはどちらかというと抽象的なものの考え方をし、世界の理想像ばかりを追い求めて現状に不満を抱く傾向があります。

もし、彼らが建築家になったら、建物の外観は思い描けますが、計画が非現実的すぎてその建物を実際に建てることはできません。にもかかわらず、自分の建築計画は素晴らしいものだと信じているので、大いに悔しがり失望します。もし、そこで「理想主義」の陽極に移れば、壮大すぎる計画を実現可能なものに縮小することもできます。

〈職人〉の役割と同様に、「理想主義者」は生まれつき創造的です。彼らは物事のあるべき姿を考え出せます。ただし、陰極の「幼稚」にいるときは、その創造性がどこか自己欺瞞的（幼稚なのに自分の幼稚さに気づいていない）です。つまり、彼らは「自分の無知に気づいていない」のです。

「幼稚」な「理想主義者」ほど付き合いにくい人物はいません。彼らは常に非現実的なものの見方をします。要求が多く、周囲の人にも厳しく接します。完全主義者のように見えることもあります。あらゆる態度の中で、自分に最も厳しいのも彼らです。

理想は進歩に不可欠です。明らかに、本物の「理想主義者」は誰よりも進歩します。「理想主義」は最も成長する可能性を秘めた態度なのです。しかし、実際によい結果が出せるかどうかは、その人にかかる精神的ストレスに左右されます。そのため、「理想主義」は最も尊敬されると同時に、最も困難な態度でもあるのです。

「理想主義」の建築家がいて、実際に建物を建てるために、自分の理想を曲げたとしましょう。そのとき、彼は完璧な理想の建物を建てられないことを嘆くこともできますし、理想通りではないけれど与えられた条件の中でできる最善のものを建てられたことを喜ぶこともできます。これは、陽極と陰極（幸せになるか不幸になるか）を選ぶことができることを示す一例です。ただし、最も良いのは中立的になることです。

○【行動】の態度：「皮肉主義」と「現実主義」

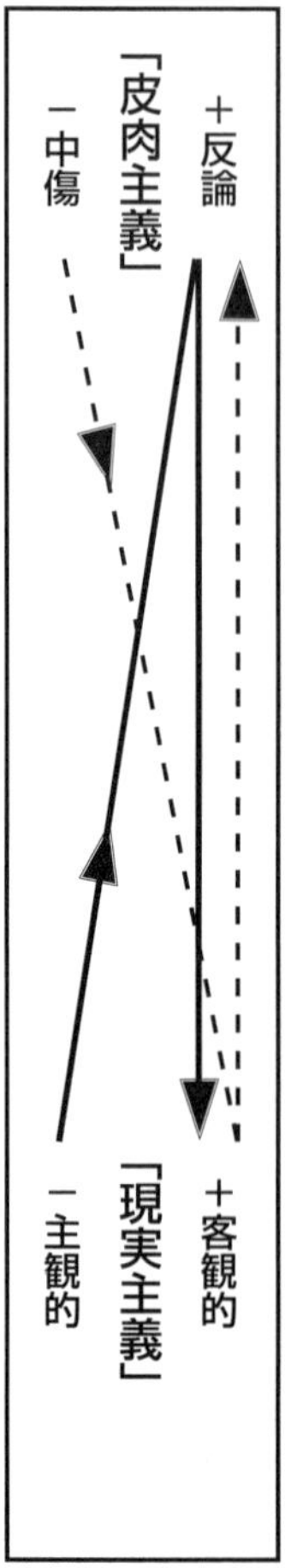

★「皮肉主義」

■■フォーカス（焦点）■■

「失敗する可能性があることは必ず失敗するものだ」

「皮肉主義」の人たちは間違ったことや悪いことがないか、絶えず油断なく見張っています。彼らは将来起こるであろう問題を予見し、問題になりそうなことを目ざとく見つけます。彼らがこのようなあら捜しに熱中することは、本人にとっても周囲の人々にとっても深刻な障害になります。「皮肉主義」は非常に難しい態度なので、全人口のたった五％しかいません。

「皮肉主義者」は「どうせいつかは駄目になるだろう」というつもりで人間関係や企画などさまざまな経験に取り組みます。そして、そういうつもりでいれば、実際にそういう結果を招いてしまいます。また、やりかけたことを投げ出してしまう傾向があり、仕事をやり遂げたり、目標を達成したりすることは困難です。「理想主義者」や「精神主義者」は「皮肉主義者」とは気が合いません。彼らは正反対だからです。「理想主義者」や「精神主義者」はできるだけ多くの可能性を見ようとするのに反して、「皮肉主義者」はできるだけ多くの失敗を予見しようとします。

基本的に、「皮肉主義」は自己防衛的な態度です。そのため、精神的・肉体的暴力を振るう親のもとに生まれなければならない、といった難しいカルマと取り組むことになっている人は「皮肉主義」を選びます。最悪の事態を回避するためです。

例えば、〈戦士〉たちは昔から多くの戦いに参加し、頻繁に死の危険にさらされてきました。しかし、「皮肉主義」のオーバーリーフをもつ〈戦士〉は、自分が殺される可能性を人よりも先に予見し、生き延びるために、できるだけ参戦を先送りしました。彼らは他の人なら善意に基づく熱狂から、飛び込んでしまうかもしれない困難で不快な状況を避けるのが得意です。

「皮肉主義者」は「反論」することも得意です。「反論」によって「皮肉主義」の人たちは別の観点から現実を見ることができるようになります。「皮肉主義」をうまく使う人の中にはウッディ・アレンのような喜劇役者もいます。彼らは生まれつきユーモアがあり、常識とは正反対の見方をして、人々を面白がらせることができます。

生きるために必要でなくなれば「皮肉主義」の態度を他の態度に変えることができます。そのため、二〇代から三〇代になるとたいていの人が、本質的にネガティブな「皮肉主義」の見方を捨て、ポジティブな「現実主義」になります。「皮肉主義」の態度を変えるには、よく自分の態度を吟味し、「肯定的な態度と否定的な態度のどちらが自分には必要なのか」と考えることが重要です。

＋ 陽極

反論。物事の裏面を見る。建設的な批判。一般的信念を疑う。

「皮肉主義」の陽極は「反論」です。それは、事態を別の側面、あるいは逆の立場から見る能力です。何らかの考えを実行に移すとどうなるかを予想したいときには、この態度が大いに役立ちます。なぜなら、どんなに優れたシナリオにも必ず欠点はあるものであり、「皮肉主義者」はそれを見つけ出して回避できるからです。彼らは徹底したあら捜しをして、表面化する前に弱点を取り除きます。

― 陰極

中傷。悪口を言う。こき下ろす。破棄する。拒絶する。

陰極の「皮肉主義者」は世の中も人々もすべて堕落している、と感じます。そして、あらゆる人、あらゆる物事を中傷するのです。彼らにはすべてを疑い、こきおろす傾向があります。陰極の「皮肉主義者」は厄介者です。

★「現実主義」

■■ フォーカス（焦点）■■

「多分こうなりますよ」

「私は状況を多角的に見ることができます」

「皮肉主義」と補完的な「行動」の極は「現実主義」です。「現実主義者」は事態をあらゆる側面から見ようとします。これは非常に人気のある態度なので、全人口の約三〇％の人が用いています。「現実主義者」はありのままの現実（つまり、さまざまな経験や人間関係、出来事などがどうなっているか）を見ます。そして、単純かつ多角的にそれらを理解します。彼らは他の人ならば混乱してしまうような状況でも、ちゃんと把握できるので、優れたコンサルタントになれるでしょう。また、判断力にも秀でており、事業であれ人間関係であれ、広げすぎることは滅多にありません。

「皮肉主義者」は「多分違う」とよく言いますが、「現実主義者」は「多分そうだ」と言います。

「現実主義者」は物事のあらゆる面が見えすぎて、決断を下したり、行動を一つに絞ったりするのが苦手です。例えば、車を買う場合でも、周りの人たちをイライラさせるに違いありません。彼らはどの車種を見ても、長所と短所の両方がわかるので、決めかねてしまうのです。

【「現実主義」の態度の有名人】
ロバート・オッペンハイマー（一九〇四～一九六七　米国の理論物理学者）、ジョージ・パットン将軍、アルフレッド・ホワイトヘッド（一八六一～一九四七　英国の数学者・哲学者）、ベラ・アブザック
児童書『くまのプーさん』はさまざまな態度の寓話になっています。例えば、プーさん自身は「現実主義者」（「うまくいくかもしれないし、うまくいかないかもしれないから、考えてみようよ」）、仲間のロバのイーヨーは「皮肉主義者」（「ぼくの誕生日はいつでも雨なんだ……」）です。

＋陽極
客観的。現実的。多面的に見る。ありのままを見る。
「現実主義者」の陽極は「客観性」です。それは、今のこの瞬間を生き、ありのままの現実を見る能力です。陽極の「現実主義者」は何事も変えようとはせず、ただ流れに従います。とりたてて幸運を期待することもなく、要領よく行動します。あらゆる態度の中で、法曹界に進出する人が最も多いのはこの極です。法曹界では、真偽を客観的に判断しなければならないからです。

－陰極
主観的。間違った情報に基づく仮説や偏見。
陰極の「現実主義者」は、ありのままの現実を見ているつもりで、実は良すぎる、あるいは悪すぎる現実のイメージを抱いています。そのため、彼らには客観的な行動がとれません。現実を悪く考える傾向が強まると、「皮肉主義者」に変わってしまうこともあります。
「現実主義」の陰極が表すのは主観性と仮説ですが、ここで言う仮説とは、あらゆる可能性を際限なく考え続けることを意味します。このような仮説のせいで、彼らは決断できず、いくら調査を繰り返しても結論

が出せなくなります。彼らは起こりうるあらゆることを考えているうちに、選択肢の迷宮に迷い込んでしまうのです。「現実主義」は「行動」の軸の態度なので、彼ら自身もこの厄介な主観性には嫌気がさすでしょう。
また、彼らは感情の悪影響を受けて、客観的な事実を見誤ってしまいます。例えば、株式市場ではよくあることですが、彼らは持ち株が値下がりし始めても、損失を出すのが嫌で売ろうとしないのです。株価は下がり続け、そのうちに否が応でも株を売らなければならなくなります。読者の中にも、目先の損失を考えるあまり、客観性よりも主観性で行動して失敗した経験があるという方がおられるでしょう。

○【吸収】の態度：「実用主義」

■■フォーカス（焦点）■■

「私の言う通りにしなさい。それが一番うまくいくのだから」

「実用主義者」はよく「こうすべきだ」という言い方をします。彼らは非効率的で非実際的な選択肢を排除するのです。物事の機能や形をぎりぎりまで単純化するので、優れた経営コンサルタントになれます。大部分の中立的なオーバーリーフと同じく、「実用主義」は人気があり、全人口の約二〇％います。

ときどき、「実用主義者」は活動の中にある、喜びや楽しさを無視してしまい、問題を起こすことがあります。最も効率的な方法が最も楽しい方法というわけではないのです。

例えば、「実用主義者」は美しい田舎道を通ると遠回りになるなら、ゴミゴミした町の中を通って近道すべきだ、と考えるでしょう。子供や家庭をないがしろにして、働き続ける場合もあります。彼らは生産性と有用性を基準に物事を判断し、感情や人間関係、美、娯楽などを無視してしまうのです。最後には感情が干からびて無感動で孤独な人間になってしまうでしょう。

「実用主義」は「中立」の態度なので、他のどの態度にでも移行できます。一般に〈学者〉は学問研究に役立つので、「実用主義」の態度を好みます。しかし、〈職人〉は創造性と実用性の両立が難しいので、「実用主義」にはなりにくいでしょう。

【「実用主義」の態度の有名人】

マーシャル・マクルーハン（一九一一～一九八〇　カナダの文芸評論家）、ホー・チ・ミン

＋ 陽極

実際的。効果的。単純。機能的。分別のある規則をつくる。

陽極の「実用主義者」は日常的な物事を扱うときに、素晴らしい判断力を示します。さまざまな行動やその方法の長所と短所を考慮し、有用性に基づいて、それらを判断するのです。

物事をありのままに見て、実際的に用いようとするという意味では「現実主義者」に似ています。しかし、それに加えて「実用主義者」は時間やお金をできるだけ節約しようとするのです。また、現在存在する組織についても、それが最も効果的に機能するように、規則や規制をつくろうとするでしょう。また、有益ならば、進んで他の態度をとることもあります。

一 陰極

独断的。頑固。心が狭い。融通が利かない。形式主義的。説教好き。変われない。

陰極の「実用主義者」は規制や規則を遵守します。彼らは独断的で説教がましく、自分のやり方だけが正しくて、他の人のやり方は間違っているものと信じきっています。また、他人の感情をいちいち思いやっていると非効率的だと考えて、無視してしまいます。まるで〈戦士〉の陰極のように無慈悲になるのです。「実用主義者」が独断的な考え方をしているときは、心も狭くなっています。自分が一番よくわかっているのだから、他の人はみな、自分の言うとおりに行動しなければならない、と考えるのです。彼らは規則を決めたがります。「傲慢」（10章参照）と「実用主義」が結びつくと「言うことを聞け、愚か者」と言わんばかりの振る舞いをするでしょう。

「独断性」が宗教的なかたちで現れることもあります。例えば、毎日決まった時間に祈りを捧げ、決まったやり方で儀式を執り行わなければならない、と主張するのです。しかし、このような態度は自発性や柔軟性を奪い、発展を阻みます。彼らに現状からの進歩は望めません。

□態度一般について

態度と魂の年代との関係

乳児期、幼児期、若年期の魂は課題を学ぶのに役立つ態度を好みます。例えば、「禁欲主義」は若い魂たちに安定感を与えてくれますし、「精神主義」は将来を見据えながら進歩するために有益です。それに対し、成人期や老年期の魂はもっと強烈な態度――「皮肉主義」、「現実主義」、「懐疑主義」、「理想主義」など――を好みます。それによって、彼らはより激しい感情と人生経験（例えば、複雑な人間関係）に挑戦しようとするのです。

態度と役割との関係

長期的に言うと、すべての役割の人がすべての態度を経験することになります。全体的な人生経験をするためです。しかし、役割ごとのお気に入りの態度はあります。一般に、「高位」の役割〈賢者〉、〈聖職者〉、〈王〉）は人目につきやすい「高位」の態度（「理想主義」、「精神主義」、「現実主義」）が気に入るでしょう。「順序」の役割（〈職人〉、〈奉仕者〉、〈戦士〉）の人たちは内向的な「順序」の態度（「懐疑主義」、「禁欲主義」、「皮肉主義」）が好きです。「〈学者〉」は「中立」の役割なので「実用主義」に慣れれば満足します。しかし、他のどの役割よりも、あらゆる態度を上手に操ることもできます。

しかし、もともと知的で厳格な役割〈学者〉、〈王〉、〈戦士〉）の人たちがバランスをとるために、わざと「理想主義」のような感情的な態度を選ぼうとすることもあります。

◇あなたの態度を見つけましょう

まずは、すべての選択肢に目を通してから、自分に合うものはどれか調べてください。私たちは、そのときどきでさまざまな態度をとりますが、その中から最も習慣的に使っていると思われるもの、あるいは人からそうだと言われる態度を一つだけ選んでください。あなたのことをよく知っている人に頼んで、あなたの性質を一番表しているものを選んでもらうのも良いでしょう。もし、どうしてもどの態度にも当てはまらないようであれば、おそらくあなたは「実用主義者」です。「実用主義者」は、頻繁に他の態度に変わるからです。

こうして選び出した態度はあなたの基本的なものの見方であり、目標を含めた人生のすべてについての考え方です。

1　聞いたことは自分で調べるまでは信じません。
新製品はほとんど、試してみるまで信用しません。
たいてい完璧な調査をするまでは受け入れません。

2　普段から、私にはある状況で何をするべきかがわかります。
ありのままの現実に満足することはめったにありません。
私は自分にも他人にも大きな期待をしがちで、それが実現しないとがっかりします。

3　人でも物事でも、出来事でも、可能性を考えることは大切です。
あまり十分に調べないで物事を信じることがたまにあります。

何よりも物事の可能性に興味があります。

4　よく人から、何を考えているのかわからないとか、心が読めないとか言われます。
他の人たちが混乱しているときでも、たいてい冷静にものを考えることができます。

何が起ころうと、ほとんどの場合は成り行きに任せています。変えようとしても無駄ですから。

5　それぞれの状況で失敗しそうなことを見つけるのが得意です。成功する方法はあとで考えます。
人も一般的な出来事も計画通りにいかないことが多いような気がします。
私はいつも最悪の事態に備えているので、無事ならば嬉しく感じます。

6　私は多角的にものを見ることができます。
すべての物事の長所と短所がわかるので、決断を下すのが難しいことがよくあります。
私は人よりも実情がよくわかるほうです。

7　何かをするときには、最も効率的な方法でしたいと思います。
一定の条件の下で、一番有効なものを見つけるのが得意です。
他の人の不器用なやり方を見ていると、イライラすることがよくあります。

あなたの態度は……

1：懐疑主義→223ページ　2：理想主義→225ページ　3：精神主義→221ページ
4：禁欲主義→218ページ　5：皮肉主義→228ページ　6：現実主義→231ページ
7：実用主義→233ページ

態度との取り組み方

すべてのオーバーリーフの中で、態度はいちばん変えやすいものです。何か解決したい問題があるときはまず、今、自分はどんな態度をとっているのかを考えてみましょう。そして、しようと思っていることに今の態度が障害になるならば、見方（態度）を変えれば良いのです。

例えば、ジョンという「懐疑主義」の青年がいて、ピアノを習いたいと思っているとしましょう。もし、彼が「懐疑主義」のままでいれば、練習さえ始められないかもしれません。彼はうまくいかないのではないか（ピアノを習い始めるには年をとりすぎているかもしれないな）とか、やる価値がないのではないか（どんなに練習をしたところでベートーヴェンになれるわけじゃあるまいし……）とか疑ってばかりいるからです。しかし、ジョンが自分の懐疑主義的なものの見方を自覚できれば、その対極の態度である、「理想主義」に変えることができます。「理想主義」になれば、「うまくいくに違いない」と信じて、ピアノを借り、練習を始められます。もちろん、「懐疑主義」のままでいるのはジョンの自由ですが、少なくとも、自分で自分を束縛する必要はないのではないでしょうか。

陰極を脱出する方法

もし、それぞれの態度の陰極に陥ってしまったときには、同じ軸の反対側にある態度の陽極に移ることで解決できます。例えば、「理想主義」の陰極である「幼稚」に基づいて生きている人は、「懐疑主義」の陽極である「調査」へ移れば良いのです。何か行動するたびに調査し情報収集するように心がければ、「理想主義」の陽極「統合」にも変われるようになります。

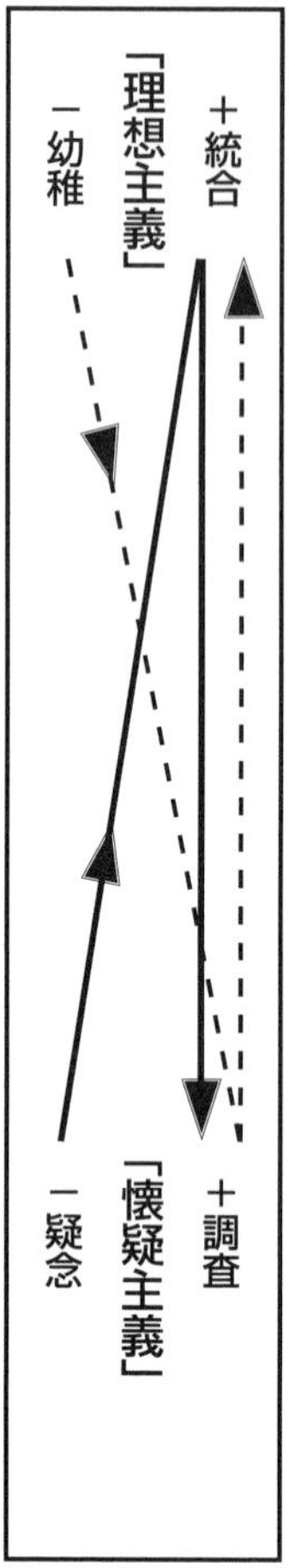

主特性（10章参照）は態度の陰極から生まれます。どの態度であれ、陰極に陥ると、その人の良くないところ、つまり主特性が現れるのです。このことをよく理解するために、否定的な性質の主特性について知り、それらが与えてくれるであろう、さまざまな経験を調べてみましょう。

10章　主特性

主特性のうち、最悪なものはどれでしょう？　例えば「頑固」は「せっかち」よりも有害なのでしょうか？「卑下」は「殉教」よりも楽でしょうか？　主特性のない人もいるのでしょうか？　また、主特性がひどくなる方法もあるのでしょうか？　私たちは主特性について何ができるのでしょうか？　これらの疑問について考えながら、主特性が私たちに与える影響や、他のオーバーリーフとの関係について学びましょう。

主特性とは、ある種の恐れやその影響について学ぶために私たち自身が自分に課した基本的な障害であり、目標へ向けての努力を阻むものです。言い換えると、主特性 とは努力を白紙に戻す漂白剤、障害物なのです。ただし、主特性は〈人格〉から完全に消し去ることが可能なオーバーリーフです。そうすることがこの教えの目的の一つでもあります。

ここで、これまで学んだことを思い出してください。目標とは人生の動機付けであり、かつ達成するべきものでした。モードは目標に向かって努力するための手段でした。モードとは習慣的なものの見方、あるいは目標についての考え方でした。そして、これからお話しする主特性は目標を目指す私たちのシナリオが、

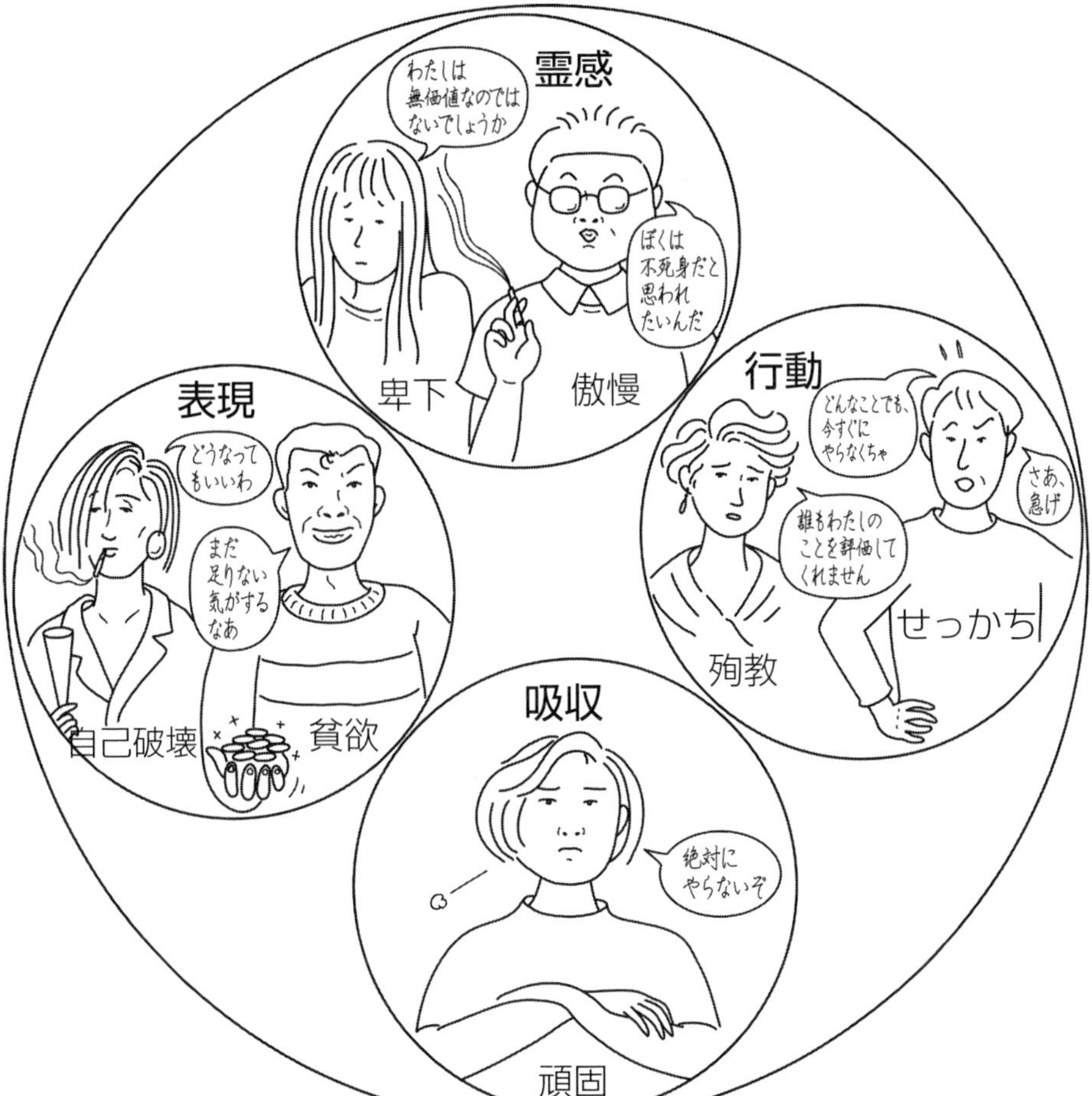
霊感
わたしは
無価値なのでは
ないでしょうか
ぼくは
不死身だと
思われ
たいんだ
卑下
傲慢
表現
どうなっても
いいわ
まだ
足りない
気がする
なあ
自己破壊
貪欲
行動
どんなことでも、
今すぐに
やらなくちゃ
さあ、
急げ
誰もわたしの
ことを評価して
くれません
せっかち
殉教
吸収
絶対に
やらないぞ
頑固

図10−1

	順序	中立	高位
【霊感】	＋謙虚 **卑下** －自己蔑視	――――	＋誇り **傲慢** －虚栄
【表現】	＋自己犠牲 **自己破壊** －自殺的	――――	＋嗜欲 **貧欲** －強欲
【行動】	＋無私 **殉教** －被害者意識	――――	＋大胆 **せっかち** －不寛容
【吸収】		＋決断 **頑固** －頑迷	

表 10－1

卑下	10%	傲慢	15%
自己破壊	10%	貪欲	15%
殉教	15%	せっかち	15%
	頑固	20%	

表 10－2：**地球の人口に占める割合**

あまりにも簡単にすんでしまわないように（チーターとカメの競争のように無意味になってしまわないように）、するものです。つまり、主特性とは、目標を達成するのを遅らせて、学ぶべきことを学べるようにするための障害物なのです。

主特性・態度・モードは目標を達成する方法の三つ組《トライアッド》です。主特性はこれら三つが形づくる三角形のうち、感情に関わる一辺だということもできます。態度は〈知性センター〉、モードは〈運動センター〉、主特性は〈感情センター〉にそれぞれ関係しているからです（センターについては後述）。

主特性の意味

主特性とは障害物であり、ハンディキャップです。だから、「主特性なんて必要ないのでは？」とか「せっかく目指すべき目標や、その達成に役立つ態度やモードを慎重に決めたのに、わざわざ妨害しなくてもいいだろう」という疑問は当然出てくるでしょう。

主特性が存在する理由は次のようなものです。

＊もし、何の障害もなければ、私ちは自分の能力のすべてを確実に使い、またたく間にすべてをやり遂げてしまうでしょう。それでは他人とも自分ともじっくり向き合えません。まるで分厚い辞書を片手にしりとりゲームをするようなものです。好きなだけ無限に言葉を見つけられますが、ゲームを楽しむことはできません。

＊オーバーリーフや主特性のような障害を常に意識することは、私たちの生来の忘れっぽさへの挑戦です。さらに、私たちは何者であるかということや、私たちの絶対的な起源などについての全体像を意識するためには、高次の存在の助けが必要です。

＊主特性は他のオーバーリーフとは違い、消し去ることができます。また、主特性は〈偽の人格〉の大部分を占めていますから、主特性を消し去れば、おのずと〈真の人格〉が輝き出します。この偉業を成し遂げれば、人生が大きく変化し、目標にぐんと近づきます。

＊自分の主特性が何かわかれば、おかしやすい間違いも明らかになります。例えば、「私はクズではない。そんな風に思うのは私の主特性が『卑下』だから、必要以上に自分を低く評価してしまうせいなのだ」とか、「私は理解が遅いわけではない。主特性が『せっかち』だから、自分でも他人でも、時間をかけて学ぶのが許せないだけだ」という具合です。

＊さまざまな障害につまずく自分を大目に見られるようになれば、もっと自己受容も深まります。「しまっ

た、また『頑固』なことをしてしまったな。でも、まあいいか」とか「また自分を『犠牲』にしてしまったけれど、良しとするか」と考えるのです。自分の欠点を受け入れると、他人の欠点も受け入れられます。万一、それができない場合でも欠点を理解してあげられるようになるでしょう。

主特性とは

主特性は人によって、強度も程度も異なります。穏やかな主特性の人もいれば、激しい性癖の人もいます。もし主特性が強烈なものであったとしても、それが現れているのはほんの束の間です。自分をよく観察し、その主特性を捨てようと決意すれば、無くすことができるのです。

すでに見てきたように、主特性は一般に態度の陰極から生まれます。仮に、私が「実用主義者」で独断的な行動をするならば、たちまち「傲慢」や「頑固」という主特性が生まれるでしょう。

すべての人が主特性をもっているわけではありません。年長の魂の場合、主特性がない方が一般的です。しかし、それ以外のほとんどの人（魂）は、成長したりカルマを果たしたりするために、主特性を選びます。また、他のすべてのオーバーリーフは生まれる前に決まっていますが、主特性だけは生まれてからあとの成長期に決まります。思春期はすべての主特性――「貪欲」「傲慢」「殉教」「自己破壊」「せっかち」など――を少しずつ試す時期です。思春期の人たちが、さまざまな経験を求めるのもそのためです。もし、そのとき彼らがホルモンの変化により、心身のバランスを崩してしまうと、主特性の経験はよけいに辛いものになるでしょう。それから、大部分の人は成人になるまで、あるいは遅くとも中年になるまでに主特性を決めます。

	「卑下」	「傲慢」
恐れているものは・・・	不適格であること	非難されること
	「自己破壊」	「貪欲」
恐れているものは・・・	人生が無意味かもしれないこと	欠如すること
	「殉教」	「せっかち」
恐れているものは・・・	犠牲にされること	何かをやり逃すこと
	「頑固」	
恐れているものは・・・	変化すること	

表10－3：主特性とそこに潜む恐れ

ただし、中には幼い頃の経験をもとに、五歳になるかならないかで主特性を決めてしまう人もいます。また、主特性は非常に流動的なオーバーリーフなので、足りない部分を補うために生涯のうちに何度か変わることもあります。

例えば、「せっかち」から「殉教」へ変わることがあります。ひどい交通渋滞に巻き込まれイライラしているとき、気分が変わって「自分は時間を奪われた犠牲者なんだ」と思うかもしれません。犠牲になることを自ら受け入れた人はイライラして工事現場に飛び込んだり、渋滞している車の列に突っ込んだりしません。このように自分を犠牲者だとみなすのは「殉教」の特徴です。

主特性は目標の達成を阻み、成長のスピードを遅らせます。主特性も他のオーバーリーフと同じく、「順序」と「高位」とに分かれます。「順序」の主特性（「自己破壊」「卑下」「殉教」）は人の行動を押さえ込みます。これらの特徴は自縛的なのです。

逆に「高位」の主特性（「貪欲」「傲慢」「せっかち」）は人を外向的にし、社会に出させようとします。「順序」の主特性を自己カルマ的（内面や個人的な経験と取り組む）、「高位」の主特性を他者カルマ的（外面へ向かい、社会関係と取り組む）と言うこともできます。

「頑固」は「中立」なので、「頑固」を主特性とする人は、主特性の自爆的な側面も実行力のある側面もどちらも経験する可能性があります。これらの人は他の主特性に移り、それに強い影響を受けることがあります。

○【霊感】の主特性：「卑下」と「傲慢」

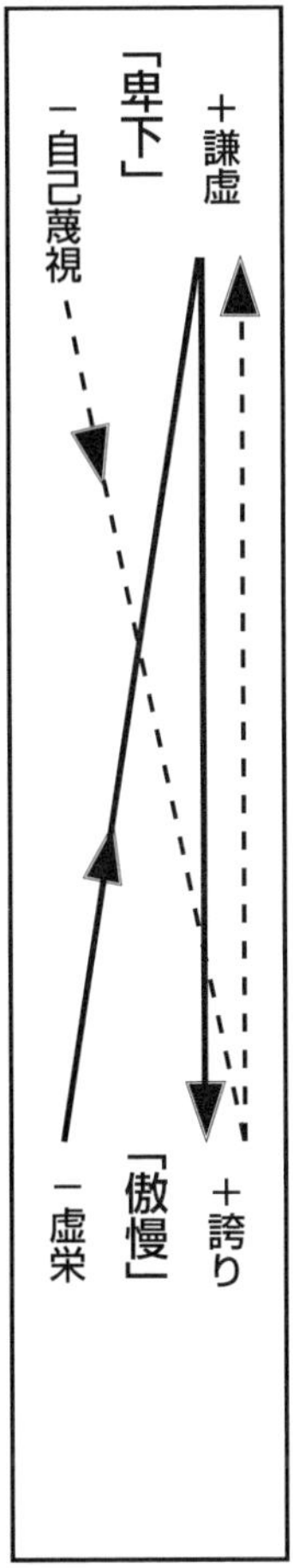

※訳注：図の矢印は陰極から陽極に移るための道順を示す。241ページ『陰極を脱する方法』を参照

★「卑下」
■■フォーカス（焦点）■■
「私は無価値です」

「私がどんなに良いことをしても、誰も覚えていてはくれません。それなのに悪いことをすると誰もがそれを覚えています」

「何かがうまくいくと戸惑います」

「卑下」を主特性にもつ人たちは、自分自身を過度に低く評価してしまいます。「卑下」とは、劣等感に基づく主特性です。「卑下」の人たちの自己評価が低いのは、自分に対して厳しすぎるせいです。

彼らは何か行動する前や後でひっきりなしに弁解します。例えば、「私はほんとうに何も知らないのですが……」、「自分で何を言っているのか、わかっていないのですが……」などと言います。さらに、「ああ、私はなんてバカなんだ！」とか「何一つまともにできないなんて、ひどい間抜けだ」と言って自分を嘆きます。彼らに自信を持たせようとする人は、そのうちにうんざりして諦めることになるでしょう。そして、彼らは「自分は劣っているから誰からも好かれないんだ」という自分の予言を自分の手で実現させてしまうのです。しかし、自分自身を正しく評価し、自尊心を持つように心がければ、「卑下」は消えます。

俳優で映画監督のウッディ・アレンは自分の「卑下」をうまく描写して、富と名声を獲得しました。

＋ 陽極

謙虚。正しい見方。人間関係での立場をわきまえている。

「卑下」の陽極は「謙虚」です。ここには、素晴らしい偉業を成し遂げてもなお、慎み深くしているような立派な人も含まれます。例えば、ノーベル賞を受賞してもあいかわらず控えめだったマザー・テレサもそうです。

－ 陰極

自己蔑視。自分をごまかす。

「卑下」の陰極は「自己蔑視」、つまり、自分自身を蔑むことです。この極の人たちは、「自分は無価値だ。

だから、自分の心や体を気遣っても無駄だ」と感じています。彼らはだらしなく、虐げられた人の典型的な外見（風呂に入らず、髪も梳かさず、ぐったりとして、落ち込んだようす）をしているでしょう。

★「傲慢」

■■フォーカス（焦点）■■

「私は何をすべきかすべてわかります。だから、他人がバカに見えます」

「他人に欠点を見破られて、嫌われないか心配です」

「傲慢」とは、高い自己評価や優越感という見せかけで覆われた臆病さであり、低い自己評価です。「私には自分の価値がどれほどのものかわからないし、ひょっとしたらほとんど価値がないのかもしれない。だから、偉い人間のふりをして、他人にも自分自身にも私の価値を信じさせなくては」と彼らは考えます。

「傲慢」の人たちは、自分が他人からどう思われているかを非常に気にします。そして、悪く思われていることに気づくととても臆病になってしまいます。彼らは盾に身を隠しています。ですから、盾を奪い、彼らが無防備だと感じている弱点を突くと、ひどく悔しがるにちがいありません。

「傲慢」とは他人から裁かれ、欠点を見つけられることへの恐れです。そのため、「傲慢」の主特性をもつ人は、心の中で自分を厳しく裁きすぎているせいで、表向きは他人のことばかりを非難している、ということがよくあります。この「傲慢」が主特性、つまり障害物となっている人は全人口の一五％います。

「傲慢」も「卑下」もその原因は低い自己評価です。興味深いことに、成人期や老年期の魂たちは自分の価値や自己受容についてより深く学ぶために、これらの主特性をもつことがあります。それに対し、若い魂たちはあまり内面には目を向けない外向的な主特性を選ぶことが多いようです。

「傲慢」は自分の価値を悟り、自己評価を高めることによって消えてゆきます。

【「傲慢」を主特性とする有名人】

モーツァルト、ジェームス・ジョイス（一八八二～一九四一　アイルランドの作家）、ガートルード・スタイン、ジャンヌ・ダルク、アリストテレス、モハメド・アリ（一九四二～　米国のプロボクサー「俺は最高だ」）、リベラーチェ（一九一九～一九八七　派手なコスチュームで有名な米国のピアニスト）

＋ 陽極

誇り。達成の見通しがある。

「傲慢」の陽極は「誇り」――自分自身や自分の仕事の価値についての好感情――です。陽極の人たちは、自分の家柄や国（例えば、フランスという国や、フランス人であるということについて）あるいは、博士論文や本を書き上げるという大きな仕事をしたことについて誇りに思います。これは適切な誇りです。単なる他人に対する優越感とは違います。

― 陰極

虚栄。高慢。冷淡。手を広げすぎる。

陰極は「虚栄」――自分を尊重しすぎること――です。この極の人たちは、自分は他の誰よりも良い人間だと信じきっています。他人から気取りすぎだと非難されたら、彼らは大いに戸惑うことでしょう。自分の評判をひどく気にするからです。外見をとりつくろうためなら、どんなことでもします。これ見よがしに富や権力を見せびらかすようなこともするでしょう。人気のあるテレビドラマには、よく「虚栄」の典型のような人物が現れ、大悪党の役を演じます。

○【表現】の主特性：「自己破壊」と「貪欲」

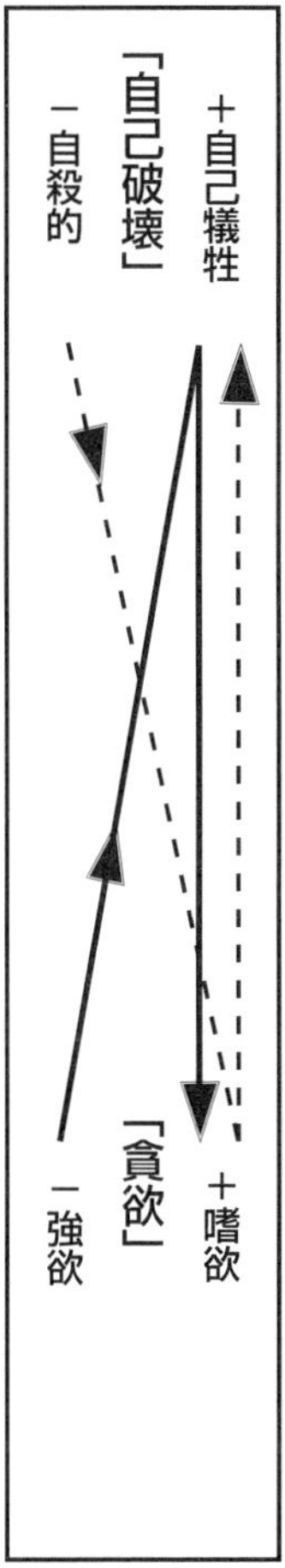

★「自己破壊」

■■フォーカス（焦点）■■

「私は（ドラッグなどを）やめられません」
「いくらでも欲しくなるのです……（過度な貪欲さ）」
「もう、こんな所にはいたくありません」

「自己破壊」とは自分は生きるに値しない人間だと考えて、肉体的、精神的に自分を傷つけようと思ったり、実際に傷つけたりすることです。この主特性をもつのは、おもに〈感情センター〉の「運動のパート」（11章参照）にとらわれた人たちです。「自己破壊」を主特性とする人は全人口の約一〇％います。この特徴はアルコール中毒や薬物中毒の人、向こう見ずに危険をおかす人、自殺未遂を繰り返す人などによく見られます。「自己破壊」の人の中には、性急で暴力的な手段で自分を破壊しようとする人がいます。それとは対照的に、何年も、あるいは一生かけて、徐々に破壊しようとする人もいます。困難な状況から抜け出すための手段として「自己破壊」を選ぶ人もいます。

「自己破壊」が自制できなくなることへの恐れと結びついている場合もあります。どんな極限状態でも自制心を失わないでいられることを確かめるためにわざと危険をおかすのです。例えば、ライダーになって何台もの車を単車で飛び越えようとするかもしれません。あるいは、自分は不死身だと信じるためにわざわざ戦地に赴き、他の兵士たちがハエのように次々と殺されている中で生き延びようとするかもしれません。彼らは最終的に命を落としてしまうまで、より大きな危険へと挑み続けるのです。

「自己破壊」はどんどん過激になる傾向があります。つまり、このオーバーリーフの人は、常に今よりも危険なことを追い求め続け、最後には命を落とすことになるのです。

いくら損失を出しても、もっとお金を賭ければ取り戻せると思ってギャンブルを続けてしまう人はその典型です。彼らはさらにお金をなくしますが、本心からそれを取り戻す気で借金をし、再び賭けてしまいます。そしてついには、すっからかんになって破産するのです。問題は彼らには損失を受け入れて、途中でゲームから降りることができない、という点にあります。

【「自己破壊」の主特性をもつ有名人】

ヴィンセント・ヴァン・ゴッホ、ジミー・ヘンドリックス、マリリン・モンロー

＋陽極

自己犠牲。幸福。より大きな目的のために、大事なものを諦める。

「自己破壊」の陽極の人たちは自分自身よりも高い目的のために、自分の命や自由を犠牲にすることがあります。

「自己破壊」の軍人は、六人の仲間の命を救うためなら進んで銃弾を受けるでしょう。また、母親ならば、子供を助けるために燃えさかる家の中に飛び込み、やけどをしたり、死んだりするかもしれません。このような事情から、大きなカルマを返す必要のある人が「自己犠牲」を選ぶことがよくあります。

ー陰極

自殺的。自己妨害。被虐的。暴力的で冷酷な両親を内面化する（深層心理の「超自我」にする）。

陰極の人々はさまざまな自己破壊を試みます。それは性急で暴力的な行為による場合もありますし、一生涯続くほどの長期間にわたる緩慢な手段を使う場合もあります。彼らは自己嫌悪から、暴飲暴食したり、ドラッグを吸ったり、危険な活動に参加したりします。これらの行動はすべて、人生は無価値で生きるに値しないのではないか、という恐れに基づいています。

次にあげる主特性、「貪欲」を見ると、「欲しいものが多すぎる」こともさまざまな自己破壊につながることがわかります。パーティの席でお酒を飲みすぎて、翌朝後悔した経験なら多くの人にあるでしょう。タバコやコーヒーなどからもっと刺激の強いものまで、ドラッグや興奮剤の過剰摂取はいずれも「自己破壊」につながる「貪欲」さによって起こります。

★「貪欲」

■■フォーカス（焦点）■■

「私は今持っているものに満足せず、必要のないものまで欲しがります」
「欲しいものはいくらあっても足りません」
「もっと、もっと、欲しいんだ」

「貪欲」とは、足りないことを恐れて欲しがることです。それは、いくらあってもまだ足りないと思う、一種の欠乏感です。何かが足りない気がするのです。「貪欲」という主特性は〈感情センター〉の「知性のパート」（11章参照）にとらわれたときによく現れます。全人口の約一五％の人が「貪欲」の主特性をもっています。

「貪欲」はしばしば食べ物や酒、セックス、ドラッグなどへの飽くことのない渇望となって現れます。そのため、これらの人は本当は空腹でなくても、食べすぎてしまいます。そして、さんざん食べると、食べ物を外に出してしまうために下剤を飲み、また過食するのです。この状態がよく知られた過食症です。その正反対の症状である、拒食症もやはり「貪欲」に起因します。

「貪欲」が肉体的ではなく、感情的なかたちで現れることもあります。経験や人間関係、愛情、商品、利益などを果てしなく渇望するのです。「貪欲」の人は、他人から嫌われがちです。彼らは欲しいものを手に入れるためならとことん冷酷になりうるからです。渇望にとらわれ、振り回されているのです。

「コーンフレーク王」のウィリアム・ケロッグはケロッグ財団（資産十二億ドル）を設立し、九一歳まで生きましたが、彼の人生は惨めなものでした。「長い精神科医生活の中で、彼（ケロッグ氏）ほど孤独で寂しい人間は知らない」と彼の主治医は言っています。

ウェインガード財団（資産二億五千ドル）のベン・ウェインガードは九二歳まで生きましたが、仕事以外の時間を二人の女性のために分けて使いました。水曜、金曜、日曜は一人の女性と過ごし、火曜、木曜、土曜はもう一人の女性と過ごしたのです。そして、月曜日が彼だけの休日でした。死に臨んで彼は、「もっとたくさんお金を持っていけるように、死に装束を豪華にしてくれ」と言いました。

貪欲さは欠乏の恐怖に直面し、深い恐怖を感じることによって生まれます。明らかに「貪欲」と「欠乏」は結びついています。「足りない」と思うからこそ執念をもつようになるのです。

劇的な「表現」の役割である、〈職人〉や〈賢者〉は「自己破壊」や「貪欲」などの主特性を好む傾向があります。先に述べた人たちの他にも、（富に対する）「貪欲」のもった典型的な人物として、ハワード・ヒューズがいます。

＋陽極

大欲。大量に求める。達成を目指す。

「貪欲」の陽極は「嗜欲」、すなわち、生きるのに必要なもの以上のものを求めることです。これはほとんど無限ともいえるものをほしがり、それを手に入れようとすることです。

若い魂ならば成功や名声、権力などを熱狂的に求めることになりますし、成人期の魂ならば、たくさんの情事や人間関係、愛情などを求めるでしょう。さらに、老年期になると、霊的な知識や経験に対する貪欲さを示すでしょう。

また、「自己破壊」の主特性をもつ人が、人生のある時期に本当に生きがいを与えてくれるような人物や物事に出合うと、「貪欲」の極へ移ることがあります。ある日突然、恋に落ちて生き生きとした熱情を抱くようになる、といったロマンチックな恋愛も、人生への嗜欲、つまり「貪欲」の陽極の一例です。逆に、愛する人を失ったときには、悲しみから、一時的に「自己破壊」の主特性をもつこともあります。

ー陰極

強欲。果てしない不満。底なし沼の欲望。

陰極は「強欲」――すべてを焼き尽くすような熱狂――です。この熱狂は行き方そのものにも及び、夢中で極端な経験を求めたり、何かに深入りしすぎたりすることになります。それはまるで、不満の底なし沼にはまってしまったような感じです。しばしば、「貪欲」すぎて「自己破壊」に陥り、自分を傷つけてしまう人もいます。そのような人はその経験にショックを受けて、「貪欲」を抑制できるようになるでしょう。

「自己破壊」と「貪欲」とは対極にあるので、「自己破壊」の人が「貪欲」の陰極の「強欲」に移ることもあります。先にお話したように、「貪欲」の人はお酒や薬の飲み過ぎから体を壊す傾向があります。

○【行動】の主特性：「殉教」と「せっかち」

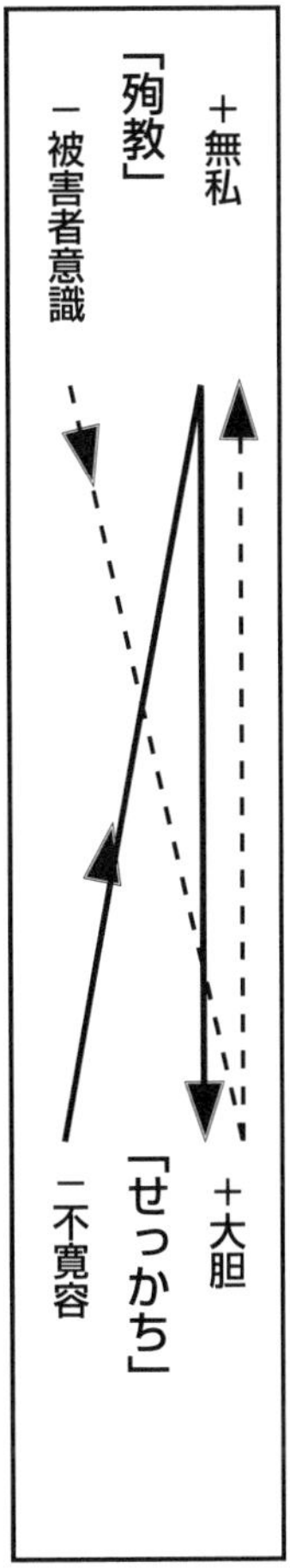

★「殉教」

■■フォーカス（焦点）■■

「もし……さえ無ければ幸せになれるのに」
「こんなことはできません。なぜなら……」
「あなたのためにやってあげたのに……」

「殉教」の極にいる人たちは、必要もないのに自分から犠牲になろうとします。彼らは自分が周囲の犠牲になっていて、しかも、そのことは自分ではどうしようもないのだ、と思っています。「殉教」の人たちには、うるさ型と沈黙型とがいます。うるさ型の「殉教」の人は絶えず口やかましく不平を言います。その反対に、沈黙型の「殉教」の人は、犠牲は筆舌に尽くしがたいものだし、自分は、どうせ虫けら同然の卑しい人間だから悩みを聞いたり助けたりしてくれる人がいるはずもない、と思って行動します。

彼らは楽しんだり遊んだりするのが大の苦手です。犠牲的な態度と矛盾するからです。また、「殉教」の人たちは、他人をひどく怒らせて攻撃されることがあります。自分から他人を遠ざけ、「今にきっと虐待されるに違いない」と言い続けることにより、事実、虐待されることになるのです。

例えば、彼らは非難がましい口調でこんな風に言います。「もう二度と電話をかけてこないつもりなんでしょう?」「結構よ。どこへでも行って楽しんできたらいいわ。私は週末でもいつも通り家にいて、床磨きをするわ。ほんとうは関節炎がひどくて、あなたの部屋の雑巾がけは辛いんだけど……」など。

実を言うと、私たちの大部分は周期的に「殉教」の極に移行しています。例えば、車で出かけようとしたときにバッテリーが盗まれていることに気がついたとしましょう。きっと犠牲にされた気分になるはずです。「殉教」への移行は突然、不運に見舞われたときにはよくあることなのです。

ときに、「殉教」の人は死をもて遊ぶことがあります。自殺未遂などの危険をおかし、場合によっては本当に死んでしまいます。彼らはセラピストにとってやっかいな患者です。「殉教」の極のクライアントは「先生に私が自殺するところを見せてやろう」などと言い、往々にして本当にそうするからです。

【「殉教」の主特性をもつ有名人】

ウィリアム・ブレイク、ルードヴィッヒ・ベートーヴェン(晩年、耳が聞こえなくなり、自分の作品さえ聴けなくなった)、カール・マルクス、ジョン・F・ケネディ、ウィリアム・シェークスピア、ジャンヌ・ダルクも間違いなく「殉教」です。

＋ 陽極

無私。自分を計算に入れない。

「殉教」の陽極は「無私」です。自分のことを顧みずに他人に与えることを意味します。「無私」はローマ軍による迫害を耐え忍んだ初期キリスト教徒たちの理想でした。

また、政界では、「殉教」が人々の同情心をかき立てる働きをします。一九八三年、フィリピンのアキノ大統領が暗殺され、その三年後、妻のコラソン・アキノが大統領に選ばれました。これは夫の殉教的な死が引き起こした深い同情が、国民にマルコス独裁政権の問題に目を向けさせ、変化を求める勢力を湧きあがらせたからにほかなりません。

ー 陰極

被害者意識。屈辱を受ける。

陰極は「殉教」の人たちが「私はなんて不幸なのだろう」、「いつも与えるばかりで、一度も欲しいものが手に入ったためしがない」などと思うことによって生まれます。そういう立場に身を置いたのは自分なので すから、当然、その責任は自分にあるということを自覚すれば、現状を変えるために何かができるでしょう。そのためにはまず、自分の不満をはっきりと人に伝え、自己憐憫をやめるべきです。

前述したように、この主特性はあらゆる主特性の中で最も嫌われ、他人に嫌悪感を与えるものです。それは、自己評価が極端に低いからです。

長い間、陰極にとどまっている人は、まるで全世界の不幸を一人で背負っているかのような受難者ぶった態度をとるようになる傾向があります。また、この極は困惑を経験するために利用されることもあります。例えば「せっかち」の主特性をもつ人が「殉教」に移ると、自分自身を受け入れられなくなって困惑するでしょう。「なんということだろう。実に愚かなことをして、しかも他人に知られてしまった。恥ずかしくて道も歩けない」というように考えてしまうからです。

★「せっかち」

■■フォーカス（焦点）■■

「待っている暇なんてありません」
「あのバカたちが急いでくれないと……」

「せっかち」とは何かをやり遅れるのではないかという恐れから生まれる、欲求不満や緊張感のことです。この主特性は「急がないと、遅れるぞ」という気持ち、つまり時間不足への恐れとして、表れることがよくあります。

時間の問題について、より高度な学習を望まれる方のために、少し付け加えておきましょう。当然のことながら、誰にとっても時間は同時に進みます。「あなた（の時間）だけが遅れる」ということはありえません。あなたが何時に到着しようと、それは「正しい時間」です。そうでなければ、時間の同時性は嘘だということになってしまいます。そもそも「間違った時間」など存在しないので、「間違った時間」に到着することは不可能です。自分自身を観察すればこの真理がわかるはずです。

「せっかち」な人たちが欲求不満に陥ると、補完的な主特性である「殉教」になってしまうことがあります。そして、全人口の約一五％の人が「せっかち」を主特性に選んでいます。

現代は社会全体がせかせかしていますが、それでも、「せっかち」になるのは良いことではありません。せかせかと急いでいるとき、人はその瞬間のもつ豊かさを見失っています。それに、常に計画と予定に追われてばかりいては、決して人生を楽しむことも自分らしく生きることもできません。

「せっかち」な人は何をするのでも向こう見ずになり慌てます。そして、そのせいで物を壊したり、よけいに遅くなったりするのです。例えば、交通渋滞にあった人が「せっかち」になり、焦って別の道に変えたために、スピード違反で捕まったり、もっとひどい交通渋滞に巻き込まれたりすることもあるでしょう。また、ある作品を慌ててつくろうとして、修理の仕様もないほどに壊してしまい、(誰かに「殉教」して手伝ってもらって）はじめからつくり直さなければならなくなることもあるかもしれません。

＋ 陽極

大胆。自発性。勇気がある。

「せっかち」の陽極の「大胆」とは向こう見ずで、勇敢な自発的行動のことです。この極にいる人は問題を緩和し、断固とした行動をとることができます。自分の望む目的を早く果たしたければ、人は危険をおかさなければなりません。例えば、外国への入国手続が、事務的な対応でなかなか進まないとき、「大胆」になり、直接責任者に苦情を言えば、痺れを切らして並んでいる人たちを尻目に、いち早く国境を越えられるかもしれません。

ー 陰極

不寛容。批判的。欲求不満。

この極の人たちは自分が不満に感じる人や状況を拒絶してしまいます。「不寛容」はおもに、自分の望む時間内に物事をやり遂げられないことへの欲求不満から生まれます。例えば、交通渋滞に巻き込まれ、遅刻しそうなのでイライラしているとします。そんなとき、陰極（不寛容）の人は、他のドライバーや自分の車、自分自身などを罵って、欲求不満を思い切り吐き出すでしょう。

○【吸収】の主特性：「頑固」

■■フォーカス（焦点）■■

「変化するのだけは絶対に嫌です」

「一歩も譲る気はありません」

「どうせ、あなたにはわかりませんよ」

この特徴をもつ人たちは、事実であれ、思い込みであれ、他人から反対されていると思うと断固として抵抗します。「頑固」とは今の立場から離れたくないために、変化を恐れる気持ちのことです。

この主特性を選んでいる人は最も多く、全人口の約二〇％います。このことについては次章でも述べますが、年長の魂は「頑固」という主特性を好みます。

「頑固」は流動的で便利な障害で、思いのままに他の主特徴と交換できます。

「頑固」を直す方法は、他人から反対されたときでも、適当に受けながすように心がけることです。例えば、軍事的な交渉においても、頑固さはあからさまに相手の敵意を掻き立てるだけですが、自分の変化を恐れる心を捨て去れば、進歩と平和への扉が開くでしょう。

【「頑固」を主特性とする有名人】

マーガレット・ミード（一九〇一～一九七八　米国の文化人類学者）、アンドリュー・ワイエス（一九一七～二〇〇九　米国の画家）、パール・S・バック（一八九二～一九七三　米国の女流作家）、カルロス・カスタネダ、ホー・チミン、ガリレオ・ガリレイ、パットン将軍

＋陽極

決断力がある。決意が固い。執着的。強い意志。目的意識がしっかりしている。

陽極の「決断力」は霊的な成長をはじめ、あらゆる試みに役立ちます。「決断力」とは、どんな障害があろうとも、それに耐え懸命に進む強い意志の力のことです。この極にいる人はなかなかくじけません。まるで、車のアクセルを踏み続けるかのように、ひたすら前進します。そして、「必ず、やってみせる」と言うのです。

現代社会で「決断力」は成功の重要な要素になります。それは目標達成のためのエネルギーを存分に引き出してくれるからです。いったん引き出されたエネルギーは廻り巡って、たいていの場合、成功や富など、あなたが希望するものとなって戻ってきます。

ー陰極

頑迷。強情。閉鎖的。

陰極の「頑迷」の人たちは、まるでブレーキをかけっぱなしにしているかのように、すべてを停止状態にしてしまいます。何かにつけ、「嫌だ、やりたくない」と言うのです。この極にいると、全体像の中の、特定の部分の特定の情報しか目に入らなくなります。そして「頑迷」になり、有害なことでも断固として続けます。それは、単に変化が怖いせいです。

主特性全般について

主特性と「魂の年代」との関係

幼児期や成人期の魂は「殉教」と「せっかち」の主特性を好みます。これらは彼らの年代の課題を学ぶのに役立つからです。彼らは、自分が犠牲者や殉教者のようだと感じることをきっかけに、人間関係を築くようになります。また、「せっかち」はしばしば制御不能になる彼らの感情にぴったり合っています。

乳児期や若年期の魂は「貪欲」を選ぶことがよくあります。どちらの年代も、多くの経験と多くのものを欲しがるからです。ただし、乳児期の魂が重視するのは、生きるために必要なものがどれだけたくさんあるか、ということなのに対し、若年期の魂が重視するのは勝ち負けです。

老年期の魂は「卑下」や「傲慢」を好みます。老年期の魂にとって中心的な課題である、自分の価値についての問いと関連があるからです。彼らは長い間生きた末に、大きな観点から見ると、自分が本当に知っていることなど、ほんのわずかだと悟っています。それで、「私には他人に語る価値などあるのだろうか？何も知らないのに」と考えるのです。

主特性と態度、目標との関係

主特性と態度や目標との関係をいくつか例をあげて説明しておきましょう。

1 まず、「受容」の目標と「皮肉主義」の態度を選んでいる人の例をあげましょう。もし、その人が長い行列に並んでいて、「皮肉主義」の陰極に移ってしまうと、「これは絶望的だ。永遠に並ばされるかもしれないな」などと、文句を言います。そして、自分は周囲の犠牲になっていると感じます(「殉教」の陰極)。さらに「不寛容」になるでしょう(「せっかち」の陰極)。こうなってしまうと、彼が「受容」の目標を達成するのは非常に困難です。

しかし、もし「皮肉主義者」である彼が、「現実主義」の陽極(「客観的」)に変わることができれば「客観的」に、いかに今の状況を「受容」しようか、と考え直すことができるでしょう。すでに、彼が「不寛容」という主特性にとらわれていることを自覚しているのなら、直接、「せっかち」の陽極(「大胆」)に移ることもできます。そうすれば、状況を改善し、「受容」できるような直接的な行動がとれるでしょう。例えば、いったんその場を離れて、人が減ってから戻ることもできます。そうすれば状況を「受容」しやすくなります。

2 次は、「成長」の目標、「実用主義」の態度、「傲慢」の主特性を選んでいる人の例です。彼は息子にピアノを教えているとき、ついイライラして、「実用主義」の陰極=「独断的」になってしまうかもしれません。彼は「傲慢」な口調で「パパの言うとおりにしなさい。さもないと、ひどい目にあわせるぞ」と言います。そして、親子とも嫌な気分になります。息子はピアノの練習をやめてしまうでしょう。

しかし、逆に父親が「実用主義」の陽極の「実際的」な考え方をすれば事態は良くなります。例えば、その日の練習はやめにして、息子を遊びに連れて行くのです。そうすることによって、父親自身も「傲慢」さを抑え成長できます。

どちらの例でも、その人のモードが行動の仕方（注意深いか、情熱的か、攻撃的かなど）を左右しています。

主特性と「センター」との関係

主特性はそれぞれ異なるセンターと結びついています。次ページの表は主特性とセンターと〈罠〉との一般的な結びつきを示したものです。センターや〈罠〉の意味については次章を参照してください。

主特性	センター	パート〈罠〉
殉教	運動	知性
せっかち	運動	感情
貪欲	感情	知性
自己破壊	感情	運動
傲慢	知性	感動
卑下	知性	運動

表 10 − 4

◇あなたの主特性を見つけましょう

どの主特性についても、当てはまると思う部分が少しはあるでしょう。過去の人生で、あなたはそれらの主特性を経験したことがあるからです。

しかし、主特性とは現在のあなたの特徴を最も強く表しているもののことを言います。自分の特徴はわかりにくいですから、だれか他の人に聞いてみるのも良いでしょう。他人には、いつもあなたの主特性が見えているものです。「もちろん、君は『頑固』だよ」とか「あなたは『頑固』そのものだ」とか言われて、それを断固として否定してしまったら、あなたの主特性は間違いなく「頑固」です。

1　人生には何の価値もなく、自殺だけが唯一の解決策だと感じることがあります。
自分はどうなってもいいし、自分の体をどうしてもいい、と思うことがよくあります。どうせ、私のことなど誰も気にしません。
自分にとって有害だとわかっていることをわざとしてしまうことがあります。そして、やめられなくなります。

2　何かを取り逃してしまうのではないかと非常に心配になると、どうしてもそれが欲しくなることがあります。
しばしば、金銭や食べ物、酒、セックスなどの欲望が抑えられないときがあります。
私は満足したことがありません。

3　何をしても他人からは評価してもらえません。
どうすべきか、いかにあるべきか、といったことにとらわれて、その束縛から抜けられない気持ちになることがよくあります。

私は他人のせいで辛い人生を送っています。他の人が私にもっと親切にしてくれたら、幸せになれるのに。

4　私は待つのが嫌いです。
グズグズしている人を見ると腹が立ちます。

するべきことをすべてするには時間が足りない気がします。

5　私は何一つまともにできないのではないかとよく不安になります。
私はいろいろな面で他人より劣っている気がします。

私は非常に厳しく、情け容赦ない自己批判をしてしまいがちです。

6　初対面の人から気取り屋だと思われることがよくあります。
私はとても恥ずかしがりなので、自分から人目を避けます。しかし、そうするとのけ者になったような気分になるのです。

しばしば、黙って私の言うことに耳を傾けてくれたら、いろんなことを教えてあげられるのに、と思います。

7　私がいったんこうと決めたら、誰にも変えられません。
たまに間違いに気づきながら、それを認められないことがあります。
私は誰の指図も受けません。自分のことは自分で決めます。

あなたの主特性は……

1：自己破壊→253ページ
2：貪欲→256ページ
3：殉教→259ページ
4：せっかち→262ページ
5：卑下→249ページ
6：傲慢→251ページ
7：頑固→264ページ

これで、役割、目標、モード、態度についての説明が終わりました。次は主センター化です。主センター化とは知性や感情や運動などを用いた、世界との取り組み方です。

11章　主センター化と高次センター

この章では七つのセンターと、その中にある、七つのパート、および〈罠〉について述べます。センターとはそれぞれ三つのパートの相互作用からなる、オーバーリーフの組み合わせのことです。はじめに七つのセンター全体を概説したあとで、それぞれのセンターについて詳しく説明します。次に、各センターのパートと、そこで私たちの邪魔をすることになる〈罠〉について述べます。最後に調和のとれたセンターの用い方をするために、〈罠〉を避ける方法をお教えします。

七つのセンターは、七つの主要なチャクラにほぼ対応しています。チャクラとは、「車輪」もしくは「渦巻き」を意味するサンスクリット語で、人体の脊柱に沿って存在する七つの微細な意識センターのことです。

センターの重要性

人はセンターなしには、なにも経験できません。センターとは、〈本質〉が世界を経験するための手段なのです。

どのようなオーバーリーフの組み合わせを選び、どのようにセンターを使うかによって、どんな人生をおくるかが決まります。センターやオーバーリーフの使い方には人それぞれ好みがあります。その好みによって、〈本質〉が人生で学ぶことが詳細に決まるのです。ただし、他のどのセンターやオーバーリーフでも、使いたければいつでも使うことができます。

私たちは必ず、いずれかのセンターを使って行動しているので、それ以外のセンターについて理解するのは困難です。例えば、知性センターをおもに使っている人は感情センターが理解しにくいでしょうし、感情を主センター化する人は知性センターが理解しにくいでしょう。私たちはみな、どのセンターを認識の土台とするかで、偏った考え方をしているのです。ですから、自分の主センターとは異なるセンターについて理解することは自己認識を深めることにもなります。

主センターとは何か

主センターは日常生活の過ごし方に結びついています。主センターとは、各自がとっさに何も考えずにとる反応、すなわちその人の基本的な条件反射の仕方です。

さまざまな状況に対して、あなたがどのように反応し、その対応をどのように表現するか、ということなのです。

センターには七種類ありますが、通常、私たちの活動は三つの主要なセンター（運動、感情、知性センター）に基づいています。そして、自分が最もよく使うセンターを通して、人生を経験することになります。

センター	チャクラ	位置	関連する役割
本能	1	背骨の底部	王
高次の運動	2	性器の上	職人
運動	3	太陽神経叢（下腹部）	戦士
感情	4	心臓	奉仕者
知性	5	喉	賢者
高次の知性	6	第三の目	学者
高次の感情	7	頭頂	聖職者

表11－1

センター		特性
知性	----------	言語、概念、思考
感情	----------	感情の状態—喜怒哀楽
運動	----------	身体的な運動—歩行、ダンスそわそわすること
本能	----------	生命を保つ。心拍や呼吸細胞の成長などの生理的機能
高次の知性	----------	真理
高次の感情	----------	愛
高次の運動	----------	美、驚異の念、セックス、関係性の認

表11－2：7つのセンターの概要

私たちは自分の好みに応じて、「運動」、「感情」、「知性」のいずれかのセンターを主要なものとして選んで使っています〈主センター化〉。それ以外のセンターは主センターを支えるために副次的に使います。

表11—2の四番目にある、〈本能センター〉はほとんど無意識的に作用します。また、三つの高次センターはめったに経験することがありません。

すでに述べたように、どの人にも七つのセンターがあり機能しています。しかし、人により、ふさがっていてほとんど使われていないセンターもあれば、使われすぎているセンターもあります。例えば、感情豊かな生活をおくり、機敏に運動しているけれど、知性的に理解しようとはしない人もいるでしょう。どのセンターも一応は機能していますが、その程度には差があるのです。

そして、あらゆる状況において、真っ先に使うセンターのことを、その人の主センターと呼びます。例えば、何かが起こったとき、まず、感情的に反応する人は「感情」を主センター化している人です。普段はまず、考えてから対応するという人は「知性」を主センター化しています。そして、ただちに行動する人の主センターは「運動」です。

カフェにいるとき、店の外で自動車事故が起こったら、あなたはどのような反応をしますか？

＊衝突音を聞いて、何が起こったのか、誰が誰にぶつかったのかと分析する人の主センターは「知性」です。

＊とっさに誰かが怪我をしているかもしれないと思い、心配になる人の主センターは「感情」です。

＊すぐに立ち上がり、様子を見に行く人の主センターは「運動」です。

7つのセンター

＊　主センターとは個人の基本的な活力源

＊　主センターとは活動するときに使うおもな能力

＊　〈罠〉とは人格形成に最も役立つセンター

順序	中立		高位
【表現】	＋洞察 知性 －推論	――	＋真理 高次の知性 －テレパシー
【霊感】	＋認識 感情 －感傷	――	＋愛 高次の感情 －直観
【行動】	＋生産的 運動 －熱狂的	――	＋総合 高次の運動 －欲望
【吸収】	＋意識的 本能――すべてのセンターを使うことができる。 －自動的		

表11－3

	〈感情センター〉 40%	〈知性センター〉 50%	〈運動センター〉 10%
「感情のパート」	0%	50%	25%
「知性のパート」	75%	0%	75%
「運動のパート」	25%	50%	0%
合計	100%	100%	100%

表 11 − 4:アメリカにおける人口率 (人口あたりの割合)

センターのパート

それぞれのセンターは三つのパート(「運動のパート」、「感情のパート」、「知性のパート」)に分かれています。同名のセンターとパートとを混同しないように気をつけてください。例えば、どのセンターにも三つのパートがあり、それぞれのパートが経験の異なる側面をつかさどっています。

世界全体を見ると、センターやセンターのパートの配分はバランスがとれていますが、アメリカ国内だけで見ると偏りがあります。それを表したのが上の表です。

〈罠〉

ほとんどの状況に対して、ある一つのパートを使って対応するとき、そのパートを〈罠〉と呼びます。例えば、主センター化は「知性」だけれど、自分の考えに自信のない人が〈知性センター〉の「感情のパート」に基づいて行動するなら、その人は「感情」の〈罠〉にはまってしまうでしょう。

パートと〈罠〉の区別は重要です。どのセンターもパートに分かれており、私たちはそのパートで〈罠〉にはまってしまいます。しかし、パートそのものが悪いのではありません。あるパートに基づく習慣的な反応が不適切であることが問題なのです。わかりやすく言うと、自分に合わないパートを使うと、それが〈罠〉になるということです。

センターの意味

センターは〈人格〉の経験を〈本質〉に伝えます。センター、〈本質〉と〈人格〉をつなぐ橋またはトンネルあるいは、エネルギーの渦なのです。指令本部と出先機関の間の伝達網のようなものだとも言えます。これらの伝達網は情報を往復させ、〈人格〉に指示や命令を伝え（出先機関）、〈本質〉（指令本部）にフィードバックします。そこで受け取った情報から、〈人格〉は自分の行動を決めます。ただし、長期的な発達の方向付けや特定の出来事（カルマ）を決めるのは〈本質〉です。

人が誕生する前に、〈本質〉は主センターとオーバーリーフの組み合わせを決めます。それに基づいて、〈人格〉は主センターのどのパートを使うか、オーバーリーフの陽極と陰極のどちらを使うかを選びます。

例えば、〈本質〉が「今度の人生では感情を主センター化しよう」と決めると、〈人格〉は「よし、主センターが感情なら、その中の運動のパートを使ってみよう。そうすれば、感情に基づいた衝動的な運動をすることになる。この主センターとパートの組み合わせだと、知性が未発達になるだろう。それに、運動のパートの〈罠〉にはまって、本来の目的も忘れるほど、むやみやたらに動き回ることもあるだろう」と考えます。

そして、人生でどんな経験をするかが決まります

〈人格〉の大部分はパートや極の選択で決まります。しかし、自分が普段使っているパートや極を調べれば、他のパートや極に変えてみることもできます。それらにはかなりの選択の余地が残されているのです。

主センターと魂の年代との関係

役割よりも「魂の年代」のほうが、センターの使い方により大きく影響します。それぞれの魂の年代でよく使われるセンターは以下のようになっています。

＊乳児期と幼児期　〈本能センター〉を多く使う。

＊若年期　世界を征服する、つまり、さまざまな行動によって成功するために、運動のセンターを使いたがる。

＊成人期　他人のことも自分と同じように感じるので、感情センターを好む。成人期の魂はおもに人間関係に関心をもつ。

＊老年期　自分も他人も含めた総体的な展望をもつために知性センターを使う。

魂は老年期になると、注意深くなり、特に、転生のサイクルからの離脱について意識し始めます。自分で離脱しようと思わなければ、サイクルを離れることはできないからです。

センターの働き

すでに述べたように、センターは他のオーバーリーフの使い方を左右します。

例えば、「力」のモードの人の中には、ソクラテスのように優れた知性を示す人もいますし、毛沢東のように「運動」を主センター化して、社会全体を動かす人もいます。同じ「精神主義者」でも、主センターが「知性」である、トマス・メルトンは本を書き、「感情」を主センター化するベートーヴェンは音楽家になりました。「成長」を目標とし、「観察」のモードを使う「理想主義者」の主センターが「感情」ならば、アレン・ギンスバーグのように、情緒的に観察し、詩を書くことによって成長することになるかもしれません。

このようにして、センターは私たちの経験全体を支配しています。それぞれの人生での経験は所与のオーバーリーフの組み合わせの中でセンターをどのように使うかによって決まります。さらに、センターの用い方は、あなたが一連の転生の中でする経験の細かい内容を決定します。

○〈知性センター〉

〈知性センター〉には多くの要素が含まれますが、それらは大きく思考・概念・言語の三つにまとめることができます。〈知性センター〉は何かに反応するとき、まず基本的な道具として言語を使います。そのため、〈感情センター〉よりはいくぶん反応が遅くなります。

〈知性センター〉とは、現在自分がしている行動の原因や理由を推論したり、考察したりする場所です。この働きは「配慮」または意図と呼ばれます。他のセンターで起こっていることについて配慮し、考えることだからです（後述するセンターのパートについての説明を参照）。もし、自分の行動に配慮すれば、（他のセンターを使っている人たちのように）いつまでも同じ行動を続けることなく、必要がなくなればその行動をやめられます。

また、〈知性センター〉は直線的な時系列の中で物事を認識できるようにしてくれます。つまり、出来事を過去・現在・未来という時間の枠組みの中で理解できるようにするのです。

一般に、人生には二年間ごとに「知性」の周期があります。何か経験したことを概念化し理解できるまでに二年間かかるのです。

〈知性センター〉が発達しすぎたり、他のセンターとのバランスが崩れたりすると、いわゆる「頭でっかち」

――考えてばかりで感情や行動が伴わない人――になってしまいます。

西洋社会では「知性」を主センター化している人々が有利です。社会が知性を尊重するようにできているからです。西洋社会で重視される読み書きや会話はすべて、豊富な語彙の記憶による「知性」の機能です。「知性」を主センター化する人は生まれつき、哲学や報道、法律、研究、文学などに惹かれる傾向があります。

【「知性」を主センター化する有名人】

トマス・アクィナス（一二二五～一二七四　中世を代表するイタリア生まれの神学者）、アール・ウォレン、カルロス・カスタネダ、ジェイムス・ジョイス、ソクラテス

＋陽極：洞察

〈知性センター〉の陽極は「洞察」あるいは思考です。ここでいう思考とは、どこからともなく湧いてくる、独創的なアイディア、と言い換えられます。これは純粋思考であり、論理的な推論や努力の結果ではなく、「あ、そうか」というように突然自発的に湧きあがってくる認識、あるいは悟りです。

－陰極：推論

〈知性センター〉の陰極は推論です。推論とは、さまざまな考えを思い巡らし、論理的に結び付けようとすることです。それは、無能な人のやり方です。「推論」は「感情」や〈本能センター〉の能力や速さと比較すると、うんざりするほど時間がかかります。

○〈感情センター〉

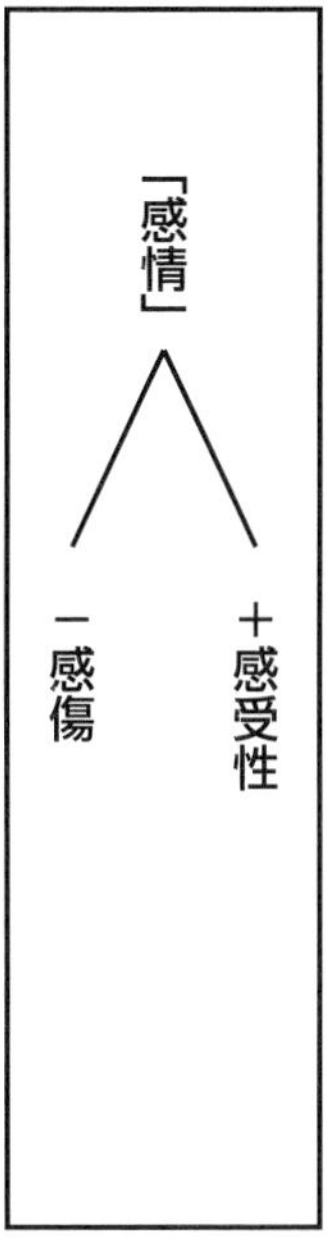

このセンターは基本的な感情の領域（例えば、絵画や景色、人物などについての好き嫌いなど）を支配しています。このセンターを使うと、自分の感情が非常にはっきりとわかります。

〈感情センター〉は「好き」か「嫌い」か、という反応の仕方をします。このような感情的な反応は思考に比べると、はるかに敏速です。喜怒哀楽はほんの一瞬で示せるからです。また、〈感情センター〉は内面的・外面的経験に対する内分泌腺の反応もつかさどっています。

〈感情センター〉は知覚と感情との両方を扱います。想像以上に感情と感覚とを混同している人は多くいます。簡単に言うと、感情とは心で感じることです。それに対し、痛みのような感覚は〈本能センター〉に属しています。

ところで、「知性」を主センター化する人は明らかに感情が鈍くなっています。彼らは何も感じなかったり、感じていると考えているだけだったり（「私はこう感じていると思うのですが……」）する傾向があります。

これらの性質に対して、「客観性」は〈知性センター〉の特質です。しかし、その〈知性センター〉が感情に歪められてしまうと、客観性が保てなくなってしまいます。いわば、「心には頭では理解しがたい独特の論理がある」という状態になるのです。

もしも、株式市場のように感情によって変動する制度から感情の影響がなくなると、それらは実に単調でつまらないものになってしまうでしょう。株式指標のグラフは、文字どおり、楽観的な感情と悲観的な感情との間のゆれを表しています。経済の急成長を引き起こすのも、人々の楽観的な気分にほかなりません（この事実は、それを発見した英国の経済学者ピグーにちなんで、「ピグー効果」と呼ばれています。

〈感情センター〉のバランスが良いと、他人に対して心を開き、好意的に接することができます。

「感情」を主センター化する人が惹かれるのは、芸術やファッション、演劇、音楽などです。彼らは感受性が強く、他の人や出来事について、よく勘が働くでしょう。そのため、どうしてそういう結論に思いいたったのかと「知性」を主センター化する友人から聞かれると（本当は単なる勘なのに）その友人を満足させるために、無理やりいい加減な答えをでっち上げてしまうこともあります。彼らは非常に感じやすく、傷つきやすい、という人たちです。

「感情」は筋肉のようなものです。あなたが何かを感じるとき、それは単に感情という筋肉が動いているからにすぎないかもしれません。感情の根拠を探して、「私は落ち込んでいます。それは、○○だからです」などと言う人がよくいますが、本当は感情に理由などありません。人は気分が良いときに、あえてその理由を考えることはほとんどありません。実際、気分が良くなるのに理由など無いのです。

【「感情」を主センター化する有名人】

ジャック・ケルアック、ジミー・ヘンドリックス、マリリン・モンロー、アーネスト・ヘミングウェイ、ルードヴィッヒ・ベートーヴェン、アルベルト・アインシュタイン

＋ 陽極：感受性、感情

〈感情センター〉の陽極は感覚や感情と直結しています。この極に基づいて生きている人は、非常に感受性が鋭く、その場の状況を瞬時に見極めることができます。

－ 陰極：感傷的

〈感情センター〉の陰極に基づいて生きている人は非常に主観的で、その場にそぐわない、的外れの過激な感傷にとらわれてしまいます。感傷的になっている人は、明らかにゴミにすぎないようなガラクタを、思い出がいっぱいだからといって、捨てられなくなってしまうことがよくあります。

○〈運動センター〉

〈運動センター〉には、歩き方、話し方、目の動かし方、走り方、物の投げ方など一度でも体で覚えたことはすべて保存されています。体で覚えたあらゆることを実行するのが〈運動センター〉です。

「運動」を主センター化する人はいつも活動性の塊です。絶えず部屋から部屋へあちこちと動き回ります。彼らはよく、プロの運動選手や航空業、警察、旅行業などの、常に動き続けることのできる職業に就きます。〈運動センター〉が発達しすぎて、「感情」や〈知性センター〉を排除してしまうと、人は感情も知性もない、機械そのもののような行動をとるようになります。こうなってしまった人は、自分の行動について考えたり、感じたりすることができません。

逆に〈運動センター〉のバランスがとれていると、健康な肉体をもち、（特に体を使うような）実行力に優れた人になります。

【「運動」を主センター化する有名人】

毛沢東、ガートルード・スタイン、マルコムX（一九二五〜一九六五　アメリカの人権運動家）、ドン・ファン・マトゥス、ジョージ・パットン将軍は「運動」を完全に主センター化しています。この人たちが人生で示した活動性の高さに注目してください。

＋陽極：生産的。辛抱強い。

〈運動センター〉の陽極は「生産的な運動」や「目的のある運動」です。「目的のある運動」には、永続的で自動的な神経組織の働きのようなものから、歩くこと、話すこと、抱き合うこと、踊ること、遊ぶこと、働くことまで、あらゆる運動が含まれます。また、「生産的な運動」とは彫刻や建築、道具の製作などの意図的な活動を意味します。この極の人は「運動」することによって、自分本来の目的を果たすことになります。

－陰極：非生産的。無駄な動き。落ち着きがない。熱狂。

〈運動センター〉の陰極は「非生産的な動き」です。「非生産的な動き」は、神経質に歩き回ったり、不安げに指で机を叩き続けたりするような、無目的な運動すべてをさしています。また、一つのことをやり終えないうちに、別のことをやり始めるのも、陰極に特徴的な無駄な運動です。他にも、災害によってショックを受けたとき、彷徨い歩いたり、狂乱して走り回ったりすることなども、この極の運動です。

○〈本能センター〉

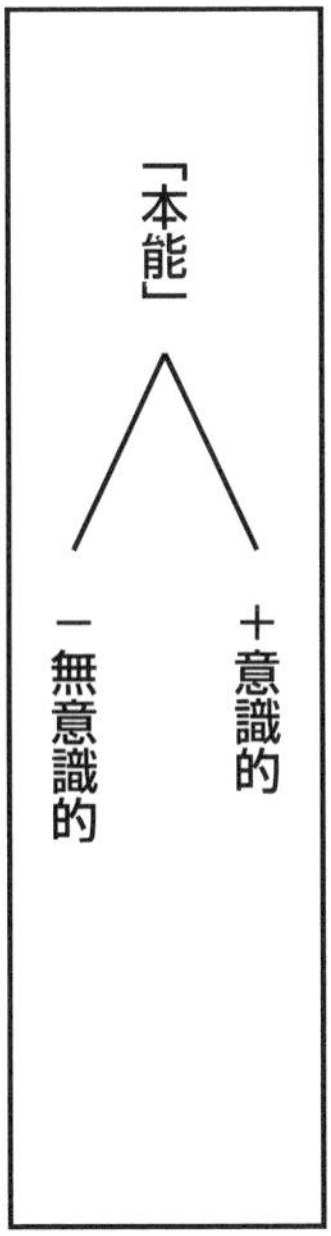

〈本能センター〉は複雑なので、説明が少し長くなります。〈本能センター〉は他のすべてのセンターと結びついた中立的なセンターです。

〈本能センター〉は、いわゆる神経組織の不随意運動を含めて、生存に必要な身体的（生理的）な働きのすべてを支配しています。例えば、心臓や肺、内分泌腺などの機能もつかさどっています。戦ったり逃げたりするときにも、生き延びるためには〈本能センター〉が必要です。高速で近づいてくる車をよけたり、道にいる子供を轢かないようにブレーキをかけたりするときにも、私たちは〈本能センター〉の働きで動いています。このセンターは思考や感情に干渉されることなく、それだけで自発的に働くことができます。

なお、〈本能センター〉には、現在の状況と過去の記憶との両方の情報に通じる回路が備わっています。そのため、このセンターの働きで、人は現実には安全でも、過去の経験から怖そうだと感じること（例：橋を渡ること）は避けるようになるのです。仮に、目の前にある橋は安全であっても、過去生で橋の上で殺された不快な記憶があれば、本能的に橋を渡ることを恐れ、橋を渡ろうとするとパニックに陥るかもしれません。

また、〈本能センター〉は多様な解釈や連想を引き起こすような、象徴も扱います。

「本能」と象徴との関係は心理療法の事例研究でも明らかになっています。例えば、子供の頃、転んで怪我をしたときに黒い犬が吠えていたら、その子は逆に痛みから犬を連想するようになることがあります。連想はさらに広がり、スカーフやブラウス、セーターなど、黒くて柔らかいものなら何を見ても痛みを感じるようになるかもしれません。そのまま大人になると、黒いスカーフをもらっただけで、得体の知れない不安や不快感に襲われるようになるでしょう。しかし、意識の上では、過去の出来事をもう忘れています。このような連想の結びつきは心理療法の場面では、ごくありふれた現象です。

〈本能センター〉は生存のための強力な仕組みであり、〈知性センター〉で理解される、直線的な時間系列とは無関係に機能します。〈本能センター〉にとってはあらゆる時間が現在なのです。

また、〈本能センター〉には、高次センターへの入り口としての特別な機能があります。多くの霊的教義において〈本能センター〉は一般に程度が低く、粗野なものであると考えられてきました。しかし、すでに述べたように〈本能センター〉は高次センターへの重要な入り口です。スーフィーの舞踏瞑想や深い瞑想、霊的儀礼等を実践している人たちはこの事実をよく知っています。

「本能」は克服すべきものであり、かつ霊的な実践のための入り口でもある、とはどういうことでしょうか? ごく日常的な例で考えてみましょう。〈本能センター〉を意識化するには、排尿・排便・入浴などのときに、自分の状態に意識を向けるのも一つの方法です。

トイレで用を足しているときに、何らかの洞察や理解を得た、という経験のある人はよくいます。「最も創造的なアイディアが湧くのはトイレの中だ」という人も珍しくありません。事実、トイレの中で数多くの著作や発明が生まれてきました。それはなぜでしょう? 自分や他人、動物などを観察していると、彼らは排尿時に軽いトランス状態に入っているということがわかります。そのとき、(特に緊張している場合は別ですが)彼らの全身はリラックスして、「知性」や〈感情センター〉は一時的に活動を停止しています。そして、〈本能センター〉が優勢になり、心が平静になって、高次センターにアクセスできるようになるのです。

同様に、臨死体験においても偉大な洞察や霊的な覚醒が報告されています。やはり、その場合も全身がすっかり本能的になることによって、超越的な経験への扉が開かれるのです。また、〈本能センター〉を刺激するような向精神薬も存在します。それらによって、ひどい恐怖感を覚えることもありますが、場合によっては、高次センターに達し、超越体験ができることもあります。

ダンス、断食、深い瞑想、太鼓を叩くこと、呼吸法など、トランス状態をもたらすようなものはすべて、〈本能センター〉への通路を開く手段になります。やかましいロック音楽も、若い人たちが〈本能センター〉を開き最近の過去生を無意識的に思い出して、それと同化するための手段の典型的な例なのです。

人生の方針を変えたり、古い習慣をやめて新しい習慣をつけたりするのにも、〈本能センター〉は役立ちます。そのような場合、変化はまず、病気というかたちで現れることがよくあります。病気にかかって、〈本能センター〉と数日か数週間取り組むと、無意識の中でいくつもの過去生を振り返ることができます。それによって、病気から回復したとき、以前にはできなかったような難しい決断ができるようになるのです。

病気で動けなくなって、寝ていると、〈運動センター〉の活動は停止し、不快感のせいで〈知性センター〉や〈感情センター〉の活動も抑制されます。そして、他のセンターが閉鎖されると、人は自然に〈本能センター〉へと導かれ、過去生を回顧するようになります。

このような本人の意思とは無関係な〈本能センター〉の使用は、〈本質〉によって引き起こされます。そのとき、〈本質〉は肉体の活動をいったんやめて、人生のコースを変えさせようとしているのです。

ときどき、戦闘状態や職業上の厳しい緊張状態にいる人が、病に倒れて活動を続けられなくなることがあります。そのような場合、病は転職したり、離婚したり、戦場を離れてもう少し長生きしたりするための重要な転機となります。

病気になるということは、〈本能センター〉とコンタクトをとり、心の奥底の働きを意識しようとすることです。また、瞑想によっても、これと同じようなことができます。

生後数日の赤ん坊は〈本能センター〉に浸りきっている状態をよく示しています。しかし、赤ん坊が成長するにつれて、他のセンターが働き始め、〈本能センター〉は閉じてゆきます。さらに年齢を重ね、年をとるといつかまた〈本能センター〉が開き赤ん坊の頃の経験を追体験できるようになるのです。その体験は強力な癒しをもたらしてくれます。

【「本能」を主センター化する人】

ヘレン・ケラーは、人生の大部分を〈本能センター〉によって生きた、数少ない有名人の一人です。他の例をあげると、こん睡状態の人や重篤な精神遅滞の人、広範囲の脳損傷を負った人などがいます。

＋陽極

自覚。微細。自然。子供っぽい。基本的。単純。

〈本能センター〉の陽極は「基本的な存在の自覚」です。この極には精神遅滞の人やトランス状態の人、深い瞑想状態にある人なども含まれています。このような人たちは一般に子供っぽく見え、何事も極端に単純な方法で行います。また、彼らはきわめて自然に、ただし、自覚的に生活します。

ー陰極

自動的。機械的。部分的。

陰極は重い自閉症の場合に見られるような、無自覚に起こる「自動的で機械的な行動」です。これには夢遊病も当てはまります。この極は、覚醒夢の状態にあり、本人の意志とは関係なく自動的に行動しているすべての人をさしています。

高次センター

高次センターを使うと、物事のつながりや人生の全体像などがわかります。それに対し、これまで述べてきた、低次センターはむしろ分析的で、物事を区別し分類するのに役立ちます。低次センターは経験から個人的な感覚を引き出すために使われるのです。高次センターは〈本質〉に属するのに対し、低次センターは〈人格（個人）〉に属するからです。

高次センターは、私たちがバラバラな存在ではなく、本来は大きな全体の部分であった、ということを思い起こさせるために存在します。このように本来の自分を思い起こすことは、一体感を体験し、物質界は幻想にすぎないということを思い出すことでもあります。孤独や忘却は物質界にしか存在しません。

高次センターを経験することは誰にでもできます。しかし、誰もがその経験の価値を理解できるわけではありません。魂が年長になればなるほど、頻繁に高次センターを経験し、深く味わうことができるようになります。それに引替え、若い魂はこれから新たにカルマをつくり出し、分離について学ぶところなので、本来の自己のことは忘れておく必要があります。

自分が駆け出しの作家だと想像してみてください。あなたは一所懸命に一頁ずつ書き進めているところです。さまざまな筋を考え、残虐な展開を盛り込めないだろうかと考えあぐねています。ところが、ある夜、シャワーを浴びている最中、突然に作品の残りの部分全体が閃き、心に溢れるのです。あなたは、慌てて机に向かい、猛スピードでペンを走らせて、事細かに書いていきます。せっかく浮かんだアイディアを忘れてしまわないように、寝食を忘れて三日間、書き続けます。本編をすべて書き終え、残るはあとがきだけ、というところまであなたの手はとまりません。これは高次センターによる経験の極端な例です。

真理
気楽にやりましょう
すべて
うまく
いきますよ
心配してはなりません
高次の知性
愛
高次の感情
エネルギー
高次の運動
高次センター

図 11 − 1

	「知性」	「感情」	「運動」
陽極	真理	愛	
中立			理解
陰極	直観	恐れ	

表11－5：高次センターの要素

図11－1は〈高次の知性センター〉の例ですが、他の高次センターを経験した場合も、そのセンターに没入してしまう傾向があります。高次センターを経験しているときは、物事の区別がつかなくなるような一体感を感じるので、どの高次センターを経験しているのかがわからないこともあります。

高次センターはエネルギーに満ちた場所です。そのため、あまり長い間そこにとどまり続けることは困難です。これらのセンターはいわば温度計のようなものです。低次センターから高次センターへ上昇するにはエネルギーがいるのです。高次センターを体験することの価値は大きく、ありふれた日常を超越するような影響を与えてくれます。

高次センターの陰極

高次センターの陰極は低次センターの陰極とは異なり、それ固有の意義をもっています。しかし、低次センターの陰極は〈偽の人格〉の機能と結びついているので、常に不快感しかもたらしません。

高次センターの陰極で、啓発的な経験をしても、意識的にはわずかしか理解できません。ただし、低次センターの場合とは異なり、陰極であっても快適です。

高次か低次かに関わらず、すべてのセンターは陽極と陰極とその中立からなる、三つ組《トライアッド》を形成しています。それはエネルギーの回路です。例えば、〈知性センター〉には陽極（洞察）と陰極（推論）、および（知性の機能を中立的に果たしているだけの）中立的な位置とがあります。センターそのものはすべて三つ組になっているので、あなたはその中のどの極に基づいて行動するのかを選ぶことができます。

すべてのセンターをさらに大きな観点から見ると、七角形を成しているのがわかります。それはより大きなエネルギーの回路です。

高次センターの陽極では、分離感が完全になくなります。あらゆる生命が相互に関係し合う、統合的な全体として見られるようになるのです。それに反し、陰極ではまだ、分離感や自他を区別する意識がまだ残っています。

また、高次センターは、陽極にいるとはっきりと意識的に経験できますが、陰極では無意識的にしか経験できません。例えば、テレパシーによる伝達や直観が起こっていても、それに気づかないことがあるのです。テレパシーのような微細なエネルギーの流れに対する意識を高めることは非常に有益です。

○〈高次の感情センター〉

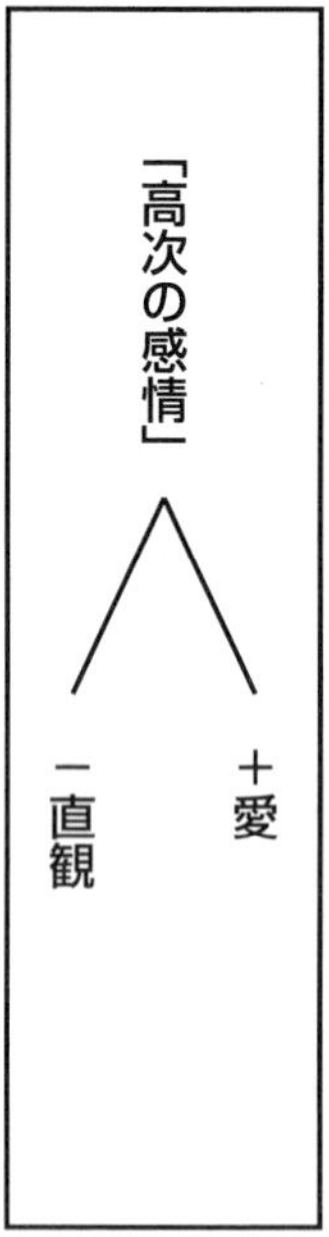

＋ 陽極

愛

〈高次の感情センター〉の陽極に入るには、（隣人は自分自身だから）隣人を自分のように愛さなければなりません。このような心の連帯感は、それを感じる人を表現しようもないような純粋な状態に導きます。それは、霊的な修行をする瞑想者たちが目指す純粋な愛の状態です。

この愛という高次の感情を体験することに主眼をおく霊的な教えはいくつもあります。その一つがイエス・キリストの教えです。イエスは、最も大切な教えは何かと尋ねられたとき、「自分を愛し、隣人を愛し、神を愛しなさい」と答えました。

－ 陰極

直観

〈高次の感情センター〉の陰極は「直観」（感情移入によって、他人の状態を知覚する高度な能力）です。直観によって示される愛は限定的であり、完全な愛ではありません。これは単に他人の身になって感じることができる（つまり、悲しんだり困ったりしている理由がわかり、感じ方を理解できる）だけの能力です。彼らは低次センターの人のように他人の感情を自分の中に取り込んでしまったり、自分と他人を同一視してしまったりはしません。自分の感情と他人の感情をそれぞれ別個のものとして認識できます。しかし、「直感」だけでは博愛にはつながりません。自分にとって感情移入しやすい特定の誰かしか視野にないからです。この「直観」とは、パターンや機構、人の深層心理を読み取る能力であり、霊能力も含まれています。「高次の感情」の状態にある霊能者は普通の感情や知性の働きを結びつけることによって、さまざまな事態についての過去や現在、未来の可能性を瞬時に読み取ることができるのです。

霊能者は〈高次の感情センター〉の陰極を使って、人々の人生に起こることを感じ取ります。これはたしかに高次センターによる奉仕ではありますが、陽極の「完全な愛と存在」の状態での認識ほど正確ではありません。ヒンドゥー教徒たちは、この陰極のことをシッディー、すなわち、悟りへの途上でもたらされる不可思議な力と呼んでいます。彼らは弟子に、この能力は陽極への一段階にすぎないので、これが真理だと誤解することのないように警告します。

○〈高次の知性センター〉

「高次の知性」

＋真理

－テレパシー

〈高次の知性センター〉では、あらゆる真理が経験されます。そして、その真理はみな、不変不滅の真理です。高次センターの働きはみな表現しがたいものなので、言葉で正確に言い表すことはできません。誇示のセンターで起こる融合的・一体的な経験は言葉にするとバラバラに分割されてしまうのです。そして、〈高次の知性センター〉は、まさしく言葉では表現のしようもない、真理の悟りをつかさどるものなのです。

霊的指導者たちは、しばしば、こうした筆舌に尽くしがたい経験を弟子に伝える、という問題に直面します。通常、彼らは逆説や公案などを用いて弟子たちの習慣化してしまった現実認識を試すことによって、真理を垣間見せようとします。この真理には私たちの本質的な一体性《ワンネス》や万物の不可分性などの真理も含まれています。そのため、当然、〈偽の人格〉はこれらの真理の悟りを邪魔します。〈偽の人格〉は個々に独立して生きるようにプログラムされていて、自分の限界を知りたくはないのです。

＋ 陽極
真理

〈高次の知性センター〉の陽極は「真理」です。それも、個別的なことについての真理ではなく、万物についての真理です。霊的なマスターであった老子は、このセンターの経験をもとに人々を教え導きました。もちろん、真理にもさまざまなレベル（個人的なもの、世界や宇宙に関するもの、時代とともに変化するものなど）があります。ですから、ある人にとっての真理が、他の人にとっても真理であるとはかぎりません。しかし、〈高次の知性センター〉では、そのような限定的な真理ではなく、普遍的な真理を知ることができるのです。

ー 陰極
テレパシー

〈高次の知性センター〉の陰極は「テレパシー」、高次の秩序との限定的な結びつきです。テレパシーを使うと他人にとっての真理（その人が何者であり、どこから来たのかについての知的な洞察）が得られます。これは「感情」ではなく、「知性」の経験であり、霊的な成長にとても役立ちます。

○〈高次の運動センター〉

「高次の運動」　＋総合
　　　　　　　　−欲望

〈高次の運動センター〉は「美」と「純粋なエネルギー」をつかさどっています。「高次の感情」が「愛」のセンターであり、「高次の知性」が「真理」のセンターであるように、「高次の運動」は「純粋なエネルギー」のセンターなのです。これら三つのセンターは合わさって、宇宙の基本構造である、「真理」「愛」「エネルギー」の三つ組を形成しています。

ところで、この〈高次の運動センター〉は、のちに「高次の感情」や「高次の知性」と調和した、高次センターの一つですが、以前は〈性センター〉と呼ばれていました。

〈性センター〉と言うと、私たちは、ついつい個人的なセックスを思い浮かべ、性愛的なことばかり連想してしまいがちです。たしかに、このセンターはさまざまな形の性交もつかさどっています。しかし、〈性センター〉はその他のあらゆる意味での結びつき（より高尚な意味でのセックス）つまり、宇宙全体のすべての人とものの親密な結びつきもつかさどっています。

〈性センター〉という言葉はこのセンターのあり方をよく表しています。どの界層においても、生きることはセックス、つまり個々の存在と他者との結合です。

また、〈高次の運動センター〉は「エネルギー」もつかさどっています。低次の運動センターではおもに歩いたり、話したりして体を動かすときのエネルギーを扱いますが、このセンターでは、より微細で中心的なエネルギーを扱います。通常の運動機能を超えたエネルギーを巧みに扱い、より洗練された形にするのです。

〈高次の運動センター〉が扱う分野は大きく三つに分けられます。

1、性的関係——文字通りのセックスに関わる性的能力も創造的な能力も含まれます。創造力は「高次の運動」のセンターから生まれます。

2、金銭や職業、その他、人生で欲しいと思う物質的なもの。

3、身体的な健康——病気のとき、健康なときの健康管理の仕方。

これら三つの分野を別の観点から見ることもできます。

まず、第一の部分は肉体的な関係、つまり性愛関係を表します。これは一般的な人付き合いや、他人に対する感じ方を含めた、相互的なエネルギーの流れです。

次の第二の部分は、外へ向かうエネルギーや世界との関係、つまり、物質的状況へのとり組み方です。

第三の部分は人の内部を流れるエネルギーです。これは健康や生命力一般、つまり、普段どのくらいのエネルギーをもっているか、そのエネルギーがどの程度発揮されるかなどに関係しています。

〈高次の運動センター〉とは強烈なエネルギーの感覚です。このセンターを使う人のエネルギーは、他の人々にも伝わり、友情や幸福、興奮を与えます。また、その人個人の中で、このエネルギーは愛に満ちた感情や他人との深い結びつきとして感じられるでしょう。

〈高次の運動センター〉は七つのセンターのうち最終的なセンターです。このセンターは、すべてのセン

「高次の知性」	私はわかります
「高次の感情」	私は愛します
「高次の運動」	私は結びつきます

表11－6：高次センター

ターを総合し、それぞれのセンターで学んだ教えを一つにまとめます。さらに、感情や知性や精神のさまざまな段階ですべてのセンターが学んだことを総合して物質的な体にもたらします。

〈高次の運動センター〉ではブッディ界を経験します。宇宙にはもともとエネルギーが存在しますが、それを自分の中に流れ込ませ、意図的な行動に用いるにはこのセンターの働きが必要です。

＋陽極

総合。美。エネルギー。

すでに述べたように、宇宙は真理と愛とエネルギーからなります。人は、人生における真理を理解すると、愛し愛されることだけを重視するようになります。統合とは真理と愛という二つの原理を結びつけることです。言い換えると、統合とはすべてのものを一つにすることなのです。

「美」にはエネルギーの完成が含まれます。例えば、夕日のように、何か美しいものを見たとき、エネルギーが完全な形をとって現れるのが感じられるでしょう。事実、そのとき、エネルギーの個々の部分は、まとまって完全な全体になっているのです。美とは、エネルギーの感覚への反応です。そして、芸術や自然の美を鑑賞することは、〈高次の運動センター〉を経験することです。またブッダの教えはこのセンターの陽極について述べたものです。

ー陰極

欲望。好色。

「高次の運動」の陰極は自分にないものをほしがる「欲望」、あるいは渇望です。これは自分が求める人や物との分離を感じることによって起こります。エネルギーが不完全でバランスがとれていないことも表しています。

仏教では欲望を苦の原因であると考え、欲望や煩悩を無くすように教えます。しかし、私たちが他人と結びつき、一つになろうとしたり、意識を完全な状態にしようとしたりするのも、欲望があるおかげです。欲望がなければ、瞑想者たちも、それ以上修行する理由を失ってしまうでしょう。

「欲望」とは「高次の運動」の陽極である、完全な美や完全なエネルギーを十分に結びつけていない状態です。「欲望」は、どちらかというと、苦悩を生み出すような愛着です。そして、苦悩は低次センター、すなわち〈偽の人格〉によって引き起こされます。

主センター化と魂の年代、役割との関係

すでに述べたように、私たちには潜在的にすべてのセンターを使う能力があるにもかかわらず、高次センターにとどまり続ける人はいません。私たちは、たいてい低次の〈知性センター〉・〈感情センター〉・〈運動センター〉に基づいて生活しています。中には、カルマ的な課題や経験、実験をするために、一生涯、おもに〈本能センター〉だけを使う人もいます。

乳児期や幼児期の魂はよく〈本能センター〉を使います。若年期の魂は〈運動センター〉を満喫し、成人

期の魂は〈感情センター〉を好み、老年期の魂は〈知性センター〉に頼ることが多くなります。乳児期や幼児期の魂が高次センターを経験することはめったにありません。それに引替え、成人期や老年期の魂は高次センターを頻繁に使い、人生の三分の一ほどはそれを使っていることになるでしょう。

また、特定のセンターを選ぶことがオーバーリーフの選択を左右することがよくあります。逆に、役割ごとの好みのセンターもあります。例えば、〈学者〉は〈知性センター〉を好みます。

ただし、結局はどの役割の魂も、何回も生まれ変わってすべてのセンターを用い、発達させることになります。その究極の目標はすべてのセンター、特に低次センターのバランスをとること、つまり、〈知性センター〉、〈感情センター〉、〈運動センター〉を等しく用いるようになることです。

多くの霊的な教えは、各センターのバランスをとる方法を伝えています。それらは普通、知性的な要素と感情的な要素を含む運動です。グルジエフの舞踏もその目的でつくられました。

国や文化によって、強化されるセンターの種類は異なります。例えば、〈感情センター〉を用いる魂は、イタリアを好みますが、アメリカは科学技術が発達しているので、おもに「知性」を主センター化する人たちが住んでいます。日本やドイツもそうです。古代オリンピアで生まれたオリンピックは、まさしく〈運動センター〉の祭典です。また、アメリカでは知能ではなく、運動能力に基づく奨学金を「運動」を主センター化する学生たちに与え、彼らにも道を開いています。

知性センター	感情センター	運動センター	本能センター
知性のパート	知性のパート	知性のパート	知性のパート
感情のパート	感情のパート	感情のパート	感情のパート
運動のパート	運動のパート	運動のパート	運動のパート

表11－7

「センター」の「パート」

どのセンターもそれぞれ三つのパート（「運動のパート」、「感情のパート」、「知性のパート」）に分かれています。七つのセンターに三つずつのパートがあるので、合計二十一の使用可能なパートがあることになります。しかし、ここでは高次センターのパートについては説明しません。それらは秘儀的なもので、説明不可能だからです。

それぞれのパートの性質は下記のとおりです。

1、各センターの「運動のパート」は人々の関心を外面や外界の対象に向ける働きをします。このパートでは、特定の人物や物事に夢中になることもあります。また、無意識的な配慮もつかさどっています。無意識的な配慮とは、例えば、なんとなくテレビを観ていたり、通りを歩いたりするときのように、あまり意識せずに気をとられる状態（自分からではなく、対象によって引き寄せられる配慮）のことです。

2、各センターの「感情のパート」には「分裂した配慮」、つまり外的対象への配慮と内面へ気づきが存在します。「感情のパート」における配慮は、すべて対象にとらわれています。

3、各センターの「知性のパート」は三つの部分（三つ組《トライアッド》）に分かれています。三つ組とは、自己意識（話したり観たりする）対象に対する意識、及びその両方を含むより大きなものへの気づき、の三つです。「知性のパート」による配慮はいずれも意識的で意図的です。「知性のパート」の意識の三つ組は自己想起という、エネルギーの回路を形成します。

センターを選ぶのは〈本質〉ですが、そのセンターのどのパートを使うかを選ぶのは〈人格〉です。

〈本能センター〉のパート

〈本能センター〉の「運動のパート」は五感（反射行動、笑い、あくび、聴覚、視覚、触覚、味覚、嗅覚など）をつかさどります。これらはすべて、自動的な身体機能です。例えば、あくびはあるセンターから別のセンターへとエネルギーを運ぶ手段ですが、これは必要なエネルギーを供給するための、〈本能センター〉の自動的な働きです。

〈本能センター〉の「感情のパート」は身体と結びついた感情を扱います。この感情は快感や不快感、好き嫌いとして経験されるものです。

統合失調症のような深刻な見当識の喪失に悩む人たちは〈本能センター〉の「感情のパート」にとらわれています。

このパートは恐怖感もつかさどっています。そのため、このパートが強くなりすぎると偏執病になります。

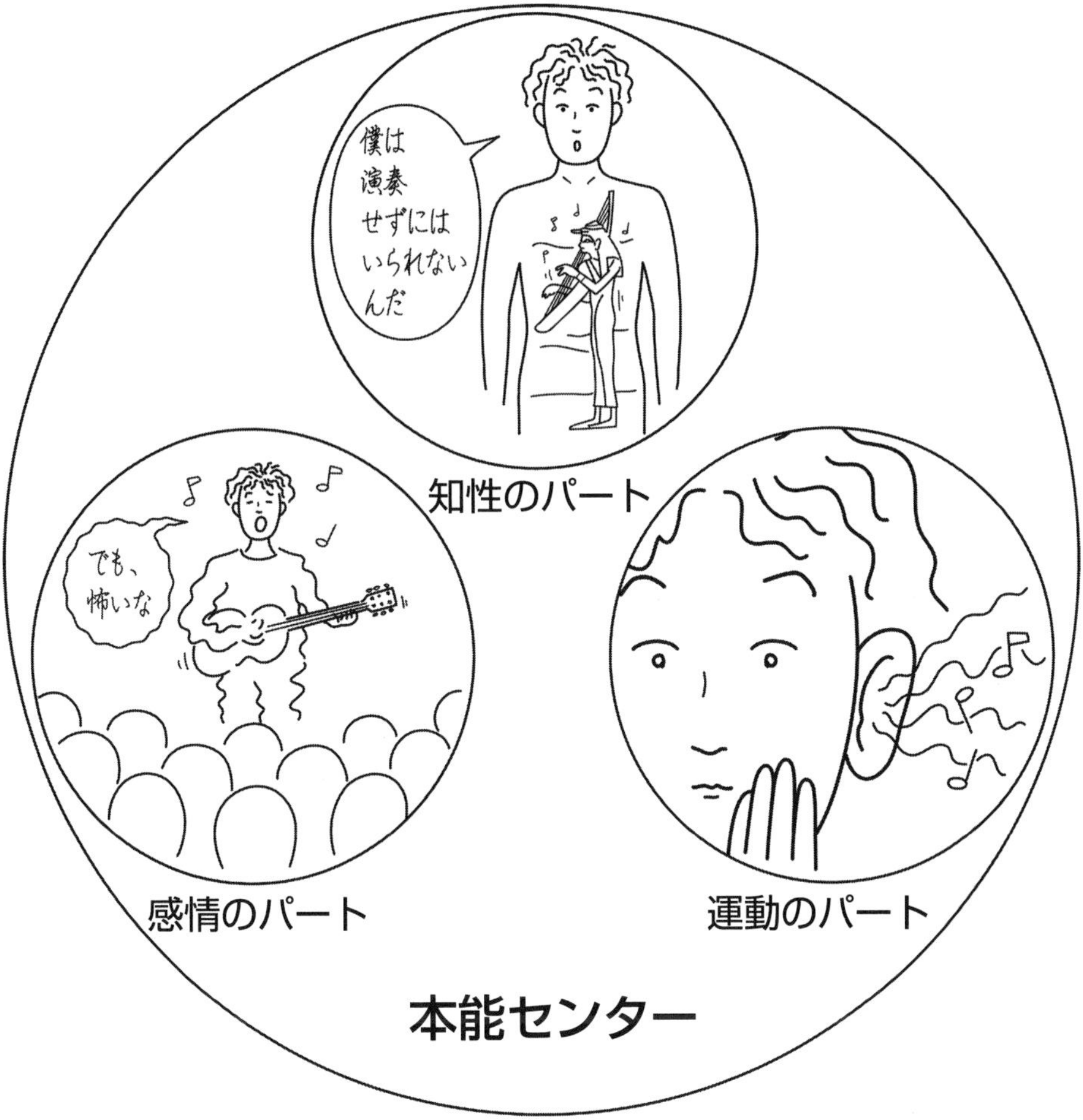

図 11 － 2

本能センター

「知性のパート」―― 過去生の記憶が体のさまざまな部分に蓄えられています。〈本質〉はそれに基づいてカルマを果たせるように計画を立てます。

「感情のパート」―― 物質的な感情、つまり、好き嫌い。

「運動のパート」―― 反射行動、五感

「知性のパート」	私はそうせずにはいられません（カルマの成就、子供をもつことなど）
「感情のパート」	怖くてたまりません（生存問題）
「運動のパート」	うぉぉぉー！

表11－8：**本能センターのパート**

〈本能センター〉の「知性のパート」は生存手段についての潜在的な認識をつかさどります。潜在的な認識の基本は原始的な論理（戦うか、逃げるか）です。バクテリアや戦闘、虫歯などから身を守るメカニズムのすべてが、このパートに含まれています。これらは潜在意識を通して、行動に影響を与えます。

このパートにもまた、過去生の記憶が保存されており、知らず知らずのうちに、行動に影響を及ぼします。過去生の記憶は、体のさまざまな部分の細胞に保存することができます。この記憶を意識化すると、〈本能センター〉以外のセンターでも、その記憶を経験することができるようになります。

例えば、催眠状態になると、〈本能センター〉の「知性のパート」の情報を意識化し、その内容を〈知性センター〉に伝えられます。そうすることにより、その情報をいつでも好きなときに引き出せるようになります。

〈本質〉は〈本能センター〉を使って、〈人格〉が一定の反応をするように設定します。それは、何かの課題を学ぶためであるときもありますし、カルマを果たすためである場合もあります。

例えば、ある日、どうしようもなく海へ行きたくなるとしましょう。休みを取って海へ行ってみると、あなたはばったり宿敵に出くわし、いきなりレンガを投げつけられて骨折してしまうのです。このような出来事はたいてい〈本能センター〉の「知性のパート」がカルマを果たさせるために仕組んだことです。

〈運動センター〉のパート

〈運動センター〉の「運動のパート」は歩く、走る、食べる、書く、といった体で覚える機能のすべてをつかさどっています。これらは感情や思考をあまり必要としない機能です。

〈運動センター〉の「感情のパート」は運動の感情的な面を扱います。例えば、ダンスや性交やスポーツ、身振り、姿勢、身体言語などの感情を伴う動き全般をつかさどっているのです。

〈運動センター〉の「知性のパート」は格闘技のような知的な運動を扱います。これらは十分な配慮を要する運動です。演技や発明、数学（例えば、早算など）も知的な運動に含まれます。

このパートにとらわれてしまった人は、運動するときに頭に頼りすぎてしまいます。その典型的な例がレオナルド・ダ・ヴィンチです。彼は、さまざまなもののやり方について熟知していましたが、それを実行することはあまりありませんでした。

〈感情センター〉のパート

〈感情センター〉の「運動のパート」は誰かを抱きしめたり、肩をたたいて励ましたりするような、感情的な行為や自然に起こる動きをつかさどります。その中には、癇癪を起こしたり、ソワソワしたりすることも含まれます。基本的に、何かを感じて動くことなのです。このパートは暴動を起こす人々の群集心理や、スポーツ観戦の場で見られるような大衆感情もつかさどっています。

さらに、他人への同情のような条件付けられた感情や、ふと何かを思い出すことなども、このパートの仕事です。「感情」のセンターの「運動のパート」にとらわれている人は、行動が衝動的になりがちです。同時

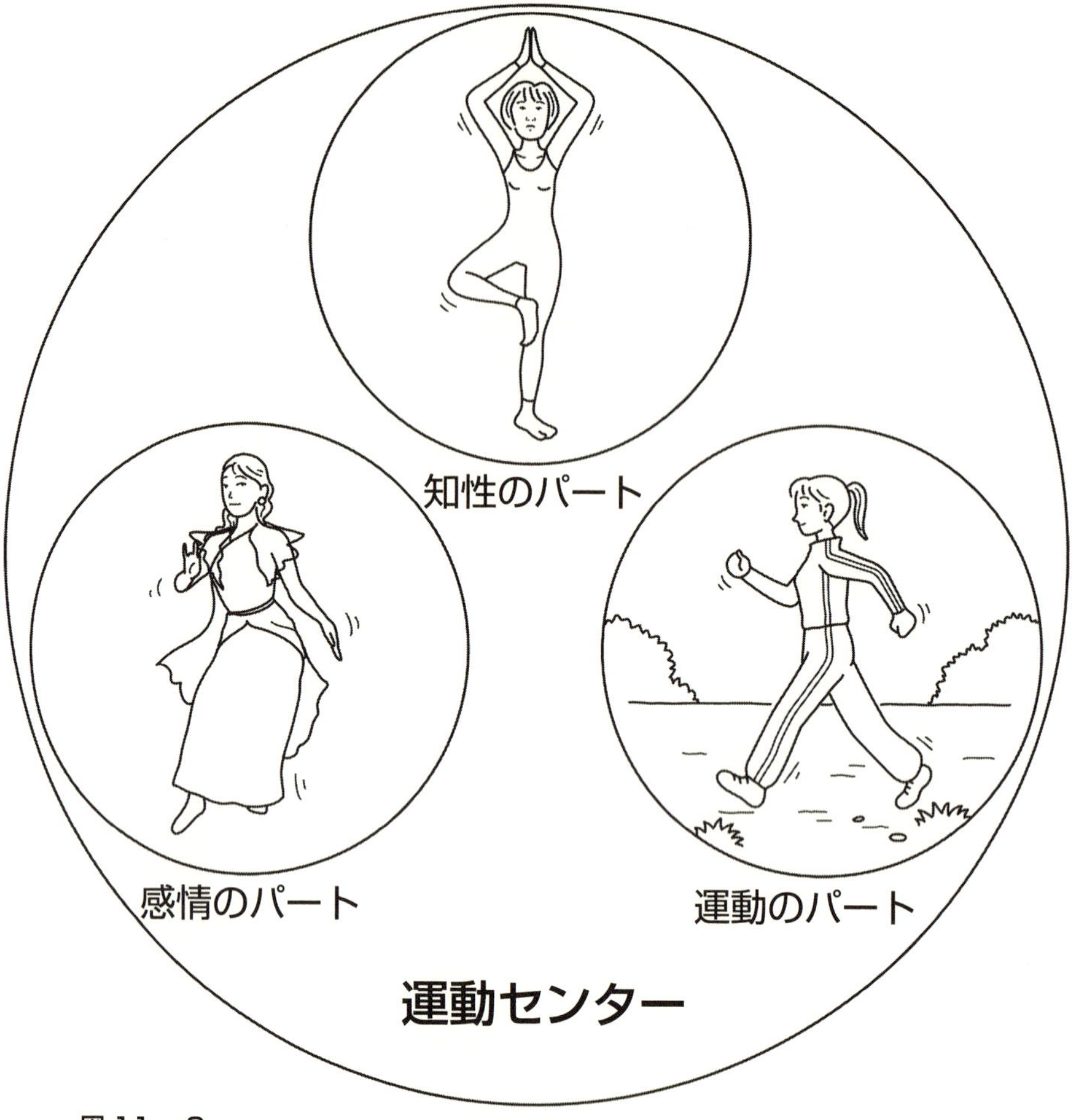

図11－3

〈運動センター〉

「知性のパート」—— 十分な配慮を必要とする、目的のある運動。

「感情のパート」—— 感情をともなう運動。ダンス、性的行為、スポーツ、身振りなど。

「運動のパート」—— 特に感情や思考を必要としない、体で覚える運動。歩く、走る、食べる、書くなど。

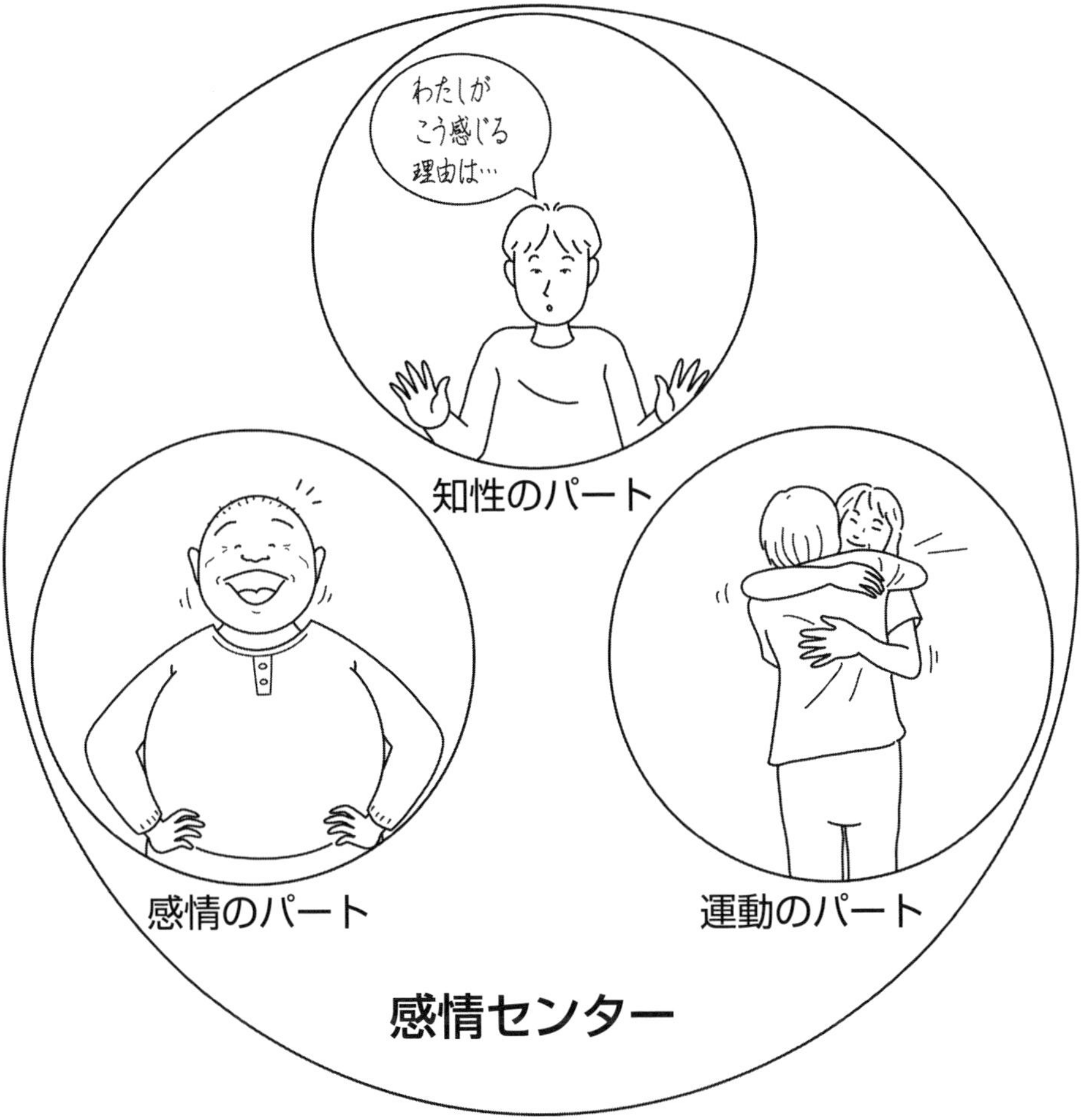

図 11 －4

〈感情センター〉
「知性のパート」― 私はこう感じる理由は……
「感情のパート」― 純粋な涙や笑い、喜びなど
「運動のパート」― 感じたままに動くこと

に、彼らは感情にも続いて行動し、思ったことをすぐに行動に移すことができるので、創造的でもあります。〈職人〉の役割の人たちは、彼ら本来の想像性を促してくれる、このパートを好みます。ウォルト・ホイットマン、アンドリュー・ワイエス、アーネスト・ヘミングウェイらは、このパートに基づいて、活動しました。

〈感情センター〉の「感情のパート」は純粋感情をつかさどっています。純粋感情は何かの考えや理由によって起こるものではありません。喜びや悲しみ、郷愁など、すべて自発的な感情です。これらの感情には行動も必要ありません。行動に移したり、原因を分析したりする余地もないのです。純粋感情――純粋な涙や純粋な笑いなど――の状態です。

〈感情センター〉の「知性のパート」では、事実を見極め、それぞれの感情が生まれた理由を知り、人間関係や状況を理解します。この「知性のパート」は知覚的な識別をつかさどります。また、このパートは他のどのパートよりも、すばやく正確に機能します。したがって、「感情」を主センター化する人は「知性」で分析しようとするより、正確かつ敏速な分析ができるし、さらに、その「知性のパート」を使えば、感情の起こる理由もわかるのです。

「知性のパート」にとらわれてしまった人は、自分の感情について知的に分析しすぎます。つまり、感じるよりも、感じたことについて考え続けることに時間を費やすのです。こういう状態から抜け出すには、感情から別の感情へ、何も考えずに、ただちに移るようにしなければなりません（それには〈運動センター〉の助けが必要です）。

マリリン・モンロー、ウィリアム・シェークスピア、ヴィンセント・ヴァン・ゴッホらはこのパートに基づいて行動しました。

〈知性センター〉のパート

〈知性センター〉の「運動のパート」は知的な記憶をつかさどります。また、意思疎通などの、思考によるあらゆる行動もつかさどります。例えば、戦争、計画殺人、専門的な職業を始めることなどはすべて、思考に基づく行動――まず考えてから行動すること――です。このパートの人たちはよく、達成したい目標のリストをつくります。そして、達成できたことはリストから消してゆくのです。

「知性のパート」にとらわれている人は、はじめに考えてやりかけていたことを、やり終えないうちに次々と別の考えを実行に移そうとします。また、まったく非生産的な、熱狂的な考えにとりつかれることもあります。〈学者〉がこの〈罠〉にはまってしまうと、たいへんです。彼らは際限なく思案し続け、何一つ実行しようとしなくなってしまうのです。

一般的に、このパートをおもに使う人は、論理をとことん深め、論理的に行動しようとします。つまり、思考を役立てようとするのです。

〈知性センター〉の「感情のパート」は欲望、興味、決断、心配、憂鬱、楽観、悲観などをつかさどります。これらは、感情的な反応を生む思考です。ただ考えただけで、心配や落胆などの感情が起こることがあります。

例えば、このパートにいる人が「私には新しい上着を買うお金がない」と考えたとしたらどうなるでしょうか。おそらく彼らには、その思考によってさまざまな感情が湧きあがり、心配したり落胆したりするはずです。〈知性センター〉の「感情のパート」にとらわれた人々のためにはさまざまな心理療法が行われています。心配や不安、憂鬱などは純粋な感情ではありません。それらは思考によって起こるものだからです。ですから、それらの感情はどんな慰めや喜びによっても癒されることがありません。

純粋な感情を経験できるのも、それを癒せるのも〈感情センター〉だけです。〈知性センター〉の「感情のパート」に基づく感情を変えるには、その感情を生むもととなった、考えや信条を別のものに変えなくてはなりません。

〈知性センター〉の「知性のパート」は純粋な思考や独創的な考え、新しい信仰などをつかさどります。例えば、哲学や論理、意識的配慮、直観、自分が存在するという意識、思考の進化などを扱います。

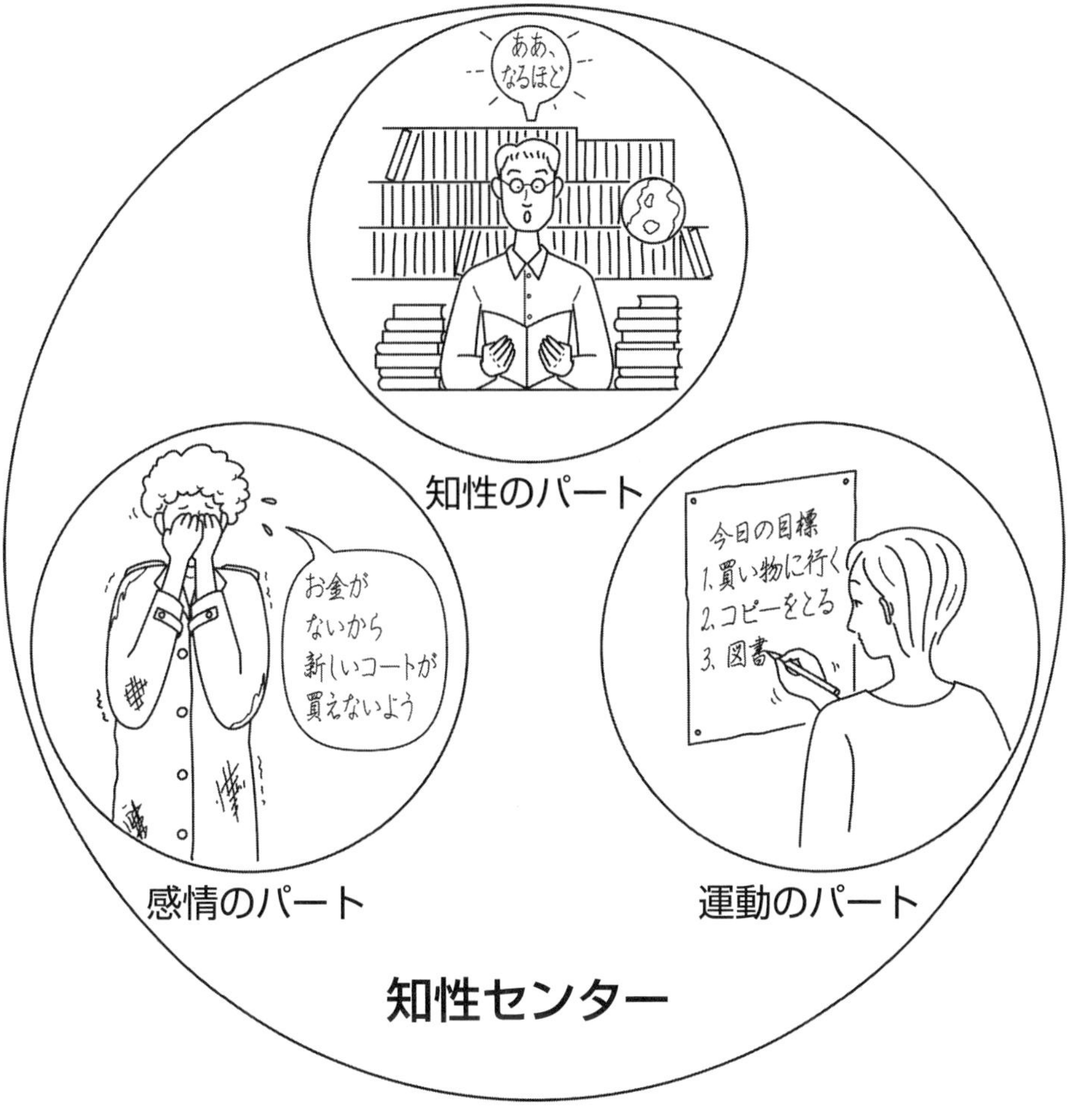

図 11 －5

〈知性センター〉
「知性のパート」― 純粋論理
「感情のパート」― 感情を生む思考
「運動のパート」― 先に考えてからする行動

「知性のパート」	思考についての思考。 すなわち、純粋論理（純粋思考）
「感情のパート」	「私は考えずには（心配せずには）いられません」（考えてから感じる）
「運動のパート」	「合理的に行動しよう」 （考えてから行動する）

表 11 －9：〈知性センター〉

「知性のパート」	「どうしてあんな行動をしたのだろう？」（動いてから理由を考える）
「感情のパート」	「自分でも気づかないうちに動いてしまったようです」（行動してから感じる）
「運動のパート」	身体運動。例えば、走ったり、スキップしたり、ジャンプしたりすること。（純粋運動）

表 11 － 10：〈運動センター〉

「知性のパート」	「私はこう感じます。なぜなら○○○」（感じてから考える）
「感情のパート」	感情や情動。例えば、笑いや涙（純粋感情）
「運動のパート」	「私はどうしても○○したい」（感じてから行動する）

表 11 － 11：〈感情センター〉

◇あなたの主センターを見つけましょう

あなたの普段の行動の特徴に最も当てはまるものを選んでください。

1　私は状況を分析し、何が起こっているのか理解するのが好きです。
私は哲学や思考の遊びが好きです。
何をするときも、まず考えます。

2　涙もろいほうです。
私は気分が変わりやすく、音楽やダンス、芸術などが大好きです。
私は感覚が鋭く、必要なものを感じ取ることができます。

3　体を動かすことなら何でも好きです。
じっと座っているのは苦手です。
話しているより、すぐに実行したいです。

あなたの主センターは……

1：知性センター→283ページ

2：感情センター→285ページ

3：運動センター→287ページ

◇あなたの〈罠〉を見つけましょう

どの選択肢もよくある行動を述べているので、誰にでもある程度までは当てはまるはずです。ですから、あなたの日頃の行動に最もよく当てはまるものだけを選ぶようにしてください。

1　私は心配性です。
将来が不安になることがよくあります。
何かを思いついてもそれは駄目だと思うことがあります。

2　仕方なく皿洗いや何かの行動をしているときは、たいてい考えごとをしています。
結論が出るまでは考え続けます。

3　推理小説を読んだり、映画を観たりしていて、先の筋書きがわかってしまうことがよくあります。
どんな場合でも、私は並外れて感覚がするどいです。
自分の感情を分析しているうちに感情がおさまってしまうことがよくあります。

4　私は湧きあがる感情を抑えようとはしませんし、感じたままに行動します。
私は衝動的なほうで、衝動買いをして後悔することもよくあります。
創造的なことを思いついたら、すぐに実行に移します。

5

踊りなどの活発な自己表現が好きです。

言いたいことや感じていることは、ほとんど表情や身振りなどで伝えられます。

私は印象的で大げさな行動をとります。

6

私は格闘技や更新などの数学的な正確さを要求される緻密な行動が好きです。

ダンスの振り付けや機械の部品、コンピュータのプログラム、設計図などを考えるのが好きです。

私には発明の才能があります。


あなたの〈罠〉は……

1：〈知性センター〉の「感情のパート」
2：〈知性センター〉の「運動のパート」
3：〈感情センター〉の「知性のパート」
4：〈感情センター〉の「運動のパート」
5：〈運動センター〉の「感情のパート」
6：〈運動センター〉の「知性のパート」

センターとの取り組み方

各センターの働きについて理解したら、一日に何度か立ち止まって、自分は今、どのセンターに基づいて行動しているのか考えてみるようにしましょう（このことを「フォトグラフィング（撮影）」と呼びます）。

その結果、あなたが望むなら、現在とは違う行動をとれるようになります。習慣になっている行動が必ずしも、最適の行動だとは限りません。どんな状況でも、明確な意図と意志をもちさえすれば、使うセンターを変えることができる、というのが一般論です。しかし、使いたいセンターがすっかり閉鎖している場合には、そのセンターを使う前にまず、浄化し解放しなければなりません。センターを浄化するには、心理療法や瞑想、意識の集中、視覚化、整体運動、鍼療法、ヒーリングなどが有効です。

例えば、「感情」を主センター化する人が子供時代に母親の死のようなトラウマを負うと、〈感情センター〉が閉じてしまい、感情がほとんど遮断されてしまうことがあります。これはよくあることです。親を失うという体験は非常に辛く、耐え難いものなので、子供たちは生存本能から、その悲しみを感じないようにするからです。しかし感情を取り戻したかったら、こうした辛い記憶は前述のような方法で経験しなおすことによって、〈感情センター〉を解放しなければなりません。

アメリカの社会では（例えばスポーツをするときなどに）痛みを感じないように訓練することがあります。そうした訓練を受けた人はまず、肉体的な感覚を遮断し、次には感情も締め出すようになります。

しかし、多くの文明においては、危険な状況にさらされたときに、〈感情センター〉が閉じてしまわないようにするための工夫がされています。例えば、昔は葬儀のとき、悲しみの感情を解放するために、泣き女が呼ばれることがよくありました。現代社会では、恐怖映画やセンチメンタルな映画が抑圧された感情を解放する働きをしています。

その一方で、現代の西洋を中心とする社会では（特に男性の）感情表現を抑圧する傾向があります。西洋の男性は自分の感情の八割がたを押さえ込み、そうすることが男らしいのだと信じています。彼らが感情を表現できるようになるには、まず、第一に感情を表現したいという意志、第二に感情を表現しても良いという社会の承認、第三に感情を解放する努力が必要です。そのためによく使われる方法として、グループセラピーや男性集会などがあります。

西洋社会では、知性の発達が推奨され、〈知性センター〉がふさがっている人たちは、さまざまな制限を受けます。〈知性センター〉が閉鎖する理由としては、カルマや脳の損傷、遺伝子異常なども考えられます。しかし、ほとんどの場合は、単なる条件付けや、自分は賢くない、という思い込みが原因です。このような場合、間違った思い込みを取り除き、自分の認識能力を自覚することによってセンターを解放することができます。そのさい、恐怖や信念が記憶されている、〈本能センター〉を癒すことが重要です。

〈運動センター〉はおそらく最も理解しにくいセンターなので、ここでもう少し時間をかけて説明しましょう。

〈運動センター〉、及び〈高次の運動センター〉の問題は対処が特に困難です。

例えば、〈知性センター〉と比較してみましょう。私たちの社会では、一般的に自分の希望を叶えるために、必要な教育を受け、知識を学ぶことができますし、たいていの人はそうします。そして、程度の差はありますが、自分のしたい職業をするのに十分な技能を身につけられるでしょう。

〈感情センター〉についても同じことが言えます。感情を抑圧している人でも、そのことに気づく努力をすれば、ある程度までは感情を表現できるようになります。誰でも、今自分のいる場所で、自分の感じていることに合わせて感情表現を上達させることができるのです。〈感情センター〉がふさがっている人にも感情はあります。何も感じない人などいません。少なくとも、幸福や悲しみ、快・不快は誰でも感じます。

しかし、〈運動センター〉の場合はそうはいきません。自分の希望通りの性生活や財産、地位、健康などに恵まれているという人はなかなかいません。そのため、〈運動センター〉の問題は、最も難しいものになりがちなのです。このセンターの問題は、他のセンターの問題よりもはるかに複雑です。思うような職業や肉体をもっていないと、体を活動のための単なる道具とみなし、生活のための仕事は厄介なだけの重荷だ、と思うことがよくあります。また、セックスはできないときに限ってしたくなるものです。

しかし、これらの肉体的・運動的な問題も、それに目を向け、意図的に変えていくことができます。それにはまず、自分の習慣的なパターン、つまり、自分の〈運動センター〉の特性と取り組まなければなりません。こうした事柄についての自分の希望と、自分の習慣とに目をむけるのです。そして、希望を実現できるような新しい習慣を始めましょう。新しい習慣が本当に自分のものになるまで続ければ、必ず希望は叶います。ただし、〈運動センター〉の問題はゆっくりとしか変わらないことは覚悟しておいてください。

考えることや感じることは瞬時にできますが、身体的な習慣は、そんなにすぐに変わるものではないからです。禁煙をしようとしている人に尋ねてみてください。ニコチンを求める気持ちを抑えるよりも、ついタバコに火をつけてしまう習慣をなくすほうが、はるかに難しいと言うはずです。

新しい習慣や新しいパターンを身につけて、今までとは違う取り組み方をしたかったら、忍耐や時間が必要になり、困難があるのは仕方のないことです。くれぐれも、数日や数週間で結果を出そうなどとは思わないでください。

私たちは低次と高次の〈運動センター〉を活発に鍛えて、エネルギーをうまく扱えるようにならなければなりません。エネルギーは何らかの問題や身体障害として現れるので、私たちはそれによって、エネルギーの扱い方を学ぶことができます。大切なことは、エネルギーが体内を滞りなく流れるようにすることです。もし、流れがせき止められると、エネルギーは痛みや苦痛、風邪などの疾患となって現れます。例えば、裕福になりたいと思っていて、実際にお金が儲かり始めたら、エネルギーが湧きあがってくるような感じがします。もしそこでエネルギーの波を押さえ込んでしまったら、さまざまな身体的諸症状が起こるでしょう。エネルギーの流れに対するそのような抵抗は言うまでもなく、現状維持を望む習慣的な思考パターンや信念（例：「もし裕福になったら友達を失うに違いない」）によって起こります。

問題を徹底的に明らかにして、自分が実際にどんな行動をしているかを調べる機会にしましょう。自分の習慣や信念を一つ一つ丁寧に調べて、それらから自由になるのです。

この手続きには三週間でも、半年でも、必要なだけ時間をかけることが重要です。〈運動センター〉に変わらなければならないのだということを教え込むには時間がかかります。悪い習慣をやめるのにも時間がかかります。しかし、不可能ではありません。

12章　ボディタイプ

ボディタイプとは、身長や体重、その他、あらゆる身体的側面（骨の長さや大きさを含めた骨格、歯、つめ、髪や肌の色、キメ、各臓器の強さや相対的な大きさ、神経組織の反応度、筋肉の形状や強度など）による分類のことです。身体の形状は、身体的個性の発達やその弱点に大いに関係します。

ボディタイプには大きく分けて二つの要素があります。

肉体的要素――肉体的な性質にはすべてと陽極と陰極があります。例えば、〈土星タイプ〉のボディタイプには身体的耐久性に優れた陽極と脊柱に障害を起こしやすい陰極があります。

心理的要素――それぞれのボディタイプに関連する人格特性があります。例えば、〈火星タイプ〉のボディタイプには弱者を助けようとする陽極と、衝動的な陰極があります。

オーバーリーフの表のボディタイプの欄には、肉体的な特徴を書いてあるものもあれば、心理的な特徴を書いてあるものもあります。それは、両者のうち、それぞれのタイプにとって特に重要なほうを示してあるからです。実際は、陽極も陰極にも肉体的・心理的特徴があります。

ボディタイプは惑星と直接結びついています。人間の体型は受胎時の惑星の配置によっておおむね決まります。それぞれの惑星にある遺伝子貯蔵庫から胎児が生まれ、さらに各自の人生にふさわしい性質が選ばれるのです。誕生時の惑星の配置は身体全体にとって、建築の設計図のような働きをします。そのため、同じ家族の子供でも、明らかにそっくりな場合もあれば、体格や体型、髪や肌の色合いなどがまったく異なることもあります。

通常、人は三つの〈惑星タイプ〉〈主要な一つの〈惑星タイプ〉と副次的な二つの〈惑星タイプ〉〉の組み合わせでできています。まれに二つの惑星の影響だけでできている人もいます。一つの惑星の影響しか受けていない人はめったにいません。

ボディタイプは説明しにくい話題です。というのも、本書の教えの中で明確な分類が最も難しいものだからです。どの人もさまざまなボディタイプが混じり合っているので、その微妙な違いや組み合わせまで区別するのは困難です。

では、なぜ私たちには多様なボディタイプの組み合わせがあるのでしょうか？　単純に言うと、物質界に多様性をもたらすためです。その組み合わせによっては、オーバーリーフの影響が発揮されやすくなることも、抑えられることもあります。

ときには、〈本質〉が特異性を示そうとして、ボディタイプを利用することもあります。例えば、極端に背が高く、他の人たちが自分の足元に見えるような体型を選んだら、「受容」を学ぶ良い機会になるでしょう。その逆の例がナポレオンの場合です。彼はとても身長が低かったからこそ、圧倒的優位に立とうと努力

軸	「順序」	「中立」	「高位」
【霊感】	月		土星
【表現】	水星		木星
【行動】	金星		火星
【吸収】		太陽	

表12－1

したのです。

このように、ボディタイプにはカルマ的な経験を促し、人生に味わいや計画、ユーモアなどを添える働きがあります。

典型的な美貌をもって生まれるのと、変わった容姿に生まれるのでは、それによってもたらされる状況が違います。また、病弱な人や遺伝的障害のある人に生まれれば、他人に世話をしてもらい、カルマの貸しを返してもらうことができます。また、日常生活をふりかえればわかるように、魅力的な容姿は人と親密になり、カルマを果たしたり、逆にカルマを生み出したりするのに役立ちます。それらの人たちは、容姿に魅力がなければ不可能だったかもしれない恋愛感情のもつれを経験することもできます。

ボディタイプは占星学そのものにも関係しています。まず、ホロスコープの（肉体をつかさどる）第一室にある惑星は、人のボディタイプや主要なパートを表しています。また、そのような特徴は家族をつかさどる第四室にもごくわずかに現れています。体は子供時代を過ごす家庭の影響も受けるからです。しかし、やはり第一室に現れる、両親からの遺伝のほうが強い影響力をもっています。

上記の表はボディタイプに惑星が及ぼす影響を示したものです。

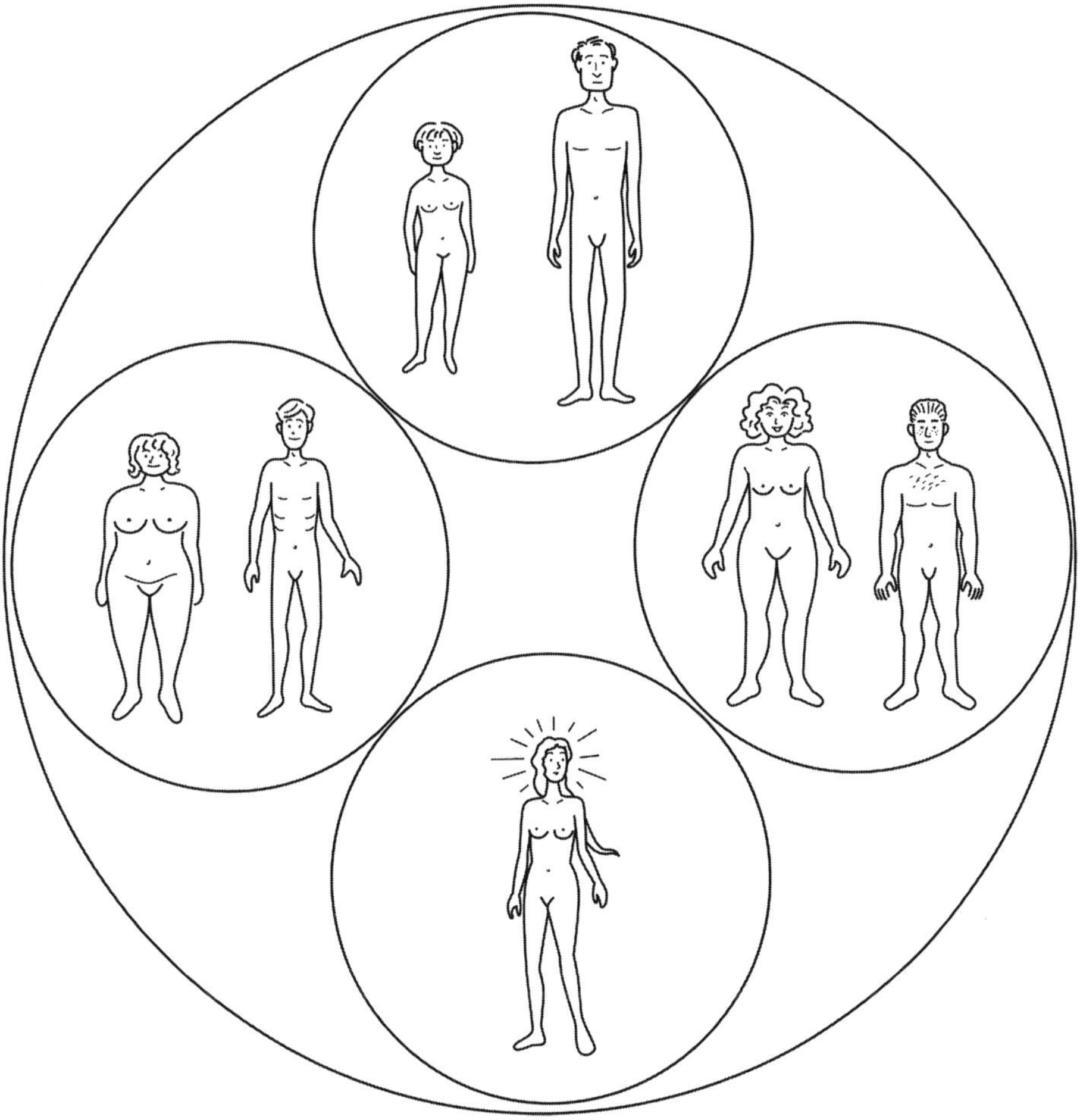

図 12 − 1：7つの主要なボディタイプ

表に載っていない惑星で、ボディタイプに影響を与える惑星があと二つあります。天王星と海王星です。これらは地球から非常に離れているため、その影響力は最大でも三〇%しかありません。冥王星はほとんど影響を及ぼしません。

【ボディタイプ】		【典型】
太陽	--------------	子供
火星	--------------	運動選手
金星	--------------	女神
土星	--------------	指導者
月	--------------	天才
水星	--------------	完璧主義者
木星	--------------	皇帝
天王星	--------------	変わり者
海王星	--------------	スター
冥王星	--------------	立案者

表 12 − 2：典型

ボディタイプは成人期や老年期の魂よりも、乳児期や幼児期の魂にはるかに大きな影響を及ぼします。特に、乳児期や幼児期の魂たちは、自分の役割に合わせて、ボディタイプを選ぶ傾向があります。例えば、乳児期の〈戦士〉は男らしく、力強い体を何よりも重視します。しかし、老年期の〈戦士〉なら、そんなことはあまり気にしないでしょう。

ボディタイプの好みには役割ごとに傾向があります。例えば、〈戦士〉や〈王〉が壮健な肉体を求めるときには〈火星タイプ〉のボディタイプを、忍耐力が必要なときは〈土星タイプ〉を選びます。また、〈王〉は威厳がある、〈木星タイプ〉も好きです。〈聖職者〉は背が高い、〈土星タイプ〉や晴れやかな容姿で人目を引く〈太陽タイプ〉を好みます。〈奉仕者〉は〈月タイプ〉になりたがります。〈職人〉は敏捷な〈水星タイプ〉が好きで、〈賢者〉は〈木星タイプ〉や〈土星タイプ〉、〈金星タイプ〉のような特徴のある肉体を求めます。

〈学者〉は「中立」なので、どのようなボディタイプでもかまわないのですが、敏速に働く〈水星タイプ〉は特に好きです。

ボディタイプはオーバーリーフを助長したり、抑圧したりします。例えば、〈金星タイプ〉のボディタイプは〈感情センター〉の働きを高めます。〈土星タイプ〉は「支配」の目標を助けてくれますが、「服従」には逆効果です。〈火星タイプ〉は「攻撃」のモードとは相性が良いですが、「注意」のモードとはかみ合いません。

また、軸ごとの特徴もあります。一般に、「順序」の人たちは女性的な〈惑星タイプ〉のボディタイプであり、「高位」の人たちは男性的な〈惑星タイプ〉のボディタイプをもっています。〈太陽タイプ〉や〈月タイプ〉は中立的なボディタイプですが、これらの型をもつ人はほとんどいません。そして、「順序」の〈惑星タイプ〉

は受動的な性質をもち、内面に目を向けさせるように人々に働きかけるのに対し、「高位」の〈惑星タイプ〉は人々がより外向的になり、世界に出て活躍するように仕向けます。

ボディタイプは九角形《エニアグラム》の道筋に沿って、変化していきます。（訳注：図12―2には主要な七つのタイプしか示されていないが、ボディタイプに影響を及ぼす惑星は九つあるので、実際のボディタイプの変化は九角形の道筋をとる。表12―2参照）まず、人は誕生時に一つ主要なボディタイプを選びます。そこから二方向の枝分かれが派生しますが、最も影響力があるのは、中央の主要なボディタイプです。これらのボディタイプは三つ組《トライアッド》を形成します。次に私たちは最初のボディタイプを離れ、第二の〈惑星タイプ〉に変化します。さらに、その新しい型にすっかりなりきると、直ちに第三の〈惑星タイプ〉に向けての変化が始まります。このように、ボディタイプは絶えず変化するので、どの役割の人も最終的には、すべてのボディタイプを経験することになります。もちろん、ボディタイプ自体に良し悪しはありません。ただ、一定の法則にしたがって変化していくだけのことなのです。

図12―2は、転生するたびにボディタイプがどのように変化していくかを示したものです。この変化は永遠に続きます。〈太陽タイプ〉は中立的であり、このボディタイプにはめったになりません。仮に今、〈土星タイプ〉の人がいて、年をとるにつれて〈火星タイプ〉に似た特徴を示すようになるとすると、その人が次に生まれるときはおそらく〈火星タイプ〉になるでしょう。そして、次の人生の中でだんだんと〈木星タイプ〉に近づいていくかもしれません。こうしてボディタイプの変化は続いていきます。すでに述べたように、混じりけのない純粋なボディタイプは非常にまれで、特に一つの惑星の影響だけを選んだときに生じます。

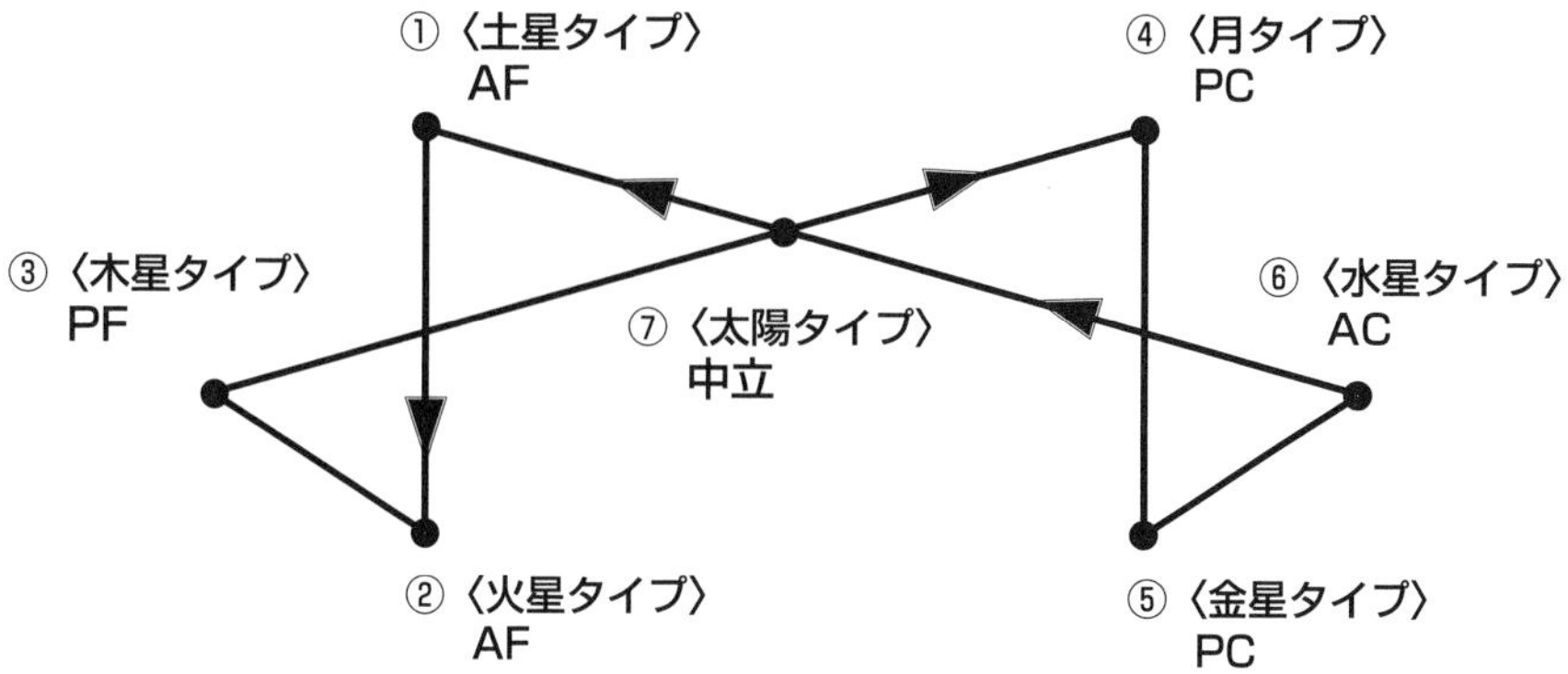

注意：番号は変化の順番を示しているだけで、優劣等を表しているものではありません。
A＝行動的　F＝集中的（男性的）P＝受動的　C＝創造的（女性的）

図 12 − 2

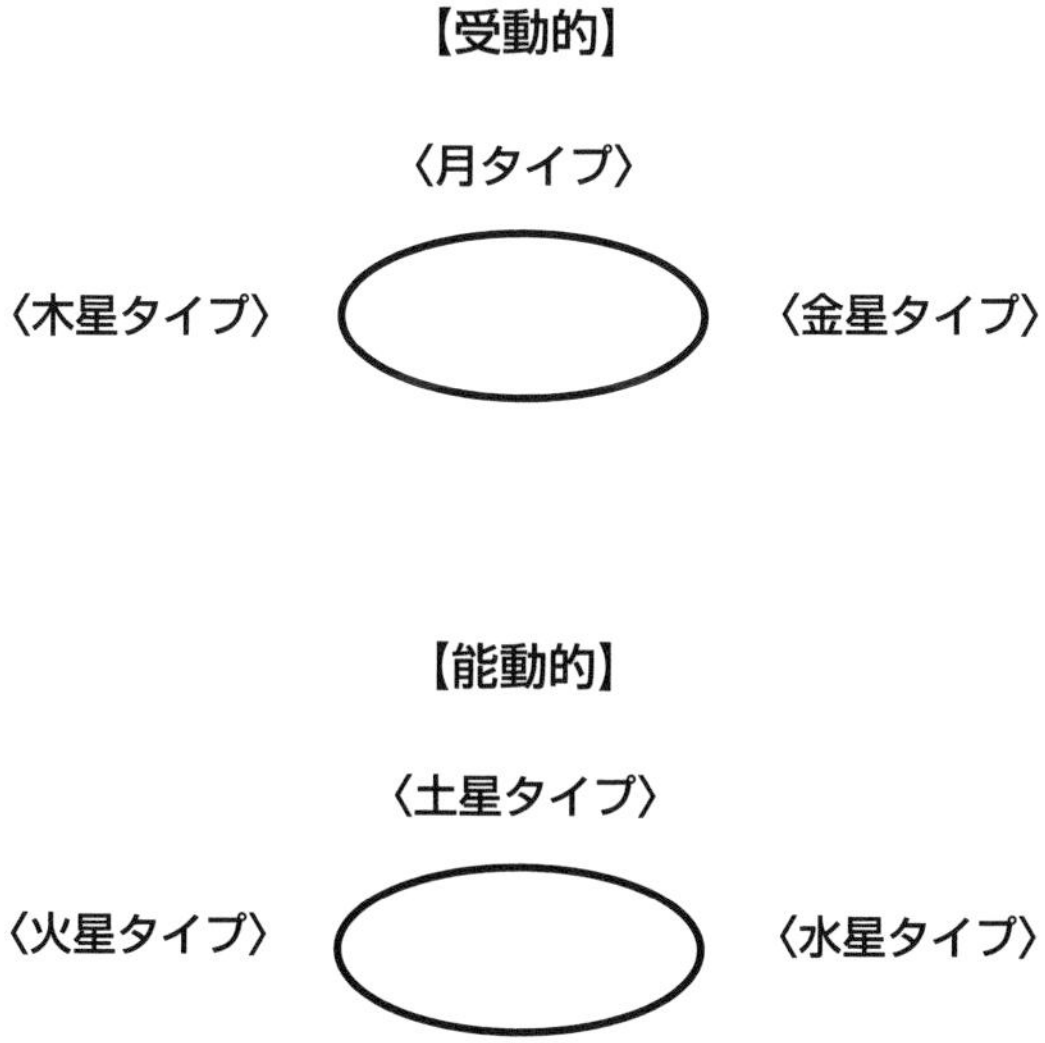

図 12 − 3

漫画や神話、風刺などには、混じりけのないタイプがしばしば現れます。例えば、白雪姫（太陽タイプ）、サンタクロース（木星タイプ）、チャーリー・ブラウン（月タイプ）などです。

興味深いことに、社会全体が理想とするボディタイプも、九角形《エニアグラム》のルートを巡って変化します。一九二〇年代には、背が高くて痩せているのが理想の体型だとされていました。徐々に理想は変化し、近年では広告によく見られるような、鍛えられ引き締まった、筋骨たくましいが求められるようになっています。また、十九世紀の芸術は、当時の理想であった、〈金星タイプ〉の官能的な女性を描こうとしました。

これらの主要な〈惑星タイプ〉はシンボルや神話、空想上の人物とも関連しています。また、他のあらゆるオーバーリーフと同様に、〈惑星タイプ〉にも、陽極と陰極があります。

表12―6は、最も惹かれあう〈惑星タイプ〉を示しています。この表で隣り合っている〈惑星タイプ〉の人たちは、長い間変わらない、良い関係を築くことができます。相性は生まれもった性質の違いに影響されるのです。

曜日	惑星	神	特性
日曜日	太陽	アポロ	美
月曜日	月	ディアナ	多産、豊饒
火曜日	火星	マルス	戦争、不安
水曜日	水星	ヘルメス	使者
木曜日	木星	ゼウス、トール	父
金曜日	金星	アフロディテ	愛
土曜日	土星	—	天候

表 12 − 3：関連するもの

惑星	分泌腺	チャクラ	特性
太陽	胸腺	第４	免疫系、身体の成長
月	すい臓	第３	リンパ腺系、消化
金星	副甲状腺	第５	甲状腺の働きを抑える
水星	甲状腺	第５	速さ
土星	脳下垂体（前葉）	第６	自動制御、男性性、思考と理性
火星	副腎	第１	生存、火、戦い、飛行
木星	脳下垂体（後葉）	第６	自動制御、女性性、母性
天王星	生殖腺	第２	高次の運動センター、身体に障害や変形をもたらすこともある
海王星	松果体	第７	高次の感情センター、ときとして芸術的・空想的

表 12 − 4：分泌腺とチャクラ

	順序		中立	高位
【霊感】	＋聡明 〈月タイプ〉 －病弱	———		＋頑迷 〈土星タイプ〉 －陰鬱
【表現】	＋偉大 〈木星タイプ〉 －威圧的	———		＋機敏 〈水星タイプ〉 －神経質
【行動】	＋官能的 〈金星タイプ〉 －感傷的	———		＋屈強 〈火星タイプ〉 －衝動的
【吸収】			＋明朗 〈太陽タイプ〉 －非現実的	

表12－5

〈土星タイプ〉	------	〈月タイプ〉
〈木星タイプ〉	------	〈水星タイプ〉
〈火星タイプ〉	------	〈金星タイプ〉

表12－6：もっとも相性の良い〈惑星タイプ〉

九つの主要なボディタイプ

①〈月タイプ〉

＊陰性、受動的、女性的
＊すい臓、リンパ腺系
＊月の周期にしたがって変化する
＊水

身体的特徴

輝くような青白い肌／太って丸い顔（ムーンフェイス）／消化器の下部が弱い／便秘／未熟な体型／東洋人に多い

心理的特徴

＋：穏やか／几帳面／妥協的／忍耐強い／不屈の精神／母性的／同情的／受容力がある／細部にこだわる／数学的（非凡な才能を示すことも多い）

－：憂鬱／内省的／不親切／無口／頑固／情け容赦しない／破壊的

その他の特徴

会計士、司書、プログラマーなどにむく／肉体はあまり発達せず知性が発達する傾向／夜更かしをよくする／一人でいるのは平気、おとなしくて臆病なので有名にはなりたくない／女性性そのもの、〈月タイプ〉の男性には同性愛傾向がある／「水」のエレメントは流動性と不安定さを表す／天才的な知性があることが多い

【〈月タイプ〉の有名人】

アンディ・ウォーホル（一九二八〜一九八七　米国の芸術家。金星の影響あり）、ウッディ・アレン（水星の影響あり）、トルーマン・カポーティ（一九二四〜一九八四　米国の小説家）、イングリッド・バーグマン（一九一五〜一九八二　スウェーデン出身の映画俳優）、ジョン・レノン、ロバート・レッドフォード（土星の影響あり）、チャーリー・ブラウン（漫画『ピーナッツ』の主人公）

②〈金星タイプ〉

＊陽性、受動的、創造的

＊副甲状腺と副腎（感情の分泌腺）

＊土

身体的特徴

完全な肉体／肉感的／官能的／柔らかく温かい／胸よりもヒップが大きい／豊かな髪／オリーブ色の肌／大きくて黒い目／骨太／手足が大きい

心理的特徴

＋：調和がとれている／温かい人間関係／情愛豊か／親切／批判的でない／忠実／美を理解する／楽観的／きさく／良い恋人になる

－：怠惰／惰性的／無為／存在感がない／依存的／優柔不断／不注意／ずさん／感情表現が大げさ／感傷的／ぼんやりしている／だらしない

その他の特徴

芸術的／ティーンエージャーに対して理解がある／料理上手／奉仕的／生まれつきのヒーラー／容姿端麗／多くのカルマをもっており他人をカルマの観点から理解する／自意識が強く人々に大きな感動を与える

【〈金星タイプ〉の有名人】

エリザベス・テイラー（一九三二～　英国生まれの女優）、ジョン・トラボルタ（一九五四～　米国の俳優。水星の影響あり）、マリリン・モンロー、エドワード・ケネディ（一九三二～　米国の政治家。ジェイ・F・ケネディの弟）、エルビス・プレスリー（水星の影響あり）、ウォーレン・ビーティー（一九三七～　米国の映画俳優）、シバの女王（旧約聖書やコーランに登場する古代シバ国の女王）。

③〈火星タイプ〉

＊陰性、活動的、集中的

＊副腎（戦いと飛行をつかさどる）

＊火

身体的特徴

頑丈／髪や肌が薄桃色から深紅までの赤系統の色の場合がある／そばかすが多い／色黒／肌にしみが多い／身長は平均以下／筋肉質／活動的な体質／心臓発作／肌荒れ／高血圧

心理的特徴

＋：精力的／元気はつらつ／情熱的／性欲が強い／決断力がある／自由を愛する／率直で正直／独立心が強い／直感にしたがって生活する／弱者を助ける

－：衝動的／怒りっぽい／知ったかぶり／過剰反応をする／防衛的／喧嘩好き／野蛮／無礼／性急／配慮が欠ける

その他の特徴

軍人／俳優／消防士／畜産や動物関係の仕事にむく

【〈火星タイプ〉の有名人】

ジョン・グレン（一九二一～　米国の宇宙飛行士）、ポール・ニューマン（海王星の影響あり）、マーチン・ルーサー・キング牧師（木星の影響あり）、ジェームス・ディーン（海王星・水星の影響あり）、シャーリー・マクレーン（一九三四～　米国の女優。海王星の影響あり）、ファラ・フォーセット（一九四七～　米国の女優。土星の影響あり）、ロバート・レッドフォード（一九三七～　米国の俳優・映画監督）

④〈土星タイプ〉

＊陽性、行動的、集中力がある
＊脳下垂体（前葉）、骨格、論理
＊土、重金属

身体的特徴

頑丈／痩せている／大柄で背が高い／目がくぼんでいる／四角いあご／額が広い／大きな鼻／普通の肌色／関節炎／脊柱の障害／偏頭痛

心理的特徴

＋：父性／生まれつきの指導者／公正／節度がある／自制できる／辛抱強い／秘密を守る／温厚／危機に対処できる／先駆的／サバイバル能力がある
－：変わらない／働きすぎ／融通が利かない／頭でっかち／元気がない／厳格／冷淡／弱さを許さない／政治的／無感情

その他の特徴

モデル／世界的指導者／テレビ司会者／大工／トラックの運転手／忍耐を要する職業・調査などにむく／支配的な立場につきやすい

【〈土星タイプ〉の有名人】

アンクル・サム（アメリカを擬人化した呼び名）、エイブラハム・リンカーン、ジミー・カーター、ミック・ジャガー（一九四三〜　英国のロック歌手。火星の影響あり）、メリル・ストリープ（一九四九〜　米国の女優。海王星の影響あり）、ダイアナ元皇太子妃（一九六一〜一九九七　英国のチャールズ皇太子の元妃）、シェール（一九四六〜　米国の歌手・女優。水星の影響あり）、ジャクリーン・スミス（一九四六頃〜。米国の歌手）

⑤〈太陽タイプ〉

＊中立的

＊胸腺、免疫系、成長

＊火

身体的特徴

子供っぽい／若々しい／優雅／きめが細かい／虚弱／色白／夢のように美しい／痩せ型／唇が分厚い／上部の消化器が弱い

心理的特徴

＋：明朗／創造的／優雅／威厳がある／洗練されている／無垢／遊び好き／子供っぽい

－：気取っている／冷淡／不寛容／世間知らず／見境がない／貪欲／中性的な行動／未熟／大人になりたく

ない（ピーターパン的）／現実逃避（見たくない現実は見ない）

その他の特徴

宗教儀礼が好き／子育てがうまい／声が美しく歌がうまいことが多い

【〈太陽タイプ〉の有名人】

ジュディ・ガーランド（一九二二～一九六九　米国の歌手・女優）、白雪姫、ピーターパン、ゴールディ・ホーン（一九四五～　米国の女優・ダンサー。金星の影響あり）、グレース・ケリー（一九二八～一九八二　米国の女優。モナコ大公妃）、マイケル・ジャクソン（海王星の影響あり）

⑥〈木星タイプ〉

＊陽性、受動的、集中的

＊脳下垂体（後葉）、母性

＊水、霧

身体的特徴

大柄で重たい／太り気味／身長が低い／肩幅が広い／肉付きが良い／胸囲が広い／体毛が薄い／首が短い／耳が良い／視力が弱い／歯が小さい／情熱的な目／全体的に重度の身体的欠陥が起こりやすい

心理的特徴

＋：堂々としている／寛大／同情的／親切／忠実／優しい／母性的／幸運／哲学的／芸術や文芸を愛好する／精神力が強い／生命に対する成熟した理解／強い存在感がある／王者の風格

－：周期性にしたがう／自己欺瞞／派手／うぬぼれ屋／浪費家／目立ちたがり／威圧的

その他の特徴

フットボール選手・レスラーにむく、一人でいるのが嫌で大勢でいるのが好き、一般的に〈火星タイプ〉と〈木星タイプ〉は相性が良い

【〈木星タイプ〉の有名人】

サンタクロース、オーソン・ウェルズ（一九一五〜一九八五　米国の映画監督・俳優）、アルベルト・アインシュタイン、バーブラ・ストライサンド（一九四二〜　米国の歌手・女優・映画監督・作家）、ルチアーノ・パヴァロッティ（一九三五〜二〇〇七　イタリアのテノール歌手）、ミスター・マグー（コメディ映画『裸の銃を持つ男』の主人公）、ヨハネ・パウロ二世（一九二〇〜二〇〇五　第二六四代ローマ教皇）

⑦〈水星タイプ〉

＊陰性、活動的、創造的
＊甲状腺、敏速
＊コミュニケーション、知性
＊空気

身体的特徴

明るくて清潔な外見／身だしなみがよい／黒っぽい髪と目／オリーブ色の肌／細身／機敏／長生き／よく通る声／健康で大きな歯／目が良い

心理的特徴

＋：活発な知性／鋭敏／機知に富む／賢い／多彩／明るい性格／邪気がない／明快に表現する
－：一貫性がない／衝動的／怒りっぽい／神経質／嫌味／皮肉／批判的／熱狂的

その他の特徴

ラテン民族、フィリピン人、エンターテイナー・評論家・政治家にむく、賢者が多い

【〈水星タイプ〉の有名人】

ジョニーカーソン（一九二五～二〇〇五　米国の俳優）、サミー・デイビス・ジュニア、ロナルド・レーガン、フリップ・ウィルソン（米国の人気コメディアン。火星の影響あり）、エルビス・プレスリー（金星の影響あり）、シェール（土星の影響あり）、ET（土星の影響あり）、カーリー・サイモン（一九四五～　米国のシンガーソングライター）

⑧〈天王星タイプ〉

＊生殖腺、遺伝子操作

＊高次の運動センターに対応

＊男性性

心理的特徴

＋：独立的／独創的／束縛を嫌う／意志が強い／人道主義者

－：変わり者／反抗的（特に異性に対して）／変質的／犯罪の才能がある

その他の特徴

物事を変化させる／名声を強く求める

【〈天王星タイプ〉の有名人】

ユル・ブリンナー（一九二〇～一九八五　米国の俳優）、ロバート・シュバル（一九三一～　米国の俳優）、ジョージ・パットン将軍、ヘンリー八世（一四九一～一五四七　英国王。英国国教会首長）、レックス・ルーサー（スーパーマンの宿敵、悪の天才）

⑨〈海王星タイプ〉

＊松果体

＊高次の感情

＊視床下部

＊女性性

身体的特徴

大きな丸い目／痩せ型／幻想的な美しさ

心理的特徴

＋：情熱的／物静か／深い情感／理想主義的／精神的／想像力豊か／感受性が強い／芸術的な創造性がある／上品

－：非現実的／非実用的／不安定／陰気／冗漫

その他の特徴

芸術家／催眠術師／ダンサーにむく

【〈海王星タイプ〉の有名人】

ミア・ファロー（一九四五〜　米国の女優。太陽の影響あり）、アンナ・パブロワ（一八八一〜一九三一ロシアのバレリーナ。月・水星の影響あり）、デヴィッド・ボウイ（一九四七〜　英国のソングライター・歌手。太陽の影響あり）、ライザ・ミネリ（一九四六〜　米国の女優。水星・金星の影響あり）、オードリー・ヘップバーン（太陽と月の影響あり）、エルヴィン・ロンメル（一八九一〜一九四四　ドイツの軍人）、マタ・ハリ（一八七六〜一九一七　オランダのダンサーであり、ドイツのスパイ）

⑩〈冥王星タイプ〉

このボディタイプの人たちは何世代にもわたって、人々に影響を及ぼすような大きな業績を残すことがあります。しかし、生前にはその意義を十分に評価してもらえないでしょう。

【〈冥王星タイプ〉の有名人】

ナポレオン、アレキサンダー大王、ルイ・パスツール（一八二二〜一八九五　フランスの科学者。細菌学者）

13章　まとめ

この章は四つの部分からなります。

① 七区分のオーバーリーフと事例
② オーバーリーフの表の使い方
③ 〈人格〉の観察
④ この教えの意義

これまでの章では、七つの区分のオーバーリーフと、基本的な惑星の影響という観点から〈人格〉について述べてきました。もうこれで、日常生活の中でのオーバーリーフの仕組みや働きがわかるようになったはずです。

パーティ会場へ行けば、あなたはそこにいる人々が、この教えの体系に出てきたさまざまな行動をとっていることに気づくでしょう。例えば、あなたの左に立っている人は「情熱」のモードの〈職人〉で理想主義的な考え方をし「せっかち」にふるまっています。右側にいる、物静かな〈月タイプ〉の男性はあなたの親友と出会い、これからカルマを芽生えさせようとしているところのようですが、二人とも幸せそうです。この世界では、完全で精妙な仕組みが想像を絶するほどの複雑さで動き続けています。

本章ではこれまでの各章全体をまとめ、それらの関連を明らかにし、さらに、〈人格〉をもつことの意義を説明します。「〈人格〉は何の役に立つのか?」という疑問にもお答えしましょう。〈人格〉があるから、どうだというのでしょうか? 〈人格〉をいったいどうすれば良いのでしょうか? 〈偽の人格〉はどんな悪影響をもたらすのでしょうか?

また、この章では、すべてのオーバーリーフの性質を改めて要約し、オーバーリーフが形成する七つ組について説明します。個々のオーバーリーフが組み合わさることにより、どのように〈人格〉が形成されるかについても、事例を挙げて述べます。ここで、「軸」の意味を再検討し、オーバーリーフを読み取る方法と、陽極にとどまる方法を学んでください。

最終的にみなさんは大いなる悟りを得、〈本質〉に従った行動をするために、これらの知識がどれほど有益か理解されるでしょう。

第一節：オーバーリーフの七つ組

この節ではオーバーリーフが相互にどのように関係し合い、作用し合っているのかを説明します。それぞれのオーバーリーフはでたらめに現れるわけではありません。相互に関係しあっています。エネル

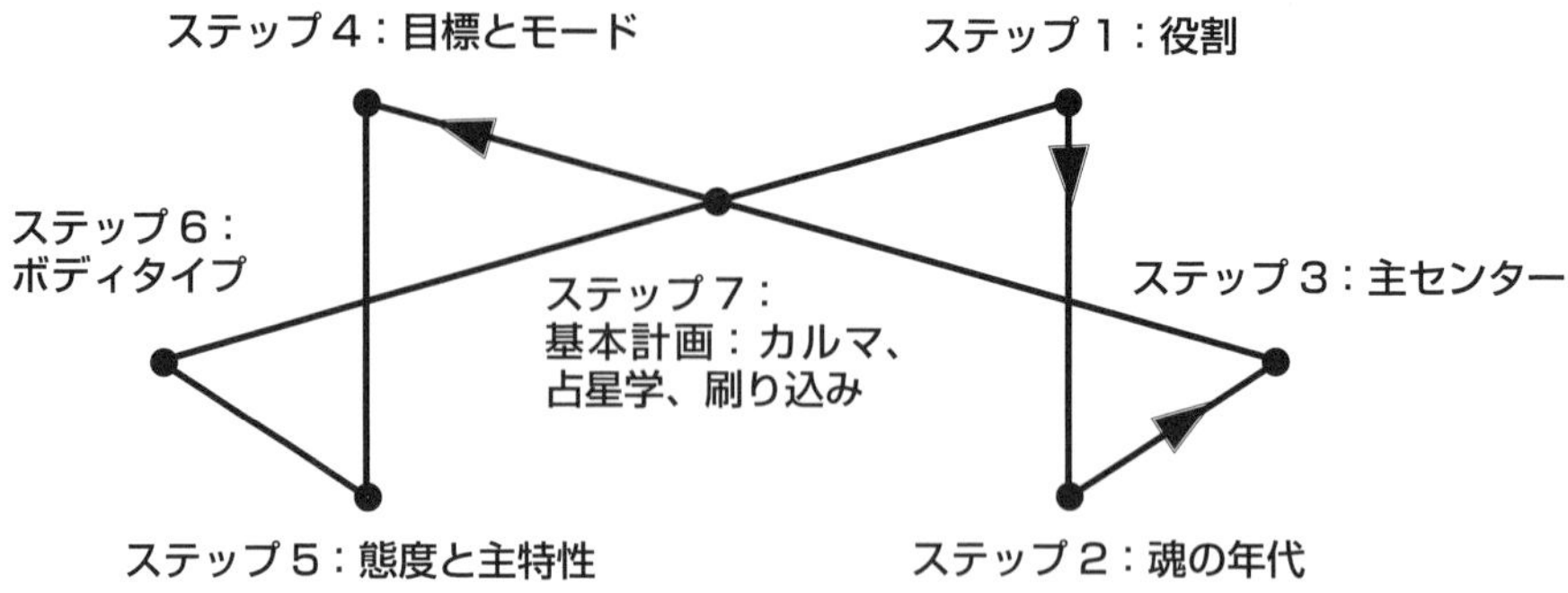

図 13－1：オーバーリーフの７つ組の例

ギーの相互作用の巨大で複雑なメカニズムに従って現れるのです。そのメカニズムは、単純に言うと、七つ組《セプタント》になっています。オーバーリーフはすべて七つ組になっています。次に示したのは、相互作用のパターンの一例ですが、この他にも何通りものパターンがあります。

オーバーリーフの事例

次にあげる事例は、七つ組《セプタント》のオーバーリーフがいかに作用し合うかを示したものです。

わかりやすいように、ここでは七区分のオーバーリーフが全種類用いられるような組み合わせの例を挙げていますが、それは無限にある組み合わせの中のごく一部にすぎません。どの役割の魂も、地上に生まれるときには一つの魂の年代とレベルを選び取ります。しかし、どの魂も、転生を繰り返し、最終的にはすべての年代、レベル、オーバーリーフを経験することになります。それらすべての組み合わせ例を書いていたら、何冊本があっても足りません。あなたの身の回りを見回すだけでも、豊富な実例を見つけられるはずです。

オーバーリーフの組み合わせ例

【例1：戦士】

役割――〈戦士〉
魂のレベル――老年期の第六段階
主センター――〈知性センター〉の「運動のパート」
目標とモード――「受容」と「注意」
態度と主特性――「皮肉主義」と「せっかち」
ボディタイプ――〈火星タイプ〉と〈月タイプ〉

カルマ、刷り込み、契約

ある女性と巡り合い、結婚するというカルマになっている男性の例を挙げてみましょう。

あなたは老年期の第六段階の〈戦士〉（ステップ1と2）として地球にやってくるとしましょう。このことは、あなたは老年期の魂にしては、かなり多忙な人生をおくる堅実な人であることを意味しています。生まれるとすぐにあなたは、自分のセンターを用います（ステップ3）。あなたの主センターは「知性」なので、それにふさわしい目標へのアプローチをするでしょう。つまり、思考によって目標を達成しようとするのです。

例えば、パーティに行くとします。あなたは〈知性センター〉を使い、老年期の魂の目を通して周囲を見て、「受容」を目指しています。そのため、パーティー会場でもあなたはよく考え、注意深く、受容的な態度をとります（ステップ1からステップ4）。

パーティでいろいろな催し物が行われるにつれて、あなたらしい節度が現れ始めます。例えばのどが渇いてパンチボウルに近づいたとき、もう何も残っていないと言われたら、あなたは「皮肉主義」の陰極の態度をあらわにし、「こんなパーティは面白いわけがないのははじめからわかっていたよ」と不平を言い始めます（ステップ5）。さらに、陰極にいることが、あなたの主特性である「せっかち」も現れてきます。そして、こんな面白くないパーティなら、今すぐに家に帰ろうと考えます（〈知性センター〉の「運動のパート」の性質――「思考に基づいて行動する」――および行動中心の〈戦士〉の性質）。

しかし、そこであなたが今の状況を「受容」したいと強く望めば（老年期の観点で受容すれば）、親しくなりたいような、好感のもてる女性と出会うことになるかもしれません。

あなたは常に――外見的にも心理的にも――自分のボディタイプを示しています。そして、部屋の反対側にいる何人かの女性は、口にこそ出しませんが、あなたの外見に関心をもっています。その中には、（おそらく無意識に）「〈火星タイプ〉のボディタイプ（ステップ6）の素敵な男性と知り合いたいのだけれど、彼がそうではないかしら」と考えている女性もいます。やがて彼女はあなたに話しかけてくるでしょう。しだいにあなたの人生の基本計画が実現し始めます。この人生でのいくつかの経験やカルマは生まれる前に決めてあります。あなたはいつも条件付けに縛られていますが、今夜のあなたは星の配置が良く、普段より陽気で開放的な気分です。この夜、あなたは女性と出会い、特別な経験をするという契約を〈本質〉との間に交わしてあるからです。そして、そこに現れたのが彼女です。彼女のほうも、やはり、あなたの好みのボディタイプです（ステップ7）

こうして、あなたは七つの区分のオーバーリーフを順々にすべて経験していきます。それは、エネルギーのダンスであり、無限の変化の可能性のある、相互作用なのです。

【例2：奉仕者】

役割ー〈奉仕者〉
魂の年代ー成人期の第七段階
主センターー〈運動センター〉
目標とモードー「支配」と「忍耐」
態度とボディタイプー「禁欲主義」と「頑固」
ボディタイプー〈月タイプ〉

カルマ、刷り込み、契約

このケースでは、昔、あなたが誰かから避難所を奪ってしまった借りを返すために、カルマが働きます。また、生まれつき刷り込まれている思い込みのせいで、あなたは自分より年下の人にはかなわない気がします。

あなたは成人期の第七段階の〈奉仕者〉なので、激しい人生を経験します。これは、あなたが何に対しても非常に共感しやすく、自分と同一視しやすいので、自然と他人に奉仕したくなるということを意味しています。また、あなたは「運動」を主センター化し、「支配」を目指しているので、指導者として活動的な人生をおくる運命にあります。

例えば、あなたは赤十字に勤め、多くの危険地帯を旅して、避難所をつくり、負傷者たちを助けているとしましょう。今回の仕事先では、竜巻が起こり、多くの犠牲者が家を失ったり、瓦礫に埋もれたりしています。あなたは現地を奔走し、指示を出しながら、食料ルートの確保を急ぎます（〈運動センター〉）。不眠不休で働き続け（「忍耐」）、不平一つ言いません（禁欲主義）。〈月タイプ〉のボディタイプのおかげで、あなたは素晴らしい知性をもっており、仕事を要領よくこなします。

しかし、突然あなたはどうしても今の仕事を辞め、閉じ込められた犠牲者たちを救出するスタッフに加わりたくなります（カルマによる召し出し）。そして迅速に自分の後任を決め（〈奉仕者〉独特の巧妙な支配のしかた）、レスキュー隊に参加します。

まるで自分の行くべき場所がはっきりとわかっているかのように、あなたは断固として、ある方向へ行くべきだと主張します。そして、人々を先導しながら、思う方角へ行くと、実際に、瓦礫の下から少女の泣き声が聞こえてきます。あなたは少女の恐怖心に強く共感し（成人期の魂）、彼女を助け出そうとがむしゃらに働きます。しかし、やっとのことで彼女を救い出した瞬間、あなたは足を滑らせて、瓦礫の中にはまってしまいます（カルマの返済、および、少女を救い出す契約）。

あなたは「運動」を主センター化する人なのに、何時間も瓦礫の中に閉じ込められて、身動きがとれず、強烈な恐怖と不快感とを味わいます。しかし、あなたは徐々に不満を抱くのをやめ、自分が無傷であるということに気づきます。「禁欲主義者」だからです。数時間後、あなた自身も救出され、ただちに自分の任務に戻ります。あなたは再び食糧輸送を始めますが、今後は、以前よりずっと明るい気分で、エネルギーに満ち溢れています。重要なカルマの借りを返すことができたからです。

もし、あなたがその日のホロスコープを見ていたら、英雄的行為と自己との可能性を高めるような星の配置に気がついたことでしょう（同様に、あなたの出生時のホロスコープも人生のある時期に、ある種の事故が起こることを暗示しているはずです）。

ここでもやはり、オーバーリーフのダンスが見てとれます。オーバーリーフはジグザグに進みながら、学びの場をつくり出し、カルマを果たすための興味深い舞台を与えてくれているのです。

【例3：職人】

役割——〈職人〉
魂の年代——幼児期の第二段階
主センター——〈感情センター〉
目標とモード——「再評価」と「自制」
態度と主特性——「精神主義」と「自己破壊」
ボディタイプ——〈水星タイプ〉

カルマ、刷り込み、契約

この人生での契約では、あなたは厳格で懲罰的な両親と暮らし、彼らから強い刷り込みを受けることになっています。また、さらに次に転生したときには今の両親と立場を逆転させて、今回のカルマを返すことも決まっています。

あなたは幼児期の第二段階の〈職人〉で、子宮にいるときに遺伝子的な病気を患ったために、現在は精神遅滞に近い状態になって両親のもとで暮らしています。あなたの両親もやはり、幼児期の人なので、非常に信心深く、多くの規則や罰則を遵守しています。彼らのせいであなたは葛藤します。なぜなら、あなた自身の主センター化は「感情」なのに、感情を表すと罰せられるので、感情を抑制しなければならないからです。

あなたの全生涯は無能さ（「再評価」）によって支配されていて、いくつになっても自活できません。そして、日々地元の教会に飾る、聖人の彫刻をつくって過ごします（「精神主義」の〈職人〉）。そうすることが、あなた本来の創造性や「感情」のはけ口になるのです。あなたがつくる作品は、驚くほど精巧で、繊細です（「自制」のモード）。

ある日、あなたは完璧な聖像をつくろうと思い立ちます（〈水星タイプ〉）が、うまくできず苛立ちます。そして、腹を立てて（〈感情センター〉）、「再評価」の性質丸出しに、癇癪を起こして、つくりかけの聖像を壊してしまいます（「自己破壊」）。両親はあなたを厳しくいさめ、何時間も部屋に閉じ込めてしまいます。あなたは自分の人生など無価値だ、と嘆き疲れ果てるまで壁に頭を打ちつけ続けます（「自己破壊」）。そして、最後には慰めを求めて神に祈るのです（「精神主義者」）。

【例4：学者】

役割 ― 「学者」

魂の年代 ― 若年期の第三段階

主センター――〈知性センター〉
目標とモード――「識別」と「観察」
態度と主特性――「懐疑主義」と「傲慢」
ボディタイプ――〈土星タイプ〉

カルマ、刷り込み、契約

あなたは刷り込みのせいで、気難しく付き合いにくい人です。他人に何かを教える契約になっていますが、その一方で非常に内向的であるため、多くの自己カルマを生み出すことになります。

あなたは若年居の第三段階の〈学者〉で、有名国立大学で教授兼、研究者をしています。この職業は〈知性センター〉にも〈学者〉の役割にもぴったりです（知識の「吸収」）。あなたは第三段階にいるので、きわめて内向的で、研究のほうが好きなのに、苦手な講義も無理やり担当させられます。あなたは講義中、学生たちを避け、彼らに厳しい評価や採点をします（「識別」）。また、超心理学や形而上学の嘘を暴いたり、何かを積極的に酷評したりするような研究が好きです（「懐疑主義」と「識別」）。あなたはそうした内容について、多くの著述をし、持論を延々と語り続けます（〈学者〉の陰極）。他人の理論の間違いを指摘するためだけにデータを収集するのです。自分はその分野での絶対的な権威であると信じ、他の教授たちのことを鼻であしらって、まともに対話しようともしません（「傲慢」）。

そして、ついにある日、あなたは教授の委員会に呼び出されることになります。学生の一人がクラス全員の前で、あなたから〈人格〉を疑うような質問をされ、侮辱されてショックを受けたからです。あなたは事件について、どう言い訳をしようか、と分析し考えます（〈知性センター〉）。そして、委員会に現れ、部屋にいる顔ぶれや学生の両親を観察します（「観察」のモード）。それから、堂々として見えるように、背筋を伸ばして立ち（〈土星タイプ〉）、大胆な態度を装います（「傲慢」）。しかし、内心は自信がなく、興奮して、不安で恐れおののいています。あなたは彼らの真意かわからず、話し合う価値もない人間であると決め付けます（「拒絶」、すなわち「識別」の陰極）。

会議の結果、あなたは厳しい訓戒を受けますが、クビにはされません。誰もあなたの恨みを買うようなことをしたくないからです。友人もなく、孤独で、みなから拒絶されているとあなたは感じるでしょう。そして、仕方なく執筆活動に没頭します。結局、また別の方法で、超心理学を酷評し続けることになるのです。

【例5：賢者】

役割 ―「賢者」
魂の年代 ― 老年期の第四段階
主センター ― 〈感情センター〉
目標とモード ―「停滞」と「情熱」
態度と主特性 ―「実用主義」と「貪欲」
ボディタイプ ― 〈木星タイプ〉

カルマ、刷り込み、契約

今回の人生はあなたにとっての休養です。そのため、カルマも契約もほとんど計画されていません。あなたは楽観的な考え方をし、劇的なことを好むように刷り込まれます。

このシナリオで、あなたが演じるのは老年期の第四段階の〈賢者〉です。資産家なので、特に働く必要はありません。あなたの四人の子供は、あなた自身や優秀な乳母、多くの親戚たちによって大事に育てられます。それらの親戚はあなたの機知や知恵（〈木星タイプ〉）に惹かれて集まってきた人たちです。

あなたが情熱を傾けているものは、形而上学や哲学の研究です。あなたには精神的な指導者がいて、その人はあなたの心を大いに満たしてくれます（〈感情センター〉）。しかし、もっと多くの時間を自分のために割いてくれればよいのにとあなたは思います（「貪欲」）。しかし、彼はあなたのことを気さくで楽しい友人だと思っています（〈賢者〉）。あなたの夫はすでに亡くなっていますが、莫大な財産を遺してくれました。そして、今、あなたはその財産を実際的かつ、効率的に管理・運用しています。

そんなある日、あなたは無性に何か新しいことを始めたくなります。おりよく、地元のアマチュア劇団の噂を聞きつけ、自分もその芝居に参加しようと決心します。驚いたことに、あなたには天性の演技力があり、いきなり主役に抜擢されます。しかし、あなたは自分にはまだ主役を演じるのは無理だろうと判断し、準主役にしてもらいます（「実用主義者」）。芝居は大成功を収めます。あなたの演技は団員たちを大いに満足させ、あなたは充実した日々を送ることになります。

それと時期を同じくして、劇団員の多くが、あなたが心酔している、霊的な教えにも興味をもち始めます。あなたはすぐに、彼らに自分の精神的指導者を紹介しますが、自分自身は大好きな芝居に専念することにします（「停滞」）。

【例6：聖職者】

役割ー「聖職者」
魂の年代ー成人期の第一段階
主センターー〈知性センター〉
目標とモードー「服従」と「力」
態度と主特性ー「理想主義」と「卑下」
ボディタイプー〈金星タイプ〉

カルマ、刷り込み、契約

今回の人生で、あなたは自分の欲求よりも他人の欲求を尊重するように刷り込まれています。また聖職に就きますが、カルマによって、男性と性的関係をもつように定められています。

あなたは成人期の第一段階の〈聖職者〉であり、大きな階級制度をもつ、伝統ある教会の牧師になります。「服従」を目指すあなたは、教会の命令には従順に従い、自分のことよりも貧者や弱者のことを思いやるでしょう。そして、そのせいで精神的な葛藤に陥ってしまいます。あなたは成人期の魂の持ち主なので、貧しい人々に同情し、彼らの福利を第一に考えるのに、教会の幹部からは教会の財産を増やすように命じられるからです。あなたは「理想主義者」なので、両方の要求を叶えることができるはずだと信じ、ますます葛藤は激しくなります。そして、あなたは自分をひどい人間だと思うことが多くなり、もっと立派な人になるために何度も自分で自分に苦行を課します（「卑下」）。

そんなある日、あなたは貧しい人々のための救済基金を偉い牧師に会いに行くための経費に回すように命じられます。あなたは思い悩み、その問題について、繰り返し考えます（〈知性センター〉）。そして、古くからの友人にアドバイスを求めます。不安的な精神状態にあるあなたは、その友人が肉体関係を求めてきたとき、つい彼の誘惑に負けてしまい、深い関係に陥ります（カルマ）。

あなたは〈聖職者〉としての誓いを破り、ますます自分をだめな人間だと思い込みます（「卑下」）。そして、ついには、完全に聖職をやめてしまい、かわりに食料や避難所を提供する、非営利企業に入ります。そこであなたは、精力的に新しい仕事に取り組み、大きな成功をおさめます。そして、晴れやかな人柄（「〈太陽タイプ〉」）によって、多くの人々に感銘を与え、多額の運営資金を集めます（「力」のモードの〈聖職者〉）。

もはや、自分の職業に矛盾を感じることもなくなり、カルマ的な出来事も終わりを告げます。そして、あなたは残りの人生をその事業に捧げるのです（「服従」）。

【例7：王】

役割―「王」
魂の年代―幼児期の第五段階
主センター―〈運動センター〉
目標とモード―「成長」と「攻撃」
態度と主特性―「現実主義」と「殉教」
ボディタイプ―〈金星タイプ〉

カルマ、刷り込み、契約

あなたは危険な地区にある、貧しく、崩壊した家庭に生まれます。そこでは、誰もが子供の頃から、生きるために戦わなければなりません。また、あなたはまだ幼児期の魂しかもっていないので、この人生では、さまざまなことを学び、多くのカルマをつくり出したいと思っています。それで、〈本質〉との契約で、六人の子供をもつことに決めました。

あなたは幼児期の第五段階の〈王〉であり、腕力を使って成り上がり、ダウンタウンで頭角をあらわします。そこでの経験からあなたは攻撃は最大の防御だということを学びます（「攻撃」のモード）。

あなたは現状をよく理解できるし（「現実主義者」）、存在感や周囲を制する能力を備えているので（〈王〉）、ほどなく、都会で大きな成功を収め、製薬会社を経営するにいたります（〈運動センター〉）。また、快楽と女性を好むので（「〈金星タイプ〉」）、副業として、売春斡旋業を営みます（「専制」）。また、あなたは、ほとんど暴力的とも言えるような、異常で奇矯な性的行為でも有名です（第五段階）。そして、あなたは冷酷なやり方でかなりの成功をおさめたにもかかわらず、いかがわしい仕事に手を染めることになります（「殉教」）。

数え切れないほどの女性を愛し、戦い、違法すれすれの行為を重ねますが、晩年は身を落ち着けて、どちらかというと保守的な生活をするようになります（「成長」）。結婚して、六人の子供をもうけ、彼らの絶対的な君主になるのです。あなたは、毎週教会に通うようになり、娘たちにはデートすることも許しません。そこで、娘たちはティーンエージャーになると、心を痛めつつも、あなたを見捨てて家を出てしまいます（「殉教」）。

残されたあなたは、組合のまとめ役の職に就き、絶えず活動し続けるようになります（〈運動センター〉）。そうした仕事にも厳しい政治的な面があると知っているからです。しかし、最後には、あなたはその職も追われ、絶望の日々を過ごすことになります。犠牲者の気分を味わうでしょう。けれども、その挫折を経験したおかげで、あなたは暴力を控え、他人をうまく付き合えるようになるのです。暴力をふるわずに人と付き合う技術を身につけるのです（「成長」）。

ロ〈偽の人格〉との取り組み方

オーバーリーフ

〈人格〉はいくつものオーバーリーフでできています。それらは、私たちが物質界で生きるための道具です。一つ一つのオーバーリーフは、本来悪いものではありませんが、能力に限界があります。あなたはその限界に縛られるべきではありません。オーバーリーフの陽極に基づいて行動してオーバーリーフから自由になってください。困難な状況に陥ったときも、陽極へ移行して困難を克服してください。では、最後に、オーバーリーフの全カテゴリーと機能について簡単にまとめておきましょう。

役割

地上での生活の目的は自分の役割に基づいて行動することです。役割はあなたにとって、最も根源的なものだからです。

目標

目標は〈本質〉そのものの目的であり、人に動機付けや向上心を与えるものです。それぞれの立場や状況の中で、目指すべきものを知るための指針として、目標を用いてください。

態度

態度は最も変えやすいオーバーリーフです。人それぞれの世界の見方（肯定的か否定的か、積極的か消極的かなど）を示します。

主特性

主特性が目標達成がどのような主特性によって邪魔されているかは自分でもわかります。主特性を生むのは心の奥底に潜む恐れです。人は一生をかけてその恐れと取り組み、消し去らなければいけません。誰の人生にも、間違った信念や態度、恐怖などを生み出す〈罠〉があり、人はみな、それと立ち向かわなければならないのです。

モード

モードの陽極に基づいて行動し、必要なときには陰極もうまく利用しましょう。

主センター

自分の反応の仕方はどのセンターによってどのように左右されているのかをよく観察しましょう。そして、三つのセンター――知性・感情・運動――のバランスをとるようにしましょう。そのとき注意すべきなのは、〈罠〉です。自分にとって最も未発達なセンターを使うと、〈罠〉の働きを弱め、適切に発達させることができます。「運動」の〈罠〉に陥っている人は、ちょっと寄り道して、感情を使うようにしましょう。音楽を聴けば、〈感情センター〉が働き始めますが、それによって、習慣になっている「運動」の〈罠〉から抜け出すことができるでしょう。

ボディタイプ

自分の心理的特徴と身体的特徴の両方を認識するようにしましょう。そして、自分の特徴にあった健康管理、食事、運動、セックスなどを心がけましょう。

第二節：オーバーリーフの表の使い方

陽極にとどまりましょう。

一般的に、陰極は恐れや幻覚による行動を意味しています。それに対し、陽極が意味するのは現実を見据えた行動です。例えば、「現実主義者」の場合、陰極の「幼稚」は単純すぎる（それゆえ、非現実的な幻想を含む）世界観を意味し、陽極の「統合」は現実の成り行きについての理解を意味しています。

「皮肉主義者」の場合、陰極の「中傷」は基本的に恐怖心の投影であるのに対し、陽極の「反論」は自分の意見を表明して他人から批判を求める（つまり、現実を確認する）ことです。使い慣れたオーバーリーフから、その補完的なオーバーリーフへ移るときには、たいてい陽極から陰極へ変わってしまいます。「成長」のオーバーリーフから「隠遁」（「再評価」の陰極）へ、「受容」から「拒絶」（「識別」の陰極）へ、「せっかち」から「被害者意識」（「殉教」の陰極）へといった具合です。しかし、努力すれば、陽極へ移ることができます。

中立点に立って行動しましょう。

「中立」の軸以外の、すべてのオーバーリーフは対になっています。例えば、「注意」のモードと「力」のモードの対を考えてみましょう。

「注意」のモードでは、失敗を恐れて消極的になりがちなのに反し、「力」のモードでは自信と活力が満ち溢れ、積極的になるでしょう。そして、前者は自己カルマと結びついた内面的な経験を生み出すのに対し、後者は社会的なカルマを生み出します。最も望ましいのは、両者の間にある中立の道です。

「注意」のモードは、陽極と陰極とあわせて三つ組を形作り、「力」のモードも別の三つ組《トライアッド》をつくっています。そして、それら二つが集まって、七つ組《セプタント》になっています。第七の要素とは、二つの三つ組の中央にある、中間点です。

すべてのオーバーリーフの中間点に自分を保つことができたとき、〈人格〉は最善の状態になります。それは、「大いなる悟り」への道であり、自分に課せられた重荷を軽減することにもつながります。

オーバーリーフの「軸」に注目しましょう。

例えば、「力」のモードと「支配」の目標は違います。「力」のモードは「表現」の軸にあり、感覚的なものです。それに対し、「支配」は「行動」の軸にあり、実際の行動にかかわるものです。そういう意味で、これらはまったく異質なのです。「吸収」の軸にある「観察」のモードと「霊感」の軸にある「禁欲主義」の態度にも大きな違いがあります。

自分のオーバーリーフが、それぞれ、どの軸にどれだけあるのかに注目してください。「行動」のオーバーリーフより「霊感」のオーバーリーフのほうが多いですか？　それよりも、「表現」のオーバーリーフのほうがもっと多いでしょうか？　あるいは、ほとんどが「吸収」の軸にあるでしょうか？　どの軸にどのようにオーバーリーフが分布しているかを見ると、あなたや他の人たちの行動をより深く理解できるはずです。

オーバーリーフの読み取り方を学びましょう。

誰にでも個人のもつエネルギーを読み取ることができます。ただし、微妙な区別をするには訓練が必要です。例えば、人の服装を見ることから始めてみましょう。髪にピンク色のメッシュを入れて、変わった服装をしていたら、魂の第五段階かもしれない、というふうに観察してみるのです。

練習すれば、魂の年代も簡単にわかるようになります。幼児期の魂は変わらない固い信念をもっています。若年期の魂は必ず成功してみせようと息巻いています。成人期の魂は人生のドラマに夢中になっています。そして、老年期の魂は「なりゆきまかせ」の雰囲気を漂わせています。

オーバーリーフを読み取る能力は訓練しだいで、かなり伸ばせるのです。

オーバーリーフを読み取るときのヒントをいくつか挙げておきましょう。

まず、人の役割を知りたいと思ったら、その人が「順序」「高位」「中立」のいずれに入るかを見定めましょう。その人はごく普通の平凡な外見ですか？　それなら、「順序」（〈職人〉、〈奉仕者〉、〈戦士〉）です。そうではなくて、印象的で目立つ外見ですか？　それなら、「高位」（〈賢者〉、〈聖職者〉、〈王〉）ですね。あるいは、中立的な感じがしますか？　ならば、〈学者〉に違いありません。

次に決めるのは「軸」です。その人は表現力が豊かですか？　では、〈職人〉か〈賢者〉です。それとも、霊感に溢れていますか？〈奉仕者〉か〈聖職者〉です。あるいは、運動向きの体つきをした活動的な人ですか？〈戦士〉か〈王〉です。いつも中立的な観点から状況を研究しているのですか？〈学者〉です。

こうして出した判定に自信がないときには、その人の目をじっと見てみましょう。目はその人の魂の年代や役割、その他のオーバーリーフについて多くを物語っています。目の中をよく見ると、その人が何回も転生を繰り返してきた人か、それとも、まだほんの数回の人生経験しかない人かがわかります。はじめは自分の能力に自信がもてないかもしれません。しかし、ピアノを習うように、練習を続ければ上達するのです。

慣れるまでは、どのオーバーリーフを調べるときも、今述べた手続に従ってください。慣れてきたら、これらのことを考えなくても、オーバーリーフがわかるようになるでしょう。どんな技術を学ぶときも同じです。まず、型を学び、やがて、型から自由になるのです。

オーバーリーフ以外に〈人格〉に影響を与えるもの

次にあげるのは、基本的なオーバーリーフ以外の、〈人格〉を形成し、あるいは、〈人格〉に影響を与える要素です。これらも決して偶然の産物ではなく、各自の人生の計画に従った影響を与えます。逆説的ですが、これらの要素は人生の選択肢を増やしてくれます。

*過去生
*平行（または交替）宇宙（あなた自身の「アスペクト」と呼ばれる）
*他人との深い関わり
*カルマ、契約、モナド（巻末の用語解説を参照）
*地球の天然資源—宝石、薬草、香料、動物、薬など
*夢
*オーバーリーフの配列の違い。例えば三つ組《トライアッド》、四つ組《クワドラント》など

本書では「自分自身は何者なのか」ということを中心に述べてきました。

界層	センター
【順序】	
物質界	運動（動く）
アストラル界	感情（感じる）
コーザル界	知性（考える）
【中立】	
アカシック界	本能（気づき・反省・中立）
【高位】	
メンタル界	高次の知性（真理）
メシア界	高次の感情（愛）
ブッディ界	高次の運動（エネルギー）

表13－1：センターのまとめ

センターのまとめ

各センターの課題は季節と関係しています。例えば、秋は熱（再生産）の季節なので、高次の運動（性的欲望）の課題を学ぶのに適していますし、春も性的欲望の課題にむいています。冬は閉じこもってする、「順序」の軸

の課題にふさわしく、夏は外向的な「高位」の軸の課題の季節です。

低次センター

低次センター（本能、運動、感情、知性センター）は人体の維持に不可欠です。私たちの行動の基礎は低次センターです。誰にでも得意なセンターがありますが、最終目標はすべてのセンターをバランス良く使えるようになることです。

それぞれの低次センターには〈罠〉（センターの不適切な使い方、パート）があり、それらは機能不全や苦悩、アンバランスな行動などを引き起こします。ですから、〈罠〉を消し去ることは良いことです。しかし、自分の望みをかなえるためにパートを利用することもできます。無意識に何かのパートにとらわれることと（〈罠〉）と、意図的に選ぶのとでは異なるのです。

高次センター

「高い教養」のように使われる、この「高い」という言葉は本来、展望を表す言葉です。山の頂上に立つと、下にある平野や農場、人々の営みなどが良くわかります。高みに昇れば、下で起こっていることが一望できるのは、遠く離れ超越的な場所にいるからです。同様に、高次センターでは、人生を達観し、自分のたどる人生の道を理解することができます。自分が今、どのような人生をおくっており、どうすれば〈偽の人格〉が猛威を振るうのか、本当に自分がしたいことは何なのか、といったこともわかります。高次センターとは、新たな選択をする場所です。したがって、「高次」とは「より良い」という意味ではなく、単に「ふだんとは違う」という意味なのです。

時がたつと、私たちの意識は眠り込み、それまで学んだことを忘れてしまう傾向があります。目覚めているためには、時々、高次センターを用いて、自己想起をする訓練をしなければなりません。自分の生きる目的を忘れないために、一週間か二週間に一度、集会に参加する人も多くいます。教会に通うのも、そのためです。彼らは、集会で自分の生活の理想を表現し合い、それを取り入れて行動に移そうと努力します。その一連の儀式の成功の鍵は霊感です。そのために、〈役割の一つとしての〈聖職者〉も、文字どおりの〈聖職者〉も含めて〉〈聖職者〉は非常に重要です。

〈聖職者〉は私たちを目覚めさせ、より高次の生き方をするように励ましてくれます。

「大いなる悟り」への道を歩みましょう

「大いなる悟り」は、まず、自分自身と距離をおき、〈偽の人格〉を見つめることから始まります。はじめのうちは、それはとても難しいことかもしれません。私たちは、マントのような〈偽の人格〉を幾重にも羽織っています。普段はそれらを目にすることがありません。マントが体を覆い隠すように、〈偽の人格〉は認識を覆い被さっているからです。

しかし、〈偽の人格〉を垣間見るためのテクニック（座禅やヴィパッサナー瞑想など）もあります。これらの方法を使うと、自分の思考過程を客観的に観察し、それらは心がつくり出した幻想にすぎないこと、さらには、あらゆる「現実」が心の構造物であることがわかります。

本書の知識の体系ですでに述べてきたように、〈偽の人格〉は幻想と恐れという二本の柱によってできています。陰極はまさしく、これらの現れです。だから、自分を見失い陰極に陥ってしまったときには、この二つの悪魔のどちらか一方、あるいは両方の性質が自分でも確認できるはずです。

恐れとは、分離に関する感情です。例えば、死への恐れは、自分がタオから分離してしまうのではないか、という不安です。恐れの反対は愛であり、愛とは一体感です。

一つ、〈偽の人格〉の例をあげてみましょう。現代人は強いストレスという幻想のもとで生活することにすっかり慣れていて、それ無しでは（つまり、ストレスから分離されれば）、どうやって生きていけばよいのかすらわからなくなっています。もし、ストレスの原因を取り除いてあげても、彼らは決して幸せだとは感じないでしょう。むしろ、ほとんどの人は空しさを覚え、退屈するはずです。

第三節：〈人格〉の観察

この知識体系をよく学ぶと、私たちの〈人格〉は、自己欺瞞のシステムにすぎないということがわかるでしょう。自己欺瞞、すなわち、現実の自分を忘れさせることは〈偽の人格〉の目的の一つです。

〈偽の人格〉をしっかりと観察することによって、自己欺瞞は防げます。このことを他の側面から考えてみましょう。

1　宇宙は常に不均衡な状態にあり、そのおかげで成長を続けています。バランスをとろうとすることで、より高い意識状態への絶えまない進化が続くのです。

2　人間が不均衡であり続けるために〈偽の人格〉は存在します。〈偽の人格〉のおかげで私たちは成長し続けることができます。私たち人間は宇宙の進化の過程を正確に再現しながら「高次の意識」へと進化しているのです。

本章では自分の不均衡に気づき、それに対処する方法を学びましょう。それが実際にできるかどうかは、あなた自身次第です。

不均衡を感じ取ることは実に難しいことですし、うまく自分を観察できるようになるには努力が必要です。今から述べる方法は、かつてグルジエフによって誰でも簡単にできるように開発されたものです。それは、三つのステップからできています。

ステップ①　経験
ステップ②　観察
ステップ③　考察

このステップをひたすら何度も繰り返してください。その方法の実例を挙げてみましょう。

ある男性が帰宅したとき、彼の妻も帰ってきました。彼らは二人で夕食の支度をして食べました。そして、二人で後片付けをしました。

ところが、そのとき口論が起こりました。妻はスプーンをさかさまに置くか、ラックに掛けるべきだと言ったのに、夫はそれは良くない、と言ったのです。「でも、さかさまにしないと、スプーンに水が溜まって不潔よ……」と妻は言い続けます。これが彼らの「経験」です。

ここでもし、二人が自分の主張にばかりこだわりつづけていたら、口論はますますエスカレートして、二人とも〈偽の人格〉に支配されてしまいます。その結果、二人は分離感にさいなまれ、本来の一体感を忘れてしまうのです。

しかし、ここでちょっと立ち止まり、客観的に自分の行動を「観察」してみることもできます。ちょっと腰を落ち着けて、自分たちがそれぞれ観察したことについて話し合ってみるのです（「考察」）。そうすれば、今、何が起こっていたのかが客観的にわかります。これは実際にあったことですが、この二人は次のような結論を出しました。

妻は、台所は自分の城だと感じていました。事実、ふだんは妻が台所を取り仕切っていましたし、妻のほうが家事もよくわかっていました。だから、夫は台所に関して何をするにしても、まず、妻に聞いてみるべきだった、ということです。

この例はある重要な原則を示しています。はじめに、無意識にした行動がどこか良くない感じがすることがあります。その嫌な感じこそが手がかりです。そこに観察すべきものがあるのです。まず何が起こっているのかに注目し、どんな感じがするのかをたしかめましょう。自分自身に刷り込まれたものを示す、重要な記憶などの手がかりが掴めるかもしれません。また、現状を把握すれば、それを変えることができます。人間の行動にはいつも原因があります。その原因は何十年も前のもので、今では何の意味も無いものかもしれません。

自分の不適切な行動習慣に気づき、改めるのが早ければ早いほど、より意識的な行動ができるようになります。これは、潜在意識〈本能センター〉の「知性のパート」に気づいていく過程です。この過程をたどれば、当然あなたの行動もより意識的で慎重になり、無意識に振り回されることは減ります。

この訓練は毎日起きている間ずっと続けましょう。実に有意義な訓練です。この訓練によって、今の自分の状況を理解し、もっと満足できるものに変えられるからです。大部分が人々の無意識的行為から成立している社会では、この方法が革命的な効果をもたらすはずです。

原則

ステップ① 経験

ステップ② 観察

ステップ③ 考察

言うまでもなく、この方法の目的は事実を明らかにし、問題を解決して、私たちが広い心でお互いを思いやれる（つまり「愛せる」）ようになることです。

〈本質〉は一日に何度も学ぶ機会を与えてくれています。そして、私たちの人間的な豊かさや知恵は、自分の周囲の世界をどれくらい深く理解できるかに現れます。私たち、一人一人に合ったレベルの「課題」とテストは日々絶えまなく続いているのです。

宇宙の中で最大にして唯一の力は「意識」です。そして、人生でできる最善のことは「高次の意識」へ向かう努力をすることです。

第四節：この教えの意義

この知識体系の目的を要約すると、次のようになります。

1、〈偽の人格〉を認識する

どの人生においても、文化や両親による刷り込み、プログラミングという形の〈偽の人格〉が存在しています。そのことを自覚しなければ、野獣のような〈偽の人格〉にふりまわされ続けることになります。激しくて疲れる人生をおくり、多くのカルマをつくり出したいというのなら、それも良いですが、あえてそんなことをする必要はないでしょう。あなたには自分の生き方を選ぶ権利があり、〈本質〉が与えてくれた楽しく生きるための道具は目の前にあるからです。

2、カルマに精通する

あなたが今生きている唯一の理由は、激しさを経験するためです。激しさとは感情です。そして、感情とはカルマです。（他人との間の）カルマや自己カルマを理解することによって、人生の激しさを乗り切ることができるようになります。

3、助け合う

人生を分かち合いましょう。私たちは物質界の一部として、一時的に分離させられました。しかし、私たちは、同じ船に乗っているということを忘れてはなりません。本当は私たちは一つなのです。一人で生きていけると思うのは幻想です。友達と助け合いましょう。人々と支えあい、豊かな知識や誠実な心、友情、愛を分け合いましょう。

原始人はより強くなるために、部族集団をつくりました。そうすることによって、自分にはない他の人々の技術や知識、力などを取り入れたのです。あなたも、成功のために、意識的に他人の力を借りてみてください。そうすれば自分の〈偽の人格〉だけで生きるよりも、深い人生経験が得られるでしょう。

4、人生で欲しいものを手に入れる

あなたは知性や機知、美など自分の目標を達成するために必要なすべての能力を備えた体を選んで生まれてきたのだ、ということを忘れないでください。自分で転生の仕方を選ぶとは、まさにそういうことなのです。あなたにもわかるはずです。あなたには、その気になれば成功できる条件がすべて備わっています。あなたの課題はそれを実現することです。

私たちが物質界にいるのは、物質界を支配するためです。しかし、多くの場合、私たちは霊感が欠如しているせいで、それができていません。そのため、無理やり辛い人生をおくらされているように感じます。前向きな霊感を与えてくれるような人物や環境を見つけるのは非常に良いことです。もし、それらが見つからない場合は、この知識体系を学んで、自分の行動を阻むものや、その原因を探してください。

この知識体系は人生との効果的な取り組み方を教えています。本書では、私たちの日々の生活の成り立ち（どのように人生の目標を設定し、それを達成するのか）を詳しく分析しました。これで詳細な自己理解ができるようになったはずです。

自己理解ができたら、次はより大きな全体像を把握しましょう。私たち一人一人の違いを知ることは、本来の全体性を認識するための第一歩なのです。全体から大局的に自分を見れば、自由になれます。大きな観点に立てば、自分を客観視し、さまざまな選択肢を選ぶことができるからです。例えば、「おや、ふだんは『理想主義』なのに、今は『懐疑主義』になっていたかな」というように、客観的に自分を判断することができます。自分でオーバーリーフや世界の見方を選べるようになるのです。そうなれば、もう運命の犠牲になった気分で生きることもありません。自分の望む豊かな人生がおくれるのです。

この体系を学ぶと、前よりも寛容になれるでしょう。「識別」を目指し、「力」のモードの「皮肉主義者」と向かい合ったとき、あなたには彼の行動が理解できます。さらに、この知識がどこまで理解できているかを実験してみることもできます。目の前の気難しい相手に対して、どこまで寛容になれるでしょうか？　もしかしたら、彼を陽極にしてあげることさえできるかもしれませんね。

諸原則

1、人生に新しい流れをつくりたかったら、まず、古い流れを終わらせなくてはなりません。古い流れがなくなれば、そこに空白ができますが、宇宙は空白を嫌うので、必ずそこを別の何かで埋めようとするからです。

2、人生の「課題」を避けようとすると、よけいに時間がかかることになります。〈本質〉が決めたとおりの経験をするまで「課題」は決して終わりません。さまざまな「課題」をむやみに追い求めることも、絶望することもせず、ただ成り行きにまかせましょう。

3、空白の原則が意味しているのは、あらゆる場所が必ず埋められるということです。ですから、誰かが非常に早く成長し、空白を残したならば、傍にいる別の誰かも、その空白を埋めるために早く成長することになるのです。別の人がそれに続くでしょう。まるでバスタブに水が流れ込むように人々は押し流されていきます。それはカップルの間でも、家族や大学、国、地球全体でも同じように起こります。エスカレーターのように次々と上昇していくエレメントたちのサイクルが存在します。しかも、そのエスカレーターにはさまざまな形があるのです！

5、物質界には手遅れなことやつまらないことなど一つもありません。また、誰もが自分の生きたい人生を生き、なりたい自分になることができます。

6、自分を愛しなさい、そうすれば何でもできます。

あなたの人生の旅が幸せでありますように

結語（J・P・ヴァン・ハレとマーク・トマスとの共同チャネリングによる）

マイケルの教えは、人生でよくある出来事を扱っています。その内容は誰でも容易に理解でき、すぐに利用できるようなものです。本書ではオーバーリーフと〈偽の人格〉の構造を中心に解説しました。本書の教えを理解したら、次はさらに総合的な世界の〈本質〉――宇宙本来の全体性、つまり本書の知識の土台となるテーマ――へと認識を深めることができます。

これまで私たちは、おもに人々の差異（〈賢者〉と〈学者〉の違い、目標の違いなど）を説明してきました。もちろんこの内容は非常に有益なものです。自分の個性を理解しなければ他人と調和することはできないからです。しかし、それにとどまってはいけません。

次のステップはバラバラの知識をまとめることです。種々の分類は、〈人格〉の働きやそれぞれの学びや役割が生まれる過程を知るための基礎となる、有意義なものですが、それだけでは自分と自分以外のものとの結びつきを知るためには不十分なのです。日常の出来事を見る視野をさらに広げ、客観的で大きな人生の展望をもつことが重要です。そうして、自分がすべてのものと結びついている、ということを実感しないかぎり、知的理解を超える真のアガペー（神の愛、無条件の愛）や自己愛をもつことはできません。

ここまでの教えで、まだ、述べていなかったことの一つに、そもそも何のためにこの教えを学ぶのか、ということがあります。アガペーを学ぶため、というのがその答えです。心を開き、もっと寛容に、もっと愛情深くなりましょう。あなたの人生にはもっと愛が必要です。愛をもてば、あなたはもっと豊かで幸せな人生をおくることができます。

この教えで最も重要な点は、高次センターに長くとどまれるようにすべてのセンターをうまく統合することです。人は愛や美や真理を（同時にではありませんが）いつでも経験することができます。努力をすれば、愛・美・真理を同時に経験できるようになります。愛を感じ、美を味わいつつ真理に基づいて生きるためには、低次センターの統合が不可欠です。そして、心も知性も含めて、自分全体に等しく注意を払わなければ、低次センターを統合することはできません。

センターの間で葛藤が起こり、そのことを悩み苦しんでいるようでは良い人生は望めません。そうではなく、学んだ知識を生かして、七つのセンターをすべて働かせたり、必要に応じて、センターのどれか一つを重点的に使ったりしてください。

センターを自由に使えるようになれば、楽しく、自分らしく生きられます。例えば、カルマを受け入れる、人生の真理をたしかめること、望まない人間関係をやめること、〈人格〉の機能を理解すること、自分の力で高次センターを使うことなどが自由にできるようになります。このようなことすべてが、あなたに喜びをもたらすでしょう。それは生きる喜びです。今、あなたが学んでいるのは、そのための方法なのです。さらに、この知識は愛をもたらしてくれます。

だからこそ、たまには「学び」を休んでのんびりと羽を伸ばしてみましょう。真理を求めてがむしゃらに突き進むことや、何年も休まずに調べ続けること、愛とは何かを捜し求め愛と真理を結びつけることなどは案外簡単です。ですから、一度スピードを緩めて自分と世界の存在とを良く見回してください。自分がこの世界の一部として見事に調和していることや自分の人生の素晴らしさを感じましょう。すると、生まれる前に決めた目標と計画のおかげで、飢え死にすることも破産することもなく生きてこられた、という事実に驚くかもしれません。これまで、人生の美しさや複雑さを十分に理解できなかったのは、あなたが頑なに自分の考えにこだわり続けていたからにすぎません。

より広い視野をもてば、人生も広がり心にゆとりが生まれます。これは堅固な役割の人には難しいことかもしれません。彼らは「これをしなさい」と命令されるほうが楽だからです。それでもリラックスし、成り行きに任せ、「流れに乗る」生き方をしてみましょう。それはワクワクするようなものでも、熱狂的なものでもない、むしろ、つまらない退屈な生き方です。そうした生き方の中で、自分や他人をもっと大切にし、自然とアガペーが湧きあがってくるのにまかせましょう。

最初のアガペーの対象はあなた自身です。自分の良いところ、自分の中で特に気に入っている点、自分本来の才能に目をむけ、自分を褒めましょう。何か欲しいものがあれば、自分にはそれを手に入れるだけの価値があるのだと考えましょう。長い間あなたを支配し続けてきた考えのせいで、躊躇してはいけません。

たいていの人は自分自身を褒めるのが苦手です。一般に、社会は集団や組織に従わせるために、そこに暮らす人間の価値を引き下げようとするからです。社会という機械は効率的に動くために、一人一人の個性を無視するのです。

だからこそ、自分の個性の叫びを感じ、それに心をむけてください。自分の素晴らしさや価値を見つけてください。

それと同時に、自分の嫌いな点にも目をむけましょう。なおす気があろうとなかろうと、目をむけるだけなら簡単です。嫌いな点を、ただ見つめましょう。何かする必要はありません。事実を見るのです。今のあなたはどんな風ですか？　そして、どうなりたいですか？

良くないと思う生き方を毎日続ける必要がありますか？　何かが起こったとき、これまでの自分とは違う自分になることはできますか？　問題を慌てて解決しようとしたり、自分に何かを強制したりするのではなく、そもそも、これまでの自分は自分のなりたい自分ではなかったと気づくだけで、以前よりも前向きな行動がとれるようになるでしょう。

社会の基準や理想に合わせようとするのはやめましょう。それらはマイケルの教えを学ぶ人にはふさわしくありません。良い指針にもなりません。

あなたがどうなりたいかこそが、何よりの基準です。「もっと違うことをすべきではないか」と考えるのは失敗して、落ち込んだときだけでよろしい。それ以外の、自分らしく生き、それを意識していれば、つまり、目覚めてさえいればよいのです。

あなたが完全に目覚め、かけがえのない自分の個性に気づくとき、すべての生命が本来一つであることを悟るでしょう。なぜなら、個性や自己表現こそが全生命を結びつけているものであり、タオの〈本質〉だからです。

《補遺》 地球のシフト

現在、地球人の平均的な魂の年代は若年期の終わりから成人期のはじめへと移りつつあります。この移行《シフト》は一九五〇年代に始まり、少なくとも二〇五〇年まで続きます。これは物質重視の価値観から感情や人間関係を重視する価値観への変化であり、私たちに大きな精神的衝撃を与えることになります。

若年期の魂はうお座の時代に、成人期の魂はみずがめ座の時代に対応しています。

この変化の中では、さまざまな出来事が起こり、人々は生活を見直さざるをえなくなるでしょう。その出来事の多くは、辛いものでしょう。すでに石油価格の高騰や涸渇、地域的な食糧不足、有毒化学物質による環境汚染など、多くの危機が起こり始めています。

こうした出来事は人々に重くのしかかり、ショックを与えることによって、価値観の修正を促します。身近な例では、スペースシャトル（チャレンジャー号）事故があります。（訳注：チャレンジャー号は一九八六年、発射直後に爆発事故を起こし、乗組員七人全員が死亡）この事故をきっかけに、シャトルの打ち上げ決定手続きから、宇宙計画の意義の見直しまで、厳しく再検討されることになりました。

今（一九九〇年）から五年のうちには、国内外の過剰債務によって、経済不況が起こるでしょう。人々に物質主義的な考え方や過激な競争をやめさせるには経済の停滞が必要なのです。

世界経済、特にアメリカ経済は一九八〇年代末に重要なターニングポイントを迎えます。一九九〇年代が経済的な苦難のときとなれば、それによって、この世界の変化が促されるでしょう。

この補遺を書いたのは、読者に世界の現状やそこにある選択肢を示し、創造的で前向きな生き方もできるということに気づいてもらうためです。例えば、私たちは他人と仕事や物を他人と分かち合ったり交換したりすることができます。苦難のときには、怒ったり、不満を抱いたりするのではなく、それを受け入れられるように人々を助けましょう。

〈本質〉は魂の認識力を高めるために、こうした状況を用意するのです。かつて有効であり、信頼していた古いの生き方を捨て、新しい生き方をするのには勇気がいるでしょう。しかし、本当は古い考えにとどまり続けることのほうが、新しい考えをもつことよりもずっと危険なのです。〈本質〉にとって、多少の精神的衝撃は想定内のことです。

必ずしも衝撃を受けなくてはならないわけではありません。困難は起こるでしょう。しかし、それによって苦しむ必要はないのです。私たちがお互いのもっているものを分かち合い、助け合って働けば、その分だけ事態は改善されます。

すでに、成人期の魂特有の価値観は増大しつつあります。例えば、階級的権威に基づいた組織や政府などの伝統的構造は、もう無くすべきだと考えられるようになりました。過去二十年の間に、世界中で十二の独裁政権が倒れ民主主義に変わりました。逆に、平等な意思決定によって運営される組織は増えていくでしょう。このことは、中小企業やグループ経営の企業にも当てはまります。

こうした社会一般の認識の変化は、そこに暮らすあらゆる魂の年代の人々に影響を与え、より早い次の段階への成長を促します。今、地球全体で乳児期の魂は幼児期へ、幼児期の魂は若年期へと認識を高めるような強い流れが起こっています。例えば、かつて幼児期の魂が多かった南アフリカ諸国では、都市化や科学技術化、生産効率化が進められています。

また、若年期の人々は成人期の魂の認識をもつように突き動かされ、成人期の人々にも老年期になりたいという衝動が沸き起こっています。

現在地球上で起こっている意識革命は、時代の変化を批判的に受けとめがちな若年期の人々よりも、老年期の人々のほうが受け入れやすいでしょう。

今、地球に暮らす大部分の人は若年期の終わりにいます。そして、成人期のはじめへと認識が成長することにより、批判的な考え方をするようになるでしょう。そして、さらに地球の意識レベルは上なる次元へと大きな飛躍を遂げるでしょう。

マイケルの箴言《しんげん》

※これらの言葉はアーロン・クリステアンの許可を得て、再録させていただきました。

● 絶えず働くか、遊ぶかしていなさい。さもないと、眠り込んでしまいます。

● 人はいつも真理を尊重します。しかし、もし真理がたやすく手に入ってしまうなら、真剣にスピリチュアルな道を歩んでいない人は、その真理を無価値だと思ってしまうでしょう。

● 抵抗してもよろしい。ただし、自分が何に対して抵抗しているのかをよく確かめることが大事です。なぜなら、それは、おそらく、あなたが乗り越えるべき「課題」だからです。

● どんな場合でも、お世辞を言うよりも真実を告げるほうが思いやりのある行為です。真実を聞いて成長が止まる人はいません。

● この世界に完全な拒絶というものは存在しません。

● 仕事とは本当はやりたくないことを努力してすることです。

● あなたは成長せずにはいられません。他人の成長も止められません。

● あらゆる人間関係は、ほんとうは、あなたと、あなたの他人に対する態度との関係にほかなりません。

● 真理を守ろうとする必要はありません。真理はどんな攻撃にも打ち勝つからです。

● あなたが自分を守っているのだとしたら、それは〈偽の人格〉を守っているのです。

● 最終的に何が起こるのかはすでに決まっています。いつそれが起こるか、だけが問題なのです。時間の使い方しだいであらゆることが可能になります。だからこそ、時間という幻想は貴重なのです。

● 愛があればどんな人でも癒すことができます。しかし、相手が愛を受け入れてくれなくては癒せません。

● 〈偽の人格〉にとって最大の脅威は真理と愛、一体性《ワンネス》の認識です。皮肉なことに、「喜び」は「苦しみ」ほど変化しません。だから、何かを学ぶときは苦しいことが多いのです。

- 真理・愛・エネルギーを経験するためには退屈な生活は進んで犠牲にしなくてはなりません。
- 退屈とは、あなたを眠りに誘う枕のようなものです。この役に立つ道具をなしで済ますには勇気がいります。
- 何事であれ、あなたがそれをする唯一の理由は、あなた自身の欲求です。それ以外の「原因」も実はすべてそこに含まれています。
- 一般に、人は「プライバシー」を孤独や分離感といった幻想を保つために使います。それゆえ、プライバシーは欺瞞とゴシップを生むのです。
- 他人を傷つけることはできません。人が傷つくかどうかはその人自身が決めることです。
- 物質界で繰り広げられるゲームが幻想にすぎないことがわかったら、真にゲームを楽しめるようになります。
- ほとんどの人は進んで成長したいと思っています。しかし、そのためには遊んで、人生をもっと楽しまなくてはならないと教えられたら抵抗を感じるかもしれません。そして、そのせいでゆっくりとしか成長できない人が多くいます。

● この教えをどのように受けとめるかは、その人しだいです。人は自分が聞こうと決めた話しか聞かないものです。この知識体系を誤解しないように注意してください。

● 自分自身に正直になるのは辛いことです。しかし、自己欺瞞は最も物が見えていない、成長にとって最悪の状態です。

● 真理や成長へと導く教えは数多くあります。私たちの教えは「愛の道」です。「従順の道」は幼児期の魂に最もふさわしいものです。苦難を通した学びは若年期の魂に、知的研究や分類による教えは成人期の魂に最も適しています。そして、愛による学びの教えは、あらゆる年代の人に役立ち、特に老年期の魂にとっては唯一ふさわしい教えです。

● あなたは状況の犠牲ではありません。

● 真の教えとは、すでに知っていることを思い出させることにすぎません。それを思い出すのが今回の人生でははじめてだ、というだけのことです。

● スピリチュアルな覚醒を目指す人は、そうでない人との付き合い方に注意すべきです。

● キリストの十字架について：キリストはアガペーを体現した人でした。十字架の四つの先端は体と宇宙の四象限の間を出入りするエネルギーの流れを示しています。キリストの教えは愛であり、ハート型は愛を象徴しています。

● 強い人だけが真に謙虚であることができます。

● 人生は芸術であり、尊重されるべきものです。それなのに、自分を非難するのは間違っています。それは学びの拒否を意味するからです。

● 自分の最も学びたいことは自分で悟ることができます。学ぶとはすでに知っていることを想起することだからです。

● 宇宙には間違いなど一つも存在しません。一つの偶然も一つの秘密もありません。

● あらゆる出来事に意味があります。

● 人が生きる速度、生きる段階には違いがあります。だから、自分と合っていると感じる人たちと一緒にいるようにしましょう。それは難しいことではありません。

● 現実について推測するのではなく、知覚しなさい。

● 家族でいちばん影響力があるのは最年少の者です。

● 大衆の知性の法則：人数が増えれば増えるほど、その集団の知能指数や知性は低下します。テレビ番組や広告のレベルがあれほど急落するのはそのためです。

● 強い能力をもつものほど気長で単純でなければなりません。

謝辞

一冊の本は、友人や同僚、伴侶など多くの人々の助けなしには完成しません。ここに名前を挙げきれない多くの方々に感謝します。みなさん、本当にありがとう。

この教えの主要部分についてご教示くださった、ＪＰヴァン・ハレとアーロン・クリステアンに感謝します。また、執筆を支えてくれたナオミ・スタインフェルドにも感謝します。ジョン、ジョイ・ペラッソの愛情と援助にも謝意を表したいと思います。ワーウィック・プレス社は、本書の出版を可能にしてくれた英国のジョナサン・ハワードの惜しみない援助に感謝します。

本書で語られている知識は、マイケルと呼ばれる高次の霊的存在との何年にもわたるチャネリングによる情報とその研究に基づいています。

サイモンによる献辞

ケイトへ、心をこめて

ホセによる献辞

リーナ、アンナ、カルロスへ

【行動】		【吸収】
順序 ―――――	高位	中立
＋説得 〈戦士〉 －威圧	＋支配 〈王〉 －独裁	＋知識 〈学者〉 －理論
＋献身 「服従」 －盲従	＋指導力 「支配」 －専制	＋流動性 「停滞」 －ものぐさ
＋反論 「皮肉主義者」 －中傷	＋客観的 「現実主義者」 －主観的	＋実際的 「実用主義者」 －独断的
＋無私 「殉教」 －被害者意識	＋大胆 「せっかち」 －不寛容	＋決断 「頑固」 －頑迷
＋持続性 「忍耐」 －不変	＋活力 「攻撃」 －好戦性	＋明晰 「観察」 －監視
＋生産的 「運動」 －熱狂的	＋総合 「高次の運動」 －欲望	＋意識的 「本能」 －自動的
＋官能的 〈金星タイプ〉 －感傷的	＋屈強 〈火星タイプ〉 －衝動的	＋明朗 〈太陽タイプ〉 －非現実的

オーバーリーフ表

	【表現】 順序 ―――― 高位		【霊感】 順序 ―――― 高位	
役割	＋創造 〈職人〉 －自己欺瞞	＋普及 〈賢者〉 －饒舌	＋奉仕 〈奉仕者〉 －束縛	＋慈悲 〈聖職者〉 －熱狂
目標	＋洗練 「識別」 －拒絶	＋アガペー 「受容」 －追従	＋単純 「再評価」 －隠遁	＋進化 「成長」 －混乱
態度	＋調査 「懐疑主義者」 －疑念	＋統合 「理想主義者」 －幼稚	＋平静 「禁欲主義者」 －諦め	＋証明 「精神主義者」 －信仰
主特性	＋自己犠牲 「自己破壊」 －自殺的	＋嗜欲 「貪欲」 －強欲	＋謙遜 「卑下」 －自己蔑視	＋誇り 「傲慢」 －虚栄
モード	＋熟考 「注意」 －恐怖症	＋権威 「力」 －圧制	＋抑制 「自制」 －禁止	＋自己実現 「情熱」 －同一視
センター	＋洞察 「知性」 －推論	＋真理 「高次の知性」 －テレパシー	＋感受性 「感情」 －感傷	＋愛 「高次の感情」 －直観
ボディタイプ	＋偉大 〈木星タイプ〉 －威圧的	＋機敏 〈水星タイプ〉 －神経質	＋聡明 〈月タイプ〉 －病弱	＋頑強 〈土星タイプ〉 －陰鬱

用語解説

本書で概説されている知識体系は単なる概念の寄せ集めではなく、一つの世界観です。そのため、一般の用法とは異なる、特殊な意味で用いられている語句もあります。ここにあげてある語句の定義は辞書的な正確さよりも、読者を啓発することを重視して、選んだものです。

【ア行】

愛　一体感。

あきらめ　抵抗しない知恵。やや被害者意識をともなう。

アスペクト　もう一人の自分がいる副次的な宇宙。

圧制　横柄な態度。権力の乱用。不当な要求を押し付けること。

威圧　従わせるために暴力を振るうこと。

意識体　魂をもつもの。〈知性センター〉の「知性のパート」。自分が存在しているという意識をもつもの。

隠遁　人や社会との関わりから避難し、引退すること。

ウォークイン　ある肉体から〈本質〉が離脱した後、別の〈本質〉がその肉体を引き継ぐこと。このとき、〈人格〉に影響を与える〈本質〉が変わることに注意。まったく別の〈人格〉になるのではないが、以前よりも早く進歩するので、他人には不思議に思われる。

ウスペンスキー　グルジエフの弟子であり、同時に彼のエッセンス・ツイン。グルジエフの教えを著述。

宇宙　天体や時空構造などが備わった、完全な連続体。タオの創造物の一つ。

エゴ　〈偽の人格〉。有限な肉体に束縛された考え方。

エゴイズム　自分中心の考え方。自分だけに夢中になること。

エッセンス・ツイン　ソウルメイト。特に深いつながりがあり、ともに人生を過ごす〈断片〉。

エネルギー　物質の存在や進化、成長などをつかさどる、宇宙の構成要素。時空はエネルギーから生まれる。

エロティック　肉欲を刺激する。性欲的。

援助サークル　家族や友人からなる、人生を支えるための十二の特殊な立場。

エンティティ　八百～千の〈断片〉からなる、認識体、またはオーバーソウル。

オーバーリーフ（複数形は「オーバーリーブズ」）　それぞれの人生で〈偽の人格〉をつくり上げる、特性や個性。

教え　人をタオや真の自己へと導く霊的な道についての説明。

恐れ　危険を感じたり、警戒したりする心。タオから分離しているという妄想から生まれる感情。たとえば、人間は死んだら完全に消滅する（タオから分離する）という妄想から死への恐怖が生まれる。

【カ行】

界層　進化のためにタオが作り出した相対的な七つの段階。

回路　魂のサイクル全体。

神　タオ。アートマン。至高存在。オーバーソウル。全存在。

カルマ　因果とバランスをつかさどる宇宙法則。

頑固　無理強い。出来上がった状態を壊すことや、変化を恐れること。

感受性　感情や心理。感覚的意識。

感傷　過度に感情におぼれること。

感情移入　他人の感情をその人の立場で感じること。

頑迷　自分の意見を決して曲げないこと。もし、他の考えを取り入れてしまったら、完全性が壊れてしまうのではないか、という恐怖。

犠牲　自分や幸福を不適切に生贄にすること。

基本計画　すべてのオーバーリーフを含めた、人生全般についての計画。

恐怖症　非合理な恐れ。強迫的な不安。

虚栄　自分の外見や性質、幸福などを実際よりも良く見せようとする不当な試み。自己評価の低さが原因。

極　オーバーリーフの両極端の性質。陽極と陰極に分かれる。

―陽極　〈本質〉に根ざしたオーバーリーフの機能。

―陰極　〈偽の人格〉に根ざしたオーバーリーフの機能。

拒絶　（しばしば偏見にもとづいて）人や物事を退けること。

禁止　抑圧され押さえ込まれること。

禁欲主義　仮面のように自分を外に表さない性質。

屈辱　恥をかかされ、当惑すること。自尊心を傷つけられること。

グルジエフ　マイケルの教えの基礎を築いた、アルメリア生まれの精神的指導者。

ケイデンス　一緒に地上に来たエンティティの七つの集団

ケイドル　大部分のカルマを共に果たすことになる七つのエンティティの集団。

決断　意志が固いこと。確固とした目的や意見があること。

権威　他人に命令する権利や能力をもっていること。優れた知識や技能から生まれる信念。

謙虚　自分の重要性を控えめに考えること。

現実主義者　高いレベルの完璧さや優秀さへの切望。

献身　奉仕すること、あるいは個人や社会のために尽くすこと。

幻想　人を惑わせ混乱させる現象。

高位　視野が広いこと。

構造的　機械的、自動的。思考よりも本能に基づく行動。

高次センター　タオの直接的認識

好戦性　肉体的脅迫。敵意、悪意。

コーディング（連結）　意思疎通をしたり、エネルギーを引き出したりするために、二人の人間のチャクラの間でエネルギーを結びつけること。

傲慢　（自己評価の低さを示す）尊大な態度。

強欲　生命を所有し、使い果たしたいという果てしない欲望。

心のリンク　いくつもの人生や経験を通じて二つの〈断片〉をつなぐ、特別な愛の結びつき。

混乱　無秩序。当惑。カオス。

【サ行】

サイクル　一つの役割を選び、その役割で乳児期から老年期までのすべての段階を完了すること。

悟り　タオの真理・愛・エネルギーを知ること。

死　周波数が物質界のものからそれ以外の界層のものに変わること。

時間　あらゆることが同時に起こってしまうのを防ぐとともに、すべての魂が最終的にはあらゆる経験をできるようにするもの（上級学習者のための備考：時間には線的時間・並行時間・連立時間の三種類がある）。

識別　区別する能力。鑑識眼。

思考　物質界の現象について直接、知的に考えること。

自己カルマ　個人に与えられた課題。両極の経験（例：富と貧困、健康と病気など）や、自分自身の性質の嫌いな点など、中立的ではない、すべてのものを含む。

自己犠牲　より重要だと思われるもののために、何かをあきらめること。

自己欺瞞　錯覚。自分自身について事実とは異なる、自分だけの現実をつくりだすこと。

自己実現　個性の完成。十全な経験をつむこと。

自己蔑視　自分を低く評価すること、あるいは無価値だと考えること。

自制　抑制。感情を押さえ込み、行動を制限すること。

持続力　粘り強いこと。努力し続けること。

実用主義　行動の結果や良し悪しについて配慮する分別があること。実際的な考え方。

指導力　人々を導き、指示を出し、主導権を握る能力。

支配　指導力や存在感から生まれるきわだった特質。勝利への欲求。

慈悲　他人の悲しみや不幸に同情し、それを和らげたいと願うこと。

⇔

無慈悲　助けて欲しいだけで事実など知りたくない人に対して、事実を教えること。

周波数　〈本質〉や役割のもつ特定の振動数。

主特性　目標を目指す過程にあるおもな障害。

受容　同意すること。

順序　視野が狭いこと。

饒舌　意味も目的もなく、話し続けること。

情熱　大げさに表現される激しい感情。

小部分　（〈断片〉の項を参照）

嗜欲　鋭い鑑賞力。何かを愛好すること。

進化　より高次の存在状態や行動へ成長すること。

〈人格〉　自分にとっての現実をつくる、自分の一部。

信仰　ある人や事実を、検証もせずに信じること。

真理　ありのまま。

推測　事実と無関係な憶測。

推論　論理にもとづいて説明し、合理化すること。

スピリット・ガイド　非物質界からの助力者。ガイド・ヒーラー。通常は自分の属するエンティティの一員が務める。

刷り込み　さまざまな事態や人生との他人の取り組み方を自分に取り込むこと。

性的行為　（セックスを含む）男性と女性の結びつき。肉体的な結びつきや、高次の界層におけるエネルギーの結びつき。

成長　自分や宇宙についての認識を深めるために新しい経験をしようとすること。

生命力　一人ひとりの人間を教え導く、源となるエネルギー。

精力的　（1）運動、成長、進歩する性質。

（2）熱心で息の長い活動。

せっかち　何かをやり逃すことへの恐れ。

説得　他人を説き伏せて何かをさせること。

先祖がえり　単純で子供のような状態に戻ること。

センター　経験を支配し組織する、七種類のオーバーリーフ。認識方法に影響する。〈本質〉と〈人格〉（個人）との伝達経路。

洗練　優雅で強要があり、聡明なこと。

総合 自己〈本質〉、あるいは〈真の人格〉を構成する諸要素を全体的にバランスよくまとめること。

創造 何か新しいものを生み出すこと。宇宙の別の次元にあるものを物質界に引き出すこと。

束縛 隷属、強制された奉仕。

存在 タオから放出された知的意識の単位。

【タ行】

大胆 向こう見ずなこと。良くない結果を恐れない、革新的な精神。予想外の思い切った行動。従順ではない。

態度 人の基本的なものの見方を決めるオーバーリーフ。

タオ 全存在。アートマン。オーバーソウル。神。

タスク・コンパニオン エッセンス・ツインのように、魂のサイクルを始める際に選ばれた、人生の課題を分かち合う仲間。

魂の段階 魂の年代それぞれにある、七つの段階。

魂の年代 認識の発達過程。乳児期から無限期まである。

断片 エンティティの一部分。一人の人間。

力 自分や他人に及ぼす、影響や権力。

力強さ 精力旺盛なこと。元気はつらつ。熱血漢。

知識 事実や真理を明確に把握すること。

注意 危険を最小限にするように行動すること。間違った鼓動への恐れ。

中傷 悪口を言うこと。けなしたり、馬鹿にしたり、さげすんだりすること。

チャクラ 経験をつかさどる、エネルギーの渦。脊柱に沿って存在する。伝達経路であり、エネルギーが特定の作用をするためのフィルター。

抽象 一般化すること。焦点が定まっていないこと。

調査 事実（特に複雑なことや隠れたこと）をたしかめるために、調べること。

直観 超道徳的な道徳的な基準や原理と異なること。

追従 明確な根拠や推論によらずに、突然得られる認識。

低次センター 他人の機嫌をとるために嘘をつくこと。

停滞 タオの間接的認識。

デーヴァ 休息し、流されること。成り行きに身を任せること。

（ヒンドゥー教で、神や霊的存在などのこと）山脈、セコイアの木、アヒルなどに宿るといわれる、〈断片（小部分）〉、または、〈本質〉、エンティティ、ケイドルなど。これらは、実際はアストラル界に存在するが、物質界を感知することができ、また、物質界からもこれらを感知することができる。

テレパシー 五感以外の心と心の伝達法。

同一視 他人の感情や性質を自分のものだと感じること。洞察力や理解が欠けている。

統合 思考を行動に移すこと。和解。

同情 あわれみ。「慈悲」は相手の自立を助けようとするのに対し、「同情」は単なる被害者だとみなす。

独断的　証明せずに信じさせること。

【ナ行】

七つ組　（1）成長のサイクルを構成する七つのステップ。（2）七人のグループ。

〈偽の人格〉　刷り込み、オーバーリーフの陰極、主特性からできた〈人格〉。分離しているという幻想を抱く。逆に〈真の人格〉は真理からなる。

認識　直接的あるいは本能的に認識する能力。あるいは、単に知ること。

忍耐　抵抗も落胆もせずに辛抱すること。

忍耐力　辛抱強く困難に立ち向かう姿勢。

熱狂　激しいのに非生産的な活動。ある人物や対象、理想などに熱心になりすぎること。

【ハ行】

配慮　決断する前に注意深く考えること。

派遣団　七千個のケイドル、または四万九千個の〈断片〉。

ハーブ　オーバーリーフに作用する薬効のある植物。

繁栄　健康、精神性、愛、真理、幸運などに富むこと。
反論　反対意見を言うこと。反対の信念や考えを公表すること。
美　恐れと霊感を引き起こす性質の組み合わせ。
被害者意識　ある出来事の結果が自分ではどうしようもない、と間違って信じ込むこと。
卑下　他人からの評価よりもさらに低く自分を評価すること。
非現実的　浮世離れ。実用性の有無に関心がない。
皮肉主義　良くないこと、あるいは悪くなりそうなことに注目する考え方。
表現　生命の性質を何らかの方法で表すこと。内なる感動を外に表すこと。
病弱　顔色が悪いこと。
貪欲　過剰に物や経験を求めること。
服従　ある人物や理想を支え、奉仕すること。自分よりも他人を尊重すること。
不寛容　自分の希望とは違う意見や状況、人物などを認めないこと。あるいはそれらを中傷すること。
物質界　もっとも堅固な界層。もっともタオから遠く、そこにいると忘れやすくなる。
不変　古いものにこだわって、変化しないこと。
普及　（情報などを）分かち合うこと。公表すること。
並行宇宙　特定の出来事から起こりうる、重要な可能性のすべてを引き出すためにつくられた新たな宇宙。
平静　心の平和。平常心。落ち着き。
偏見　しかるべき事実の調査や合理的な考えもなしに、前もってつくられた意見。
奉仕　支援、養育。とくに「当然の行い」として無欲に行われるもの。

放出の法則　タオから放たれたエネルギーがエンティティという〈断片〉の集団になって、地上に到達する法則。

宝石　オーバーリーフのエネルギーに作用し、貴重だとみなされている天然鉱物。

ボディタイプ　受胎時または誕生時の惑星の影響による、体つきや容姿

ホロスコープ　人生設計全体に影響を及ぼす誕生時の星の配列。

〈本質〉　魂、〈断片〉、ハイヤーセルフ、内なる存在、霊。

本能　人体を正常に維持するための反応。

本能的反省　過去の経験を次のステップに役立てるために回顧すること。

〈本能センター〉　人間の生存をつかさどる部分。思考や感情と関係なく働き、健康を守る。

【マ行】

マイケル　本書の教えを広めている、コーザル界の実体（エンティティ）。

マーヤー　幻想。広い意味では物質界全体をさす。

三つ組　三つの課題の組み合わせ。カルマと取り組むための手段。七つ組をさらに細分化したもの。あるいは、三つ組になる法則。

無私　自分自身や自分への報いについて、ほとんど、あるいはまったく関心がないこと。

明晰　あいまいさがないこと。明瞭。焦点があっている。解決すること。

盲従　利用されること。卑屈な隷属。報復を恐れて仕方なく従うことも含む。

モード　人の基本的な行動様式を決めるオーバーリーフ。

目標　オーバーリーフが決める、人生での主要な動機付け。

モナド＊　ある種の人生経験をつくる〈断片〉の組み合わせ。

例：「夫婦のモナド」

ものぐさ　変われないこと。怠惰。無精。

【ヤ行】

役割　〈断片〉が一つのサイクルのすべての人生を経験するときの基本的なあり方。

幼稚　単純すぎる考え方をすること。

抑制　行動や空間、選択をある一定の制限内に保つこと。

【ラ行】

理解　概念を知的に把握すること。あるいは、単に知ること。

流動　起こっている出来事と調和すること。

流動性　事態の変化があったとき、自分の予定や期待にこだわらずに、それを受け入れること。

理論　説明・論理的根拠・推論の提示。

霊（スピリット）　〈本質〉と〈人格〉を導く力。人は、霊・〈本質〉・〈人格〉の三つからできている。

■著者：ホセ・スティーブンス（Jose Stevens, Ph.D）
サイモン・ワーウィック・スミス（Simon Warwick-Smith）

■訳者略歴：伯井アリナ（Hakui Arina）
大阪市立大学商学部卒業。
京都大学大学院入学（フランス・ドイツ現代哲学）、満期退学。
予備校・学習塾講師を歴任。
2007年、ＥＣＣよりＤＶＤ教材『中学英語必勝講座』全30巻発売。
共訳書に『アメリカ新進作家傑作選2008』（2009年ＤＨＣ刊）がある。
スピリチュアリズム・キリスト教史・聖書解釈学を研究。

魂のチャート
マイケルが教える人類の進化と自己理解

2010年4月16日　初版発行
2023年1月13日　第2版発行

●

著者／ホセ・スティーブンス
　　　サイモン・ワーウィック・スミス
訳者／伯井アリナ
装丁デザイン／斉藤よしのぶ
装丁画・本文イラスト／荒木慎司
編集／日浅 綾子

発行者／今井博揮
発発行所／株式会社ナチュラルスピリット
〒101-0051 東京都千代田区神田神保町3-2 高橋ビル2階
TEL 03-6450-5938 FAX 03-6450-5978
info@naturalspirit.co.jp
https://www.naturalspirit.co.jp/

印刷所／モリモト印刷株式会社

ISBN978-4-903821-58-0　C0011